大家自述史

010

>>>

DAJIA ZISHUSHI

藝术家之任
何時候要
给人以美以
真以幸福

我和爹爹赵丹

赵青

北京大学出版社
PEKING UNIVERSITY PRESS

图书在版编目(CIP)数据

我和爹爹赵丹/赵青著.—北京：北京大学出版社，2011.1
(大家自述史系列)
ISBN 978-7-301-18256-7

Ⅰ.①我…　Ⅱ.①赵…　Ⅲ.①赵丹(1915～1980)—生平事迹
Ⅳ.①K825.78

中国版本图书馆 CIP 数据核字(2010)第 246216 号

书　　　名：我和爹爹赵丹
著作责任者：赵　青　著
策 划 组 稿：王炜烨
责 任 编 辑：王炜烨
标 准 书 号：ISBN 978-7-301-18256-7/K·0743
出 版 发 行：北京大学出版社
地　　　址：北京市海淀区成府路 205 号　100871
网　　　址：http://www.pup.cn　电子信箱：zpup@pup.pku.edu.cn
电　　　话：邮购部 62752015　发行部 62750672　编辑部 62750673
出版部 62754962
印　刷　者：三河市北燕印装有限公司
经　销　者：新华书店
650 毫米×980 毫米　16 开本　25 印张　258 千字
2011 年 1 月第 1 版　2011 年 1 月第 1 次印刷
定　　　价：49.00 元

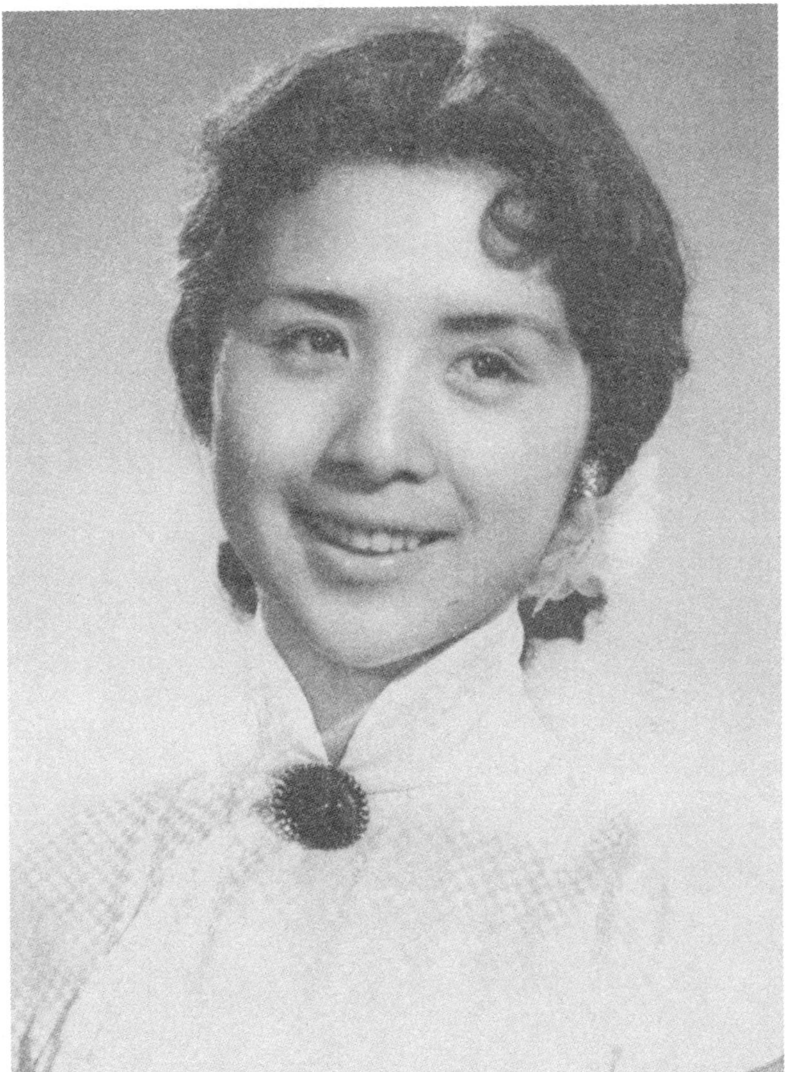

赵青　主要作品：《宝莲灯》、《小刀会》、《梁山伯与祝英台》……

目　录

一 有爹有妈的孤女

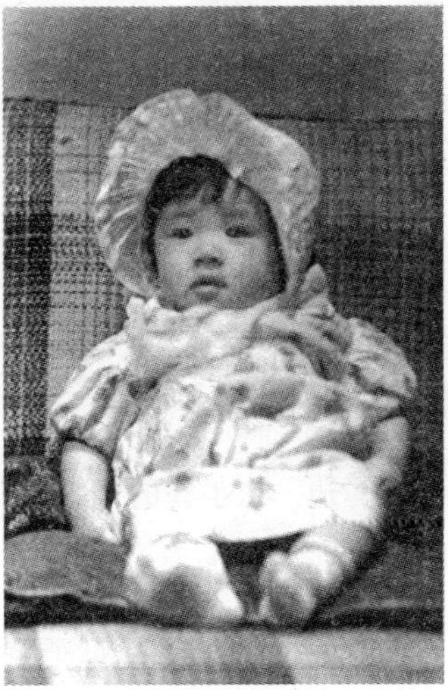

婴儿阿囡

“小白菜呀！遍地黄呀！三岁两岁，没有娘啊！”

只要弄堂里哪家收音机播出这首歌，不管在哪儿，我都大声跟着唱。

我的小朋友芳芳问我：“阿囡，你有爹有妈，为什么老跟着唱这歌啊？”

我眨巴眨巴一对小圆眼，看着这个小脸又白又方的宁波小朋友，心想：我是有爹有妈，可他们在哪儿？我从来没见过。我和“小白菜”有什么两样？越想越伤心，两行热泪扑簌簌地落了下来，低头跑回自己3号门的家。阿婆正在厨房做饭，看我哭着进来，一把抱住我："阿囡，怎么啦？有人欺侮你啦？"

赵青的外婆韦慧钿。

我拉住阿婆："不是的，阿婆。——我爹我妈到底在哪儿？"

阿婆松了口气，回身把炉子的火弄小，拉着我的手，把我带上二楼的一大间住房。墙上四周挂满了用各色镜框镶嵌的大照片，有的大到24吋，最小的照片也有16吋。

阿婆指着墙上最大的黑色镜框内镶嵌的大人头像说："喏，这就是你爹。"

"我爹？"真漂亮，笑嘻嘻一对大酒窝，双眼又大又有神，戴一顶大礼帽，脖子上围一条带圆点的绸围巾，真帅！他的双眼一直爱慕地看着我，我走到哪儿，那双眼就盯到哪儿。

旁边一张小些的竖挂照片上，是一个年轻女子高兴地把我举起，"这是你妈！"

我妈也十分漂亮，瓜子脸，笑得甜蜜蜜的。

阿婆说："你生下不久，你爹就让你骑在他脖子上，到霞飞路去逛，好像对满街人示威似的:‘我阿丹也有女儿啦!’把你妈可吓坏了,一直在旁边保护你,生怕你闪着腰。你爹你妈可把你这个小家伙疼坏了。”

说得我心中美滋滋的,眼泪也就止住了。

阿婆又指墙对过的两张剧照,一张是《罗密欧与朱丽叶》,我爸化装成意大利人,大高鼻子,黄色假头套,穿着罗密欧紧身剑服,这是他和俞佩珊阿姨演的话剧中,二人将要接吻的剧照。另一张是和白杨阿姨在电影《十字街头》中想象他俩演出《茶花女》那场戏的剧照,白杨阿姨穿大黑裙扮玛格丽特坐在秋千上,我爸穿燕尾服扮阿尔芒站在秋千旁。

其他照片是我小时和舅舅阿姨们的合影,有爷爷单独抱我的照片,我和小舅两人当小傧相的照片,我一人在复兴公园玩小鸭的独影;以及我拍电影《芳草天涯》的大剧照:一边是女影星陈燕燕,一边是男影星高占非,我给他俩做女儿拍了一张“全家福”的合影。

经阿婆这么一说,我也就不哭了。知道我有爹有妈,只是他们和天上的星星一样看得见够不着,远远地挂在了天边。

阿婆告诉我:“你生下11个月,你爹你妈就参加抗日救亡演剧队到后方去了。你太小,没法儿带你走,只好把你留给了阿婆。”

我看着阿婆那双慈祥的眼睛,又看着墙上照片中的爹和妈,我紧紧抱着阿婆的双腿,心想:阿婆就是我的亲爹亲妈!

我阿婆好命苦!她是广东中山县翠微乡人(现为珠海市),知书达理,美丽聪慧,颇有大家闺秀的风范,取名韦慧钿。韦家是名门大族,我的四舅公韦悫曾在新中国成立后当教育部副部长,现早已去世了。我的九舅公、十舅公如今还侨居海外。我的外公叫叶舒屏,广东省南雄人,是个名医,我出生前他就去世了。我也是从挂在墙上的照片上认识他的。他的照片挂在对面一进门的墙上，戴一副黑边眼镜，长方脸形，五官端正，清秀，看上去是个十分有才有智、非常善良的好大夫。

赵青的外公叶舒屏。

我阿婆40岁就守寡。阿婆跟外公生了10个孩子，只存活了5个。我妈是老大；接下来是大舅叶纯之，由于家境困难，很很早离家出走去了香港，成了著名的音乐家。阿姨叶毓溱，小名“小梅”，我叫她“小梅阿姨”，也由于家境贫困，她总穿我大舅剩下的衣裤，又剪个短头发，大家都误以为她是个男孩。从小女扮男装，直到长大成人才改回女装。弹一手好钢琴，有一副甜美嗓音，可惜没干文艺这一行，改行进了中央监察部工作至今。我的二舅叶小珠，从小就是有名的童星，他主演的电影《表》、《虾球传》轰动一时；他在北京电影学院导演系学习后，调往广州市话剧团任导演，时而拍拍电视片，现移民澳大利亚。我的小舅叶小铿，只比我大两岁，因为他长得黑，小名“黑妹”，我叫他“黑舅舅”，小时候也当童星拍电影，长大在上海儿童艺术剧院任演员兼俄文翻译。

我就是在这艺术世家中长大的。

我阿婆多么不容易啊！外公去世了，只留给她上海马思南路环龙路锡荣别墅69弄3号一座三层楼房，还是“二房东”，靠转租的租金维持一家生活。我爹我妈又离了家，连薪水也没有了。阿婆还要拉扯我们几个那么小的孩子，最大也不到10岁，最小不到1岁。这日子怎么过啊？

我阿婆生性好强，从不求人。就是我爷爷想出资接济她，她也拒不收一分钱。这种自强不息的性格也影响着我的一生。

在我阿婆眼中，我这个小外孙女是第一，谁也不许欺侮我。她总把最好吃的，最先吃第一口的特权留给我。她教育舅舅阿姨也都要保护疼爱我。

我们从不吵架，十分和睦。上海洗澡要到老虎灶叫人挑开水来洗。每次挑一担水，先由我和黑舅舅同澡盆洗澡，之后才轮到珠舅舅、小姨，最后才是阿婆洗。

吃饭也如此。上菜上饭，阿婆先夹在我碗里，等大家全吃完了，我阿婆才一人坐下吃残羹剩饭。白天洗衣买菜做饭，还要亲自送我上环龙路幼稚园。

有点零花钱也只给我一人上街买个小麻花吃。只有到夜晚才是阿婆自己的时间，靠在床头一边看着小人书给我讲故事，一边吃一小包花生米，并向我解释：“花生米，上火，小孩不能吃。”

我小肚子吃得饱饱的，又不馋，乖乖听阿婆讲故事，搂着阿婆的腰很快就入睡了。

可我这个小东西也够讨厌的。半夜弄堂内闹猫，猫的怪叫声把我吵醒，直哭，害怕地大叫：“有鬼！”我阿婆不得不起身到阳台上，拿着上海特有的由这阳台能挂到对面楼阳台的长晾衣竹竿探到楼下弄堂，一边打野猫，一边哄着我："打鬼！打鬼！"直到打得野猫跑远了为止，这我才安下心来入睡。可想而知，我阿婆通宵没法睡。

到了冬天，上海一般没有暖气。阿婆怕我冻着，总给我穿上五六件毛衣或毛背心，外面还罩一件棉长袍，像个小棉球，动也动不了，脱衣时左一件、右一件，身上直往外冒水蒸气，如同刚洗完热水澡一样。正由于捂得太厉害，因而常着凉发烧，感冒咳嗽不断。本来家里就没钱，我又不争气老生病，把阿婆给急坏了。

不得已阿婆带着我步行到霞飞路（现在淮海中路）一个弄堂，找我的三叔公，他是医生，开个私人诊所，家庭负担也很重，娶了上海夫人，又养了三个女儿。我阿婆每次都求他看在亲戚份儿上为我治病，不是免费就是少付钱。每次我都看见三叔公向我阿婆诉苦，生活多么困难，可我阿婆每回都能硬着头皮说得他不要钱或少要钱，直到把我的病治好为止。打针吃药不停，幸亏有这家亲戚，要不然恐怕连小命也保不住！

真是难为我阿婆了。阿婆是我世上最亲最亲的人，我感恩一生。

我记得小时候最高兴的事是放学回家，把书包一丢，趴在我阿婆双膝上，我阿婆坐在小板凳上边打我的小屁股边絮叨："摇啊摇，摇到外婆桥，外婆叫我好宝宝……"这是我最开心的时刻。

虽然爹妈不在身边，但有阿婆胜似亲爹亲妈的爱，小小心眼里辛酸的孤儿感也就抛到九霄云外去了。

二 童星“赵露丹”

阿婆光靠“二房东”的房租是无法养活我们大小五口人的。何况那时我们四个孩子全在读书！新中国成立前学校是私人办的，学杂费要交不少。阿婆又不求人，又不肯靠人接济，只有我们从小想法挣钱自己养活自己。

借我父亲赵丹在电影界的名气和影响，电影圈也很同情我们孤儿寡母，因此珠舅舅、黑舅舅和我很小就边上学边拍电影了，挣得酬劳来维持这个家。

我拍电影时大概不到5岁。那时我已开始进上海华龙小学幼稚园，小班转大班，可我经常缺课。阿婆亲自带我，不是上幼稚园就是去徐家汇电影厂拍片子。有时拍完一场戏，如果幼稚园没下课，阿婆就把我送回幼稚园，继续上课。那时幼稚园的课也就是唱歌、画画、认字或做游戏，即使耽误课也不成问题。

到上小学一年级后，我也经常为拍片子耽误课。可老师特别能理解我，加上我的小脑袋瓜也够灵的，每次补补课，赶一赶，总能达到中等水平，从来没留过级。也可能是阿婆的好胜性格影响了我吧！

我拍的第一部电影是扮演王丹凤的幼年。这还是1995年我拜访上海顾也鲁家，这位82岁高龄的老明星告诉我的：“那部片子也正是王丹凤上银幕的第一部片子，因此印象特别深。那时你阿婆带你来电影厂，你还特别小，导演就让你演女主角的幼年。上电影一定要有个艺名啊！为了纪念你爸阿丹，是我建议给你取的拍电影的艺名，采你爸赵丹一个字‘丹’，采你妈叶露茜的一个字‘露’，就叫‘赵露丹’！你阿婆也很满意，从此你就以‘赵露丹’三字为艺名，加入我们电影界的行列了。”

那时期正盛行童星。美国好莱坞童星秀兰·邓波又唱又跳，不仅风靡美国，也风靡上海。我们中国电影厂好像也想培养出一个中国的秀兰·邓波似的，很重视童星。珠舅舅小时拍的电影《表》及《虾球传》着实被大肆宣传一番，珠舅舅也几乎登上中国童星的宝座。

“童星”赵露丹。

不过阿婆对珠舅舅、黑舅舅他们拍片从不管，让他们自己来去电影厂。只有我拍片，她才寸步不离。因为在我之前，比我大不少的一位童星陈娟娟，由她外婆亲自陪伴出入电影厂，已成为电影圈的佳话。我阿婆也效仿她们，同样亲自陪伴我出入摄影棚。

在几万支光的水银灯下拍戏，我从不知害怕，就因为有呵护我的阿婆在边上的原因。

我拍的戏可多了，不是演女主角的幼年，就是演人家的女儿。我说得上的有这么几部：一部是《芳草天涯》，我扮演大明星陈燕燕、高占非的女儿，照片就挂在我家墙上。一部是《现代夫妻》，我扮演大明星屠光启和芦碧云（后来去了台湾）的小女儿。一部是《良宵花弄月》，我扮演大明星陈云裳与刘琼的独生女儿……

我印象最深的一部片子就是《梅娘曲》。屠光启导演，王熙春扮演我的亲生母亲，严俊扮演我的生父。故事是讲生父嫌贫爱富，抛弃了贫穷的生母，又娶了有钱的后妈。

一天下着大雨，生母偷偷在窗外看我。我爬桌开窗想让生母进屋，不小心跌了下来，生了场大病，躺在床上。父亲问我："怎么回事？"我痛哭着说："我要妈妈！"要拍一个大特写镜头。

光对好了，机器也放好了。导演屠光启给我讲完戏后准备开拍。

"预备，开麦拉（即开机）！"

可我就是哭不出眼泪来，这样反复几次，还是不行，只好关灯、停机。

导演屠光启在一旁耐心启发我："你从小爹妈就不在身边，把你扔给了阿婆。他们什么样，你从来没见过。现在他们一点消息也没有，是死是活？难道你不想他们吗？"

他这番话正触到我的痛处。我一听，"哇"的一声大哭起来。导演马上叫开灯开机，非常真实感人的大特写拍了下来。

看样片时，这个镜头成了佳话。

我从小就未见过爹妈，多么想要亲爹亲妈呀！这个镜头的拍摄，记录了我当时的真实感情，也永远在我脑海中记忆一辈子。

拍片时，不仅以上这些明星跟我合作过，还有李丽华、顾兰君、龚秋霞、欧阳莎菲等明星，他们也全都很疼爱我。

日本女影星李香兰，我们没合作过，她却特意跑化妆间来看我，表示亲热和关心，还送我一张她亲自签名的照片。

电影厂除了明星、导演外，不管是什么人，管灯光、道具、装置的，看门的，上上下下都很喜欢我。看见我，总愿意跟我逗乐。

《梅娘曲》片中我穿一身咖啡色绒连衣裤。胸前绣着一只公鸡，一只母鸡。一位管音响的苗伯伯一见我进厂门就叫:“公鸡,母鸡!”逗得我咯咯捂嘴直笑。

虽然我年幼,但我心里明白,这都是因为我爹爹赵丹的缘故。

我不仅拍电影,有时还演话剧。我印象最深的是有一次由电影明星组织排练话剧,在卡尔登大戏院演出。主角我只记得有林彬。我演一个小男孩,把头发揪一起梳个“冲天炮”。不少明星在后台抢着抱我照相玩,照片由于“文革”丢失了,但至今我仍有记忆。

后来大一些,在新中国成立前夕,我曾参加小影星组织的小主人翁剧团,演出话剧《小主人翁》,我扮演路边要饭的小瞎子。在第三幕时我还在台上唱歌,那时由于我“小梅阿姨”的教练与影响,我的嗓子很好,也很会唱歌。我的表演在当时很受称赞。

赵露丹在苏州外景地拍摄的镜头。

这是一个进步剧团公演的进步戏,揭露旧社会“朱门酒肉臭,路有冻死骨”的悲惨。

本来还要排《小小画家》等进步儿童剧。可能因形势紧急，这剧团没坚持下去。

正因为从小就有银幕和话剧的频繁演艺生活，致使我长大了以后，从事舞剧表演艺术时，在台上不仅毫无畏惧，反而能发挥到最佳状态。

我不仅实践多，看的也多。我的阿婆既是影迷，又是戏迷，出入上海各大影院、戏院，从不买票。

阿婆总带着我去大光明、国泰、美琪等影院，看美国好莱坞名片。门口收票人一看我们一老一小，一个是赵丹的丈母娘，一个是赵丹的千金，也就非常礼貌地请我们进去。因此美国明星什么费雯丽、英格丽·褒曼、嘉宝、罗勃·泰勒等等，我从小背得滚瓜烂熟。当然我爹的《十字街头》、《马路天使》也看了不少遍。大家公认：在中国演员里面，只有我爹能跟这些好莱坞大明星相比。

不仅看电影，阿婆还带我看京剧。那时的“大舞台”随便进去。有一回“大舞台”演出《白蛇传》，根本买不到票，我阿婆带着我扬长而入。门口一大玻璃柜内放一条真正的大蟒蛇，够吓人的。当戏演到“端阳惊变”时，从台上睡帐内蹿出一条人造大白蟒蛇直奔二楼观众席。把在场观众吓得魂不附体，我也吓得抱住阿婆直叫，阿婆直安慰我：“这是假的，假的。”那时上海大戏院经常以这种机关布景来抬高票价，座无虚席。

又有一回阿婆带我到大世界，观看当时盛行大腿舞的歌舞班演出。我们坐在二楼前排。我们有一位歌舞班的朋友，阿婆让我叫她“姑姑”，长得很漂亮，可惜口内有两颗大银牙，可能那时银牙正是时髦。那天我们是特意看她表演。

但见她出场时光着两条大腿,扮演火凤凰。穿一身紧身红羽毛衣服,还有两只大红羽绒翅膀挂在肩上。她又唱又跳,跳啊跳啊跳到了壁炉中钻进去不见了!只见一把大火燃烧,吓得我从座位上站起来大叫:"姑姑,快救姑姑,她被火烧死了!"阿婆直跟我说:"这是假的,做戏。"我直哭,不停地要姑姑,周围观众都笑着看我。

散戏后,阿婆带我到后台看姑姑,姑姑果然好好的在那儿。我才破涕而笑,姑姑紧抱着我亲我。

直到我成年以后,爹还说我:"阿囡是最好的观众。什么破戏、坏戏都看得津津有味,都信以为真。跟着哭,跟着笑。"

话锋一转,爹又说:"一个好演员,应该有这种真实感。什么都信以为真,在演戏是很有必要的。不过生活里可不能这样,容易上当受骗啊!"

我心想他还笑话我呢,他不也这样吗,什么都当真,生活里没少上当受骗!有其父必有其女啊!

三 赵家重女轻男

我的童年正处在日本鬼子侵占中华,我国人民奋起抗日的战争年代。

我们家虽位于上海市法租界,但也不能安宁。小时候我记得家中电灯用黑布包起,窗帘也用黑布罩上。玻璃窗上是白纸条贴的米亨,生怕炸弹下来把玻璃震碎。经常有警报声。白天阿婆还要挤着排队去买混合面。大家对日本鬼子都恨得咬牙切齿。可当时上海的电影厂又是日伪控制，表面还要忍气吞声去拍片。为了挣口饭吃，那时的日子可不好过啊！

我的爷爷奶奶原住南通市。后来江苏省大片国土沦陷，而上海的美、英、法租界还没被日本军队占领，好似一片"孤岛"。这时我爷爷奶奶和叔叔从江苏南通逃难到了上海。他们向外婆租赁了一层楼的大房间和二楼的亭子间。这样爷爷奶奶可以天天见着我，也好放心。

爷爷名叫赵子超。大高个子，蓄着八字胡，性格豪爽，爱施财济贫，一副雄赳赳气昂昂的架势。

赵青的爷爷赵子超。

爷爷说他是山东省泰山脚下肥城人，尽管走南闯北可还说一口标准山东话。祖辈是种地的，后来我爷爷参了军。从别人嘴里知道，爷爷少年从军，是军阀孙传芳的部下。先当马夫，作战勇敢，在一次作战中我爷的肚肠被打了出来，他把肚肠又塞回肚内继续奋战。伤养好，被送往讲武堂（军官学校）培训，一直当上营长。

别人是"投笔从戎"，爷爷是"解甲归文"。他用部队的复员费在南通开办一座新新大戏院。听说是专为我爹开的，因为我爹从小就爱演戏。同时又经营一个糖果店，专门销售南通的土特产麻糕、脆饼等，赚了很多钱。

爷爷先后娶了三房奶奶。大奶奶是在山东老家娶的，生一长子名叫赵凤翔，我从没见过。我大伯这一支至今还留在老家务农。第二房是我亲奶奶黄秀芝，有名的“扬州大美人”，生性善良，生了二小子我爹赵凤翱。奶奶那么漂亮，我爹当然也就英俊非凡啦！我长大后我爹老夸我长得像奶奶，真漂亮！言下之意，奶奶和他和我都漂亮啰！第三房也是扬州人，生了三小子赵凤冲，也就是我的赵冲叔叔。三奶奶命苦，不久因戒大烟生病早逝。我是从赵冲叔叔口中才知她很秀气，丹凤眼，我也从未见过。

我爷爷在南通市西南营 36 号买下了大四合院。除了两个奶奶及他们的孩子外，还养着我亲奶奶的大姊及她孙女、三奶奶的妹妹及她带来的大姑、二姑、小姑。还有我爷爷自己亲兄弟的儿子赵凤歧、赵凤黄及他们膝下妻儿老小。一个大院前后平房住上近三十口人，全由我爷爷一人养。加上平时宾客来往，开销可不小啊！刚解放时，我爷爷觉悟高，幸亏把新新大戏院和糖果店上交政府，否则不知该划个什么大资本家成分而挨斗了。

我们赵家说来也怪，尽生男不生女。我爷爷一辈就是三个兄弟。爷爷自己膝下又是三个男孩儿，连爷爷的弟弟这房也只生男孩。家中多么盼望生个女孩呀。当得知我出世后，对爷爷来说如同中了头彩！爷爷常对人说：“我们赵家和别人家不一样，别人家是‘重男轻女’，咱赵家是重女轻男。”

我爹后来也随我爷爷有了句口头禅：“咱赵家是重女轻男啊！”

因此我一生下来，爷爷奶奶把我宝贝得不得了。一来是我继承“扬州大美人”的遗传，漂亮可爱。二来我自幼远离父母，寄养在远远的外婆家，实在可怜！

听爷爷说：我爹妈抗日西行后不久，我生了肺炎，差点丧命。从南通赶来的爷爷奶奶吓坏了。还是爷爷有主意，买了一大箱鲜橙，每天榨鲜橙汁喂我，这样才把我小命保住。

爷爷奶奶逃难到上海，准备久住。于是跟外婆比赛似的争相宠爱我。爷爷曾向外婆提出要我归“赵”家过日子，外婆执意不肯。一直让我睡在二楼，在家的时候，她天天守在我身边。我从学校回家，首先得经过一楼爷爷奶奶住房的门口。这时，爷爷早就等着我了。招手叫我进他大屋，马上关上门，把早已买来的好吃东西让我吃。外婆不乐意爷爷溺爱我，关照我不许吃爷爷的东西。为怕阿婆看见，我就躲在爷爷画画的大书桌下偷偷地吃，吃罢才大摇大摆上二楼看阿婆去。

赵青和奶奶黄秀芝在一起。

我奶奶也跟爷爷一样疼爱我。她爱打麻将。找三位邻里聚在我家一楼的八仙桌上打牌。我一放学，正是上海人吃午点的时候。我也爱进大屋站奶奶身旁看他们打麻将玩。奶奶一见我进来，马上暂停。到门口馄饨铺叫他们送五碗馄饨上门，这第五碗就是专门为我叫的。也一样把门关上，让我快吃，生怕阿婆看见了要骂我。

其实阿婆从来也没骂过我，就是连句重话也没说过我。

爷爷培养我爹爹从小练拳、画画、写字，希望我爹长大可成为有文化的上等人。我奶奶希望我爹长大当律师。可我爹就不按他们意愿行事，偷偷来上海考美专，后来干脆当上了电影明星。我爷爷奶奶拿他没办法。

现在爷爷奶奶又按培养我爹的方式来培养我，希望我成个“女秀才”。爷爷除了给我零嘴吃，很重要一条是要我跟他学练字。

爷爷在南通还是个有名的书法家和画家。在上海，爷爷的大房间，那张画画的大书桌就占全房间的五分之一。桌上“文房四宝”俱全，他那大砚台和徽墨上雕龙刻凤，听说是珍贵的文物。爷爷经常在桌上铺着厚厚的绒垫，上铺宣纸，拿各种号码的笔着色画山画水。高兴时还拿大粗笔写斗大斗大的字。

爷爷总要我一旁观看，还让我在一旁添水研墨，并且还要教我写毛笔字。爷爷对我很严厉。练字时，要我双腿叉开站在桌前，一手扶纸，一手用大拇指、中指、食指抓支笔。在我虎口处放上满满盛着水的小酒盅，写字时不许洒出水。

爷爷说：“你爹小时候也是这么练字的。”

他恨不得叫我长大也当个李清照似的。哪知我这么好动，又没耐心，练一段时间也就坚持不下去。一放学就跑得不见踪影，爷爷拿我没办法，只叹没这个命，赵家注定是出不了大文豪啦！

有一天我高高兴兴放学回家。照例走到爷爷奶奶一楼大屋，看见奶奶一把鼻涕一把泪正号啕大哭。爷爷站一旁一手拿一张信纸，一手也在抹泪，奶奶抬头看见我进来，更是一把抱住我大哭不止。

我直问:“奶奶,奶奶什么事? ……爷爷奶奶怎么啦?”

没人回答我,哭声反而更加凄惨。

我只好上楼。见阿婆在楼上边做活边抹泪。

我抱住阿婆:“阿婆,爷爷奶奶干吗哭啊?”

阿婆抬头看我:“阿囡啊! ……你妈好命苦啊!”也哇哇地大哭起来。

我不知所措,心里已知道家里发生了什么不幸的大事。

当晚,我从小舅口中听道“你爸在新疆监狱被坏蛋盛世才枪毙了”。我才恍然大悟,哇哇地哭起来。

整个弄堂全传遍了这个坏消息。大家对我更疼爱,更同情了。

奶奶因为我爹被害死的消息,把耳朵都哭聋了。

弄堂收音机又在放“小白菜,遍地黄……”的歌曲,真伤心啊!

小朋友们也都静悄悄地看着我,不再说什么了。

四 爹爹回来了!

抗战胜利了,上海也收复了。很多抗战中出走的人,一个一个都回来了。

一个冬末初春的下午,那天也不知怎么的我提前放学回家。在二楼,阿婆看着我做功课。突然听到一个陌生男人大声在喊:“阿囡!阿囡!”

外婆竖起耳朵仔细听,又惊又喜,拉着我的手催促道:“快! 快下楼去! 是你爹爹回来了!”

我听了一愣，心儿咚咚直跳，快要蹦出喉咙了。心想：爹爹，不是早就在遥远的新疆被枪毙了吗？怎么又蹦出个爹爹？我阿婆早知这事了，为什么不早告诉我？我犹豫不决。自幼离不开阿婆，生怕这一下去阿婆不要我了。

我一步一步走得特慢，走到楼梯亭子间拐角处，才看见下面楼梯口站着一个黝黑面孔的大男人。头戴大礼帽，身穿驼色的风衣，张开双臂，连声高叫："阿囡，阿囡，我的心肝宝贝！"

年轻的赵丹。

他实在等不及，大步迎上来，双手举起我这小身子，一把抱在怀里，使劲地搂啊，亲啊！短短的胡子茬儿扎得我又疼又痒。他连喊带哭，热泪盈眶。

我一时茫然，不知如何是好。

"阿囡，这就是你亲爹啊！你亲爹活着回来了，还不快叫爹爹！"爷爷抹着辛酸的老泪在一旁提醒我。

我迟疑着，仰起头打量着，没有开口，这个人对我来说太陌生了。

拍电影的时候，导演曾让我对许多不同的大人叫"爸爸"，但我记事以来从来没有叫过"爹爹"。

“阿囡，我是你爹地！你不满周岁时就会叫我爹地！”

“爹地！”我轻声模仿着，内心引起一段模糊的回忆，一个遥远的回声：“爹地……”

终于夺眶而出的热泪跟爹爹的溶在一起，流满我的小脸：“爹地。”我重复着，“哇”的一声，抱住爹地的脖子号啕大哭：“真是你活着回来了，爹地！”

透过天窗的太阳忽然闪亮，我一下子明白了这个称呼的全部含义。他对我说来，就意味着身上的暖流，眼中的梦幻和心窝里的光明；但当时怎么也想不到，他还将意味着我残缺不全的爱，捉摸不定的命运，姗姗来迟的幸福，以及生死不渝的信念；意味着一条崎岖坎坷的路，一座高耸入云的碑。

不知道过了多久，爹爹把我轻轻放在地板上，说：“阿囡，这是你的弟弟苗子，拉拉手吧。”

30岁的赵丹。

我一瞥爹爹身后的小男孩儿，又矮又瘦，又黑又脏，不知为什么戴着飞行帽，裹着小皮夹克，大冷天却穿一条短裤，长袜子，他的小手伸出来像小黑爪子。在他左耳边还有一颗大黑痣。这就是奶奶告诉我那个从远方来信中所提到的淘气的弟弟苗子。

正此时，我叔叔风尘仆仆地

进了门:“阿哥!”

“阿冲!”兄弟二人紧紧抱成一团,又哭又笑,使得在旁的人无一不流泪。

我瞪大眼睛问爹地:“妈咪呢?我要妈咪!”

爹爹眼中的亮光黯淡了。他沉默一会儿,垂着头沮丧地回答:“阿囡,妈咪不回家了。她也受了许多苦。当时传说我在新疆被枪毙了,她在云南处境太困难,只能另嫁人了。”

爹地抚摸着我的头发,喃喃地自言自语,好像说梦话一样:“这是没有办法,真的没有办法。天长地久有时尽,此恨绵绵无绝期!”

我眼前一阵昏暗,天窗又蒙满了乌云。

在许多不眠之夜,我常仰问苍天:为什么命运待我这样不公平?让我从幼年起就一次又一次地经受这样残忍的折磨!重逢的欢乐如此短暂,紧接着就是无情的打击。我天性本是一个善良、活泼、好动、爱笑的女孩儿,可是炽热的心头长期被带上冷酷的枷锁。

我爹和妈离婚书上,把我和弟弟划为父亲抚养。按法律规定,我必须从二楼搬到一楼住,从此由赵家养育我。

我阿婆虽很难受,但默默地没说一句话。我心中虽舍不得阿婆,好在我们住上下楼,还可以天天看到阿婆。我也渐渐长大了,依赖性也不那么强了。

从此跟着爹爹过,再也不拍电影了。像正常人家孩子一样,上学、玩耍。不过还止不住经常上阿婆二楼家和阿姨一起弹琴唱歌。

我爹有空也随我上二楼看阿婆和小姨,大家一起又弹又唱。

虽然这样,我阿婆、我爹,和我心头总觉得缺了一大块儿,空荡荡的，不由得人不伤心！

五 爹妈的罗曼史

爹爹带着伤痛和悲哀回到了上海。

他把一切的爱给了我和弟弟。时不时地搂我亲我，要我坐在他腿上，和我谈心。我因为有了这唯一的亲爹，也格外与他亲热。只言片语的逐渐了解了我爹的过去。

我爹和我妈是怎么相识的呢？

我爹16岁从南通崇敬中学毕业后，演进步戏，被列入要搜捕的"黑名单"中，因此他一人逃到上海，偷偷考入上海美专。校长是刘海粟，黄宾虹、潘天寿等大画家都是我爹的老师。

除了专心画画外，他还参加"美专剧团"和校外郑君里、宋之的组织的"新地剧社"演话剧。

我爹为了表示追求革命的决心，将名改为"赵丹"。不仅如此，连穿大衣的内料也是红色的，他们圈内人都亲热地叫他"阿丹"。

有一次他扮演话剧《C夫人肖像》中的男主角，被上海明星影片公司导演李萍倩看中了，选他在无声影片《琵琶春怨》中扮演角色。由于我爹在银幕上表演的光彩，从此成为明星影片公司的基本演员，开始了电影艺术生涯。

1933年我爹正式加入中国左翼戏剧家联盟，又发起组织和领导了"上海业余剧人协会"，这是中国第一个具有一流水平的专业话剧团。

四年内我爹主演过《上海二十四小时》、《时代的儿女》、《女儿经》、

《到西北去》、《乡愁》、《清明时节》、《小铃子》、《热血忠魂》、《落花时节》等十几部电影，早就成了无数少女影迷追逐的重大目标。

我妈当时是上海高级商业学校的校花。她曾在哈尔滨女中读书，是滑雪、打篮球的好手，业余也爱演戏，人称“小叶”。

金山介绍我爹利用业余时间去给我妈学校的业余剧团排戏，我爹为我妈生来会演戏的天才、美丽甜甜的脸蛋和动人的嗲声嗲气的嗓音而倾倒。他俩都是初恋，一见钟情。

我爹告诉我：“你妈可了不起！当时你外公病重，你妈毫不犹豫地给你外公输了大量鲜血。我在一旁看着，好感动啊！这么位娇小姐，能这么孝顺、善良、勇敢、自我牺牲。就这点，我深深地爱上了你妈。”

他俩的爱情刚发芽就开花，刚开花就结了果。

中国电影史上最为引人注目的一场婚礼，要数我爹赵丹和我妈叶露茜、顾而已伯伯和杜小鹃、唐纳伯伯和蓝苹（后来的江青）三对夫妻“六和塔畔结良缘”了。

他们是从上海出发，集体到杭州旅行结婚的。证婚人是鼎鼎有名的大律师沈钧儒老先生（后来是新中国第一任最高人民法院院长），司仪是郑君里。同行的有好几个记者。前后几个月，大小报刊争相报道，又是专访又是照片，着实热闹了好一阵子！

他们从杭州回来后，在上海青年会九楼礼堂举行招待会。礼堂挤得满满的，好不热闹。

司仪致辞：“祝贺六位新人六合同春……”

金山站起来大声插话：“他们不是六位！里面还藏着一个哪……”

人们看见小叶脸蛋羞得通红，阿丹使劲儿朝金山臀部扇了一巴掌。

中国电影史上引人注目的一场婚礼。赵丹(右一)和叶露茜(右二)、顾而已(右七)和杜小鹃(右六)、唐纳(右五)和蓝苹(右三)三对夫妻“六和塔畔结良缘”。

晓得吗？那第七个不胜荣幸参加婚礼的，就是藏在姆妈肚皮里的我，但当时我自己还一点儿都不晓得呢！

我爷爷也出席了这盛大招待会。据我爷爷说：“那天，你妈不小心摔碎了一个大盆子。我心想，不好。这三对婚姻要破碎。果然应验了，三对夫妻先后全被拆散了！”

这次热闹婚礼后，蓝苹(江青)不停地婚变闹事，害得唐纳为她自杀两次，都是我爹和郑君里前去处理的。

由于这几个人太知江青的底细,“文化大革命”期间,江青害死了郑君里、顾而已,又把我爹关进了监狱,一关就是五年多,我爹差点也被害死,好狠心哪!

我爹在和我妈结婚前,过着波希米亚人那样的艺术家生活,喜欢浪漫情调,不修边幅。电影《十字街头》里面的“老赵”就是他自己的化身。他跟几个哥儿们有福同享,有难同当,合住在法租界甘斯东路一家罗松大菜馆顶上的小阁楼里。

我爹在明星影片公司薪金是每月 50 块大洋(相当于现在 2 000 多元),一年后涨到 100 大洋,拍完《马路天使》又涨到 200 大洋,比夏衍还高(夏衍在明星公司负责编剧,薪金每月 30 块大洋)。我爹非常大方,平时请客聚餐都是他做东,对于有困难的朋友,更是倾囊相助。因此钱包总是满了就空,空了又满。

据冲叔叔说,当时爹爹跟袁牧之、金山、章泯、郑君里、唐纳、聂耳、冼星海、魏鹤龄、顾而已、朱今明、钱千里等一帮哥儿们称兄道弟,常去“红房子”西餐厅吃两角大洋一客的“大菜”,两三桌都是阿丹包付款。连我叔叔从南通爷爷老家里带来的钱也倾囊而出。

我爹他们有钱的时候,将零钱银毫子开玩笑似的扔在屋角、床底下;没钱的日子,哥儿们又爬到床底、屋角,捡起银毫子,去楼下买几碗馄饨面,大家一起分着填肚皮。

夜晚排戏排太晚了,白璐阿姨(蒋君超的前妻,后在上海 24 层楼国际饭店电梯空道摔死的可怜阿姨)家远,就和爹爹他们几个人一起打地铺睡地板上。我爹说:“那时一点邪念也没有,很自然。白璐阿姨挤我们中间睡,也不觉得是回事!过着十分随便而浪漫的生活。”

自我爹和妈结婚后，我爹就搬到环龙路 69 弄 3 号我阿婆的家住。那时外公已去世了，由于阿婆心疼我妈，也就格外心疼这女婿。

我爹那时开始过着正常日子，拍完戏马上回家陪着我妈也等于守着我。我爹越来越“红”，又和不少大明星合作拍片。

电影厂门口，锡荣别墅弄堂口经常有美丽少女与影迷在等候我爹。我爹说：“我看也不看，没一个能和你妈相比的。”

后来“文革”中又传出江青和我爹曾有一腿。我爹听了气坏了，直骂：“真是胡说八道！你妈当时是一流演员，她的《武则天》、《大雷雨》演得没人可比，人品又好。蓝苹是什么东西！二三流演员，人品又这么坏，谁会看得上她啊！真是天大的笑话！”

我从阿婆家保存的相本内，确实看到不少我爹我妈又搂又抱相亲相爱的照片，就是这回我妈离开我爹后，从我爹口中从没说过我妈一句坏话。可见我爹就是只爱我妈一个人。

后来，白杨阿姨生前好几次跟我说：“你爹在银幕上、舞台上真是最会演戏的，生龙活虎；可在现实生活中，在社会交际中，又最不会演戏。他为人真诚，像个大孩子，在女人面前特腼腆、特礼貌、特正派。他对你妈十分专一，人人都羡慕他俩是天生一对，地设一双。唉！又有谁能料到后来那么不幸呢？”

六 “红蛋派对”

1936 年 11 月 16 日我妈在上海广慈医院生下了我，这下子可中了头彩！赵家几代没生女孩，盼了一百多年终于来了个女孩，可把爷爷奶奶乐坏了。对于我爹我妈来说,生男生女当然无所谓,但我是他们的第一个小宝贝,是他们爱情的结晶,当然心疼得不得了。

当时是金山去广慈医院把妈妈和我接出来,送回家中的。

“四人帮”倒台时,有人胡说我是赵丹与江青的私生子,所以我才叫赵青。这一谣言,可把我妈、金山伯伯、我爹和我给气坏了,真是一派胡言!我妈说:“呸!江青当时还不叫江青,只叫蓝苹。阿囡是我在广慈医院生下的,是金山把我们娘儿俩接出医院的。金山可作证。”

金山伯伯也跳脚大骂:“简直岂有此理!胡说八道,是我去广慈医院接出小叶和阿囡的,我可作证。”

我的名字是爷爷取的。学名“赵青鸾”,爷爷说古书上青鸾是凤凰类的鸟,会唱歌会跳舞,又漂亮,又吉祥。我到了北京考上中央戏剧学院舞蹈团注册时,我自己做主只写了“赵青”两个字,嫌“鸾”字笔画多,不好写。后来我爹说:“改得好!青出于蓝而胜于蓝!”跟鬼江青有什么相干?

我爹说气话:“你要真是江青生的,她这个人这么自私,‘文革’中还不让你来个文化部长当当,或者八个样板戏都让你一人演喽!”

这些造谣小人真不知怀中揣着什么鬼胎?

至于我爹当时为什么不去医院亲自接我们娘儿俩呢?原来我爹当时正患肺炎,生怕传染母女,才请好友金山代劳了。

我爹说:“抱回家一看,你长得再丑不过了。一对小豆眼,八字眉,塌鼻梁。”我一听直用小拳头捶打我爹:“你胡说八道!”我爹一把抓住我的小拳头说:“真的,真的,不骗你!”我问:“那为什么?”我爹说:“都怪你妈,怀着你,每天在一楼大房间看我排演奇虹看来的。”“什么奇虹?”我爹说："奇虹是《大雷雨》话剧中的一个角色，心地善良但是个残缺傻子。我有意把妆化得很丑，一对小豆眼，倒挂眉，你妈看我这丑像看多了，才生下你这个小丑八怪。"我说："那后来呢？我不是双眼皮，高鼻梁了吗？"我爹说："塌鼻子是你妈咪天天给你捻，捻高了。至于眼睛嘛，你到底是爹地的女儿，越长越漂亮。小豆眼变成了双眼皮，跟你奶奶一样漂亮！"说得我美滋滋的。我爹又说："可眉毛还是跟你爹地一个样，倒挂眉。"

妈咪叶露茜抱着阿囡。

后来我到北京上舞蹈学校，我爹见了我总跟我开玩笑。用两个食指放在二根眉毛上说："八点二十分。"我说："为什么叫八点二十分？"我爹说："你没看见八点二十分，时针和分针正好倒挂成一个八字。"我想果然如此！也反说我爹："爹地！你也一样，八点二十分。"后来长大上台表演，用夹子把倒挂眉修拔成了往上挑、眉梢向下弯的形状。现在年纪大了，反而一点也不倒挂，却像我亲妈一样是两根往上挑的柳叶眉了。

我爹说:“你妈最洋气,当你开口咿咿呀呀会发音时,你妈就让你叫她‘妈咪’!叫我‘爹地’!你真聪敏,一教就会。‘爹地’‘妈咪’叫得你爹你妈心头直开了花!后来生了弟弟苗子,也是这种洋叫法。”这我才明白为什么我和别家孩子叫爸叫妈叫得不一样。

我爹说:“你小时候,爹地妈咪不知怎么宝贝你,一天到晚,亲啊亲不够。小脚丫,小胖手,小屁股,小脸蛋,哪儿没亲到?你妈老不让我亲,说我的胡茬会把你那小嫩肉亲红,亲破了。”我爹一直到我长大了还这么不管不顾地亲我。亲我的下巴说“吃炖蛋”,亲耳朵说是“吃馄饨”,亲鼻子说是“吃个小馒头”,亲左边脸蛋吱吱叫“是小鸟叫”,亲右边脸也吱吱叫“这是小耗子叫”。

不管我多大,不管是否有一大帮客人在家,我一进门,我爹就搂着我亲,还要我坐在他的双膝上。我们俩人出门,总要我挎在他胳膊上。在电影院看戏、看电影,一手总要环抱在我肩膀上。我怕人说,不让他放,但他也总要抓住我的小手看电影。有时我不好意思,这么大了不愿让他当众亲我。他就说:“这有什么,你是我女儿,我是你爹地。”我爹这种洋习惯,后来还引出了些闲话。我爹可能是好莱坞电影看多了,完全是洋人的习惯。总之,他是非常非常的疼爱我。

在我还未满月时,上海戏剧联谊社就要为“阿丹”的小“阿囡”组织一个“派对”。上海当时盛行西式的“巧克力派对”,可我爹偏要独出心裁,来一个中西合璧的“红蛋派对”。采用西洋的聚会方式,按照中国的传统习惯,请来二百客人吃红蛋,寻开心,讨吉利。我过满月时候的“红蛋派对”就是在阿婆家一楼大房间举办的。

白杨阿姨生前告诉我:“那年我们正在拍摄《十字街头》,忽然听说阿丹喜得娇女，大家都去祝贺，去看你！我们都抱过你、亲过你呢！”

据阿婆和爹爹回忆，那天几乎所有上海影剧明星都到场了，都“抱过亲过”我。阿姨中有白杨、胡蝶、周璇、王莹、舒绣文、陈波儿、吴茵、白璐等，还有蓝苹，她们都吃过我的“红蛋”。可后来又分道扬镳，各走各的路。

据当时报刊记载：“红蛋派对”上，艺人们的贺词、对白，妙趣横生。

爹爹的答谢词说：“阿囡，是糊里糊涂地养下来了。养下来以后，却不容我再糊涂下去。像我这样的人，做爸爸简直有点不像，但是既然做了，便免不了要替子女设想一番。

“我想，做我们下一代的子女，比起我们来，一定是要幸福得多！他们将来长大了，我最好不要去多管他们。至于希望呢，她的爸爸妈妈既然是演戏的，我就希望她也能够演戏，并且希望将来她能够成为我们戏剧联谊社中最努力的一员，不辜负长辈们今天的庆祝！”

爹爹的这番答谢词，决定了我一生的道路。

七 鼎盛的1936年

1936年爹爹不仅娶了我亲妈，还生了我这个宝贝女儿，同时也是爹爹在艺术事业上大丰收的一年。他主演的《小玲子》正轰动一时，紧接着又跟白杨主演了《十字街头》，跟周璇主演了《马路天使》。还在我们家一楼客堂间里初次排练了《大雷雨》。爹爹、妈咪、郑君里、舒绣文、蓝苹都参加演出，由章泯导演，冼星海配乐。

我爹爹经常在我面前得意地回忆那年的成就。

收音机播出《十字街头》的主题歌时，我爹地总是跟着高声地唱：“春天里来百花香，郎里郎里格郎里格郎……”

唱罢就问我：“爹地唱得好吗？”

我说：“当然好啰！”

爹爹得意地说：“这首歌不是歌唱家配的音，而是我自己唱的！爹地的音色多好听，男高音！”

爹爹得意之处不仅自夸自，还希望旁边的人一起跟他叫好。一直到老都这样，完全像个天真的小孩。

他又告诉我：电影里穿假领子衬衫，撕衬衫当手绢，把白皮鞋擦黑，臭袜子枕头下面放。这些都是他当时过独身生活的样子。完全是自己演自己，十分得意自如。

有时演得有些过火，穷发挥。导演沈西苓，看我爹表演都看得忘了关机，让我父亲尽情发挥。

就因为这样，我爹自我批评说：“《十字街头》表演有些过火，不如《马路天使》这么恰到好处，自然。”

我爹又介绍说白杨当时没拍过什么片子，演话剧的，自演了这部片子后就一举成名了。

这里插个小笑话，1961 年，有一次在三座门内部舞厅跳舞，陈毅老总指着我用四川口音说：“赵青！我知道你妈妈是谁？是白杨对不？”我急得直解释：“陈老总，你别瞎说，我亲妈叫叶露茜。”陈老总执意争辩：“不对，你看你长得多像白杨！”我急着辩解：“哪里像啊！”幸好张茜阿姨在一旁解围，打陈老总一巴掌：“别胡说八道，小心阿丹找你算账！”陈老总哈哈大笑着也就暂停了。

我回家后心想:陈老总为什么要说我亲妈是白杨?后来我才悟开,原来我在《宝莲灯》中的电影镜头,由于把额头开得又高又宽,有的镜头实在有点像白杨的“老虎脸”。另外群众及电影圈经常把赵丹、白杨相提并论,因为他俩是电影界造诣最高的男女演员,同是仅有的电影界一级演员,同是历届人大代表,连“文革”中受害情况也差不多,电影界最后落实政策的也是他俩。难怪别人误会。

我爹平时跟我说,他和白杨阿姨关系不亲,只是同行同志关系,他们是两路人。白杨阿姨比较正经,说话不出圈,总符合“社论”的精神。平时也很少与圈内人来往。而爹爹则是另一类人。说话直率,嘴巴没把门。性格开朗,又风趣又随便。我爹爱与圈内人来往,朋友多,因此也就引来不少风波。

但他俩互相尊重对方的艺术。白杨阿姨尤其赞扬我父亲的人品,在她悼念和回忆我爹的文章中多处有表白。例如在悼念我父亲的文章《含泪的笑》中最后写道:“阿丹是个永远不老的大孩子,最可贵的,是他那精诚一片的赤子之心!他为人热情开朗,光明正大,坦荡潇

赵丹、白杨主演的《十字街头》。

洒。平时爱开玩笑，语言机智、踊跃，充满欢乐的感染力。有时比说相声还要滑稽，令人笑得肚子痛。有时又一针见血，痛快淋漓，切中时弊，有时候大胆倾吐别人想说却不敢说的心里话……”

对于《马路天使》的表演，我爹爹赞不绝口：“这个片子是真正的电影表演，自然，不过火。而且根本不像在演戏，把吹鼓手小陈演活了。这要感谢导演袁牧之。他一直在旁严格要求我，提醒我做戏不要过火。这真是中国30年代现实主义的代表作。”

有时爷俩坐在电影院里爹爹边看边给我讲。看到小陈吹小号走在大街上掀开帘子看新娘，一看是个斗鸡眼新娘，镜头回过来，我爹扮演的小陈两眼也成了斗鸡眼。把我看得捂肚子大笑，我爹说：“这噱头是我出的，又可笑，又不过火。”后来看到他和魏鹤龄出入大律师活动门时，两人来回撞头，也引得我大笑不止。我爹说：“这一手是从卓别林那儿学来的，但用得很自然。”

我爹告诉我：《马路天使》是袁牧之为首的几个人在一家路边小酒馆聊天聊出来的。一边喝酒，一边吃花生米。在小酒馆出入的几乎全是下层的贫民，什么小贩、吹鼓手、剃头师傅、卖报的、妓女等等。戏里出现的形象都是来自小酒馆内的人物，活龙活现的再现。演员们都很有生活体会。我爹最夸奖演妓女的赵慧深，戏中一句独白也没有，完全用两只眼睛表演。听说她是个大学生，“她怎么能体会剧中妓女的感受，而且还演得这么深刻”？

我爹还很夸魏鹤龄伯伯说：“老魏是个本色演员。在电影镜头前从不做戏，完全和生活里一个样。这才叫电影演员！做戏却不像在做戏，真是吃电影这碗饭的。”

赵丹、周璇主演的《马路天使》。

我爹说起周璇阿姨更是赞不绝口:"当时拍这片子时,大家想谁来演这小红呢?有一天导演突然把一个16岁小姑娘带来见大家,说她叫周璇,由她扮演小红。大家一看她十分腼腆,低着头,红着脸一句话也不会说。心想她能演好这角色吗?听说这是拿大演员白杨跟另一个电影厂换来的。她从来没演过主角,只演过跑龙套。拍戏的那一天,大家拭目以待。导演教她怎么演,她就怎么演,很快把导演教的化为她自己的。演得那么自然,符合人物要求,大家不得不夸导演的一双慧眼。可下了戏,周璇还是小女孩一个,休息时躲在幕布后面与管道具的小男孩打弹子玩。平时讨论剧本时,导演问她有什么意见,她总是低着头,红着脸,一语不发地跑掉了。"

我爹说:"这戏是周璇一辈子演得最好的一部电影了。解放后,周璇自己也承认这是她一生演得最好的一部片子,以后没有一部超过它的。"

周璇又名“金嗓子”，新中国成立前我还和她合拍过片子呢！周璇一生很可怜，后来遇上两个坏男人，骗走她的钱，把她逼疯了。20 世纪 50 年代早早夭亡了。她留下的两个孩子周民、周伟还是在我们家养大的。

《十字街头》、《马路天使》这两部优秀影片，为世界影评家公认是中国 20 世纪 30 年代电影的代表作，在中国和世界的电影史上享有盛誉。

我爹爹还得意的是在活剧《大雷雨》中扮演的“奇虹”这一角色。我爹说：“奇虹这个人是地主家的独生子。有些低能、愚蠢，甚至像个白痴。但他还有善良通人情的一面。他的妻子外有情人，他知道，但并不虐待她。在妻子投河自尽后，他不仅不埋怨妻子，反而紧抱住妻子尸体，忍无可忍地对他母亲愤怒地吼出：‘妈妈！是你害死她的！……’这样就道出了这白痴和她老婆卡捷琳娜同是吃人封建社会下的苦命人。”

赵丹在话剧《大雷雨》扮演奇虹。

我爹又说：“刻画这角色，是冒风险的。由于奇虹难看，又白痴，因此我在前几场戏表演时有意把妆化很很丑，甚至做出低能发笑的动作。其他演员都反对我，说我破坏戏的整体悲剧严肃气氛。只有导演章泯能理解我，从不提出异议。”

直到第一场演出大幕落下，迎来暴风雨般的掌声后，导演章泯跑上台紧紧抱住了我的爹爹，祝贺他刻画人物的成功。连大演员唐槐秋见了我爹都直夸：“美极啦！”

八 抗日救亡

1937年“七七事变”后，日本鬼子一直打到了北平。抗日战争爆发了。我爹我妈立即双双参加了“上海影剧界救亡演剧三队”。国难当头，忠孝不能两全，爹妈只好把襁褓中的我留给了外婆。

他们沿着长江，经无锡、常州，来到武汉。和他们同行的有郑君里、王为一、朱今明等。我爹告诉我：当时没吃少穿，几个人合穿一件大衣，谁上街谁穿。

爹爹妈咪告别了刚满11个月的小阿囡

有一回他们发现魏鹤龄经常拿点东西回来，大家都奇怪，这老实人难道还会偷东西？在大家逼问下，老魏才老实交待说东西是从旁边一栋日本侨民住过的屋中偷来的，日本人已经不在。这下可好，趁日本人不在的时候，我爹、陶金、陈天国、魏鹤龄偷偷爬墙过去偷东西，顾而已在外看门。可不一会儿，顾而已被人叫走了，正在这时，有警察过来巡逻。发现屋中有动静，大叫："是谁?"把我爹他们可吓坏了。正不知如何是好，聪敏的妈咪和章曼频阿姨（陶金的夫人）大大方方走出来说："是我们，在洗澡。"警察才放松警惕离开了那里。

虽然日子很苦，可这些人的笑话还不少。

在那阶段，我爹他们演出了阳翰笙编剧、洪深导演的话剧《塞上风云》。

我爹一生尊敬的导师之一就是阳翰笙。他是我爹从新疆出狱的救命恩人。我爹一直出自真心地把他尊为戏剧电影文化事业的领导人之一。阳翰笙对我爹也是十分爱护的，并且后来还关心我在艺术上的成长。他们是一辈子的交情了。我爹对洪深老也极为尊重，洪深老导演的天才成就，我爹是屡夸不止。

这《塞上风云》的剧本是赶写出来的，连排带演不过半个月。我爹他们还排得糊里糊涂就上台演出了。由于有这叱咤风云的洪深大导演的操作，演出出乎意外的成功。我妈咪演剧中的蒙族姑娘，我爸和陶金扮演的俩人都爱上了这位蒙族姑娘。剧终时蒙族姑娘被日本鬼子打死了。临死前这姑娘让他们两人握手言和，团结起来，共同打垮日本鬼子。这部剧中强烈的爱国主义感染着抗日中的老百姓。

我爹他们还排了另一话剧《最后胜利》，由田汉编剧、洪深导演。

我爹对田汉老更是崇拜得五体投地。在《地狱之门》一书中写道："田汉同志是我国革命戏剧的倡导者。在30年代或40年代，凡是从事戏剧工作的人，不论是搞电影、话剧或戏曲的，几乎无一不是直接或间接地受过他的教育与影响。田汉先生既是咱们戏剧界的'老头子'，又是咱们无产阶级的革命家。是个革命意志坚强、骨头硬、有胆识的'老头子'。"

关于田汉老的人品，我爹书中还写道："我以为一个真正的艺术家，最难能可贵的是他的品质的率真。而田汉先生为人处世，一生贯串始终的就是这'率真'二字。他真诚地接近群众，真诚地待人接物，真诚地热爱党和艺术事业。他的真诚完全达到了纯洁的地步。所以他不懂得所谓的人情世故，更不懂得什么叫看风使舵。所以不被一些庸俗之辈所理解、所喜欢，而往往招致许多的非议与诬蔑……"

读了爹爹这段话，我似乎从我爹爹身上也看到了田汉老为人的影子。

田汉老永远是我们心目中崇拜的艺术大师与老前辈，他是我们民族的骄傲、人类的骄傲！

《最后胜利》这剧中有一段歌："哪一个山上没有树，哪一个地里没有瓜，要打鬼子哦……可就顾不了他啊……"这首歌我也会唱，是我爹抗战归来后教我唱的，可见这戏是有很大影响。

我爹他们从武汉辗转到达了重庆，各路演剧队聚集在重庆。当时他们演了一出戏《全民总动员》，曹禺、宋之的编剧，演员有金山、白杨、谢添等。我爹扮演剧中革命领导人，表面上装做疯疯癫癫的邓疯子。白杨阿姨演一个上当的糊涂女人。最后识破了敌人丑恶凶残的真面目，全民总动员起来抗日。该剧轰动了山城，影响极大。连一些上层太太少奶奶也来看戏，要模仿剧中明星们的打扮。为此山城相继成立了许多业余剧团。

1937 年抗日战争爆发后,赵丹、叶露茜等人参加了"上海影剧界救亡演剧三队"。这是他们在一起的合影。

就是这年我弟弟苗子出生在重庆,简直淘得不得了。大家都按山上少数民族的称呼叫他"苗子"。他生下来在耳边有个大黑痣,小时又白又胖,看他照片很像我爹小时候的模样。朱今明叔叔特别爱他,成天抱着不撒手。

这时重庆形势也吃紧,山城被轰炸,天天躲防空洞,根本无法演戏。我爹他们也必须另找出路。

九 新疆蒙难

他们演剧圈有两大派之争:一派是体验派,另一派是表现派。两派还十分对立。我爹认为两派各有千秋,应该把两派的优点集中起来,再创造出一派中国自己的表演体系,即我爹后来一直追求和不断阐述的"赵氏体系”。

从苏联早已传进了斯坦尼斯拉夫斯基表演体系，我爹十分推崇。而且很想能去苏联亲自学习这体系。当时确实有少数人是通过新疆出境到苏联去学习的。我爹爹开始也打着先去新疆的主意，之后再找机会出境。

从新疆也传来一些消息，说新疆的统治者盛世才很开明，他实行亲苏、联共、民主、进步等六大政策，又听说大作家茅盾在那里主管文化。我爹心想肯定没问题，有茅盾在还怕什么！

一方面王为一通过邹韬奋开的书店内工作人员去与新疆联系，一方面又专门写信给茅盾，并收到了茅盾的回电。这电报表面上是欢迎他们去，可又有内容预示情况微妙。我爹他们这几个没心眼的人怎么能看得出呢？以为这下可好，可以平安无事投奔新疆。

我爹地妈咪带上苗子、朱今明夫妇、王为一夫妇，加上一年轻音乐家易烈(后死在新疆监狱中)，他们还把徐韬和夫人从广州请来，因为徐韬叔叔擅长做演剧的组织者。一行十人直往新疆出发。

我爹爹听说的新疆太平景象全是假面目，实际上盛世才正要翻脸反苏反共了。周恩来知道我爹他们的行径后，马上责令阳翰笙前去阻挡，哪知这十人早出了嘉峪关。当时通讯条件已无法将这信息传到他们耳中。此一去凶多吉少，急煞了重庆这一方地下党的领导。

一行人先到了南疆喀什。这是当时喀什县县长、后来和我爹先后入狱出狱的陈方伯，亲自告诉我的。对盛世才的突变，他当时也没任何察觉。

陈方伯代表新疆官方热烈欢迎，并迎接我爹爹一行。他们先在喀什住了一星期，由县长陈方伯天天陪他们游玩。后来陈方伯告诉我说：“你爸当时同小孩一样，成天和新疆老百姓一起又唱又跳，无忧无虑！”我想我爹天性浪漫，喀什又是有着东方古代神话色彩的城市，异国情调，穆斯林建筑，高耸入云的白桦树，挂满葡萄的果架，地毯上摆着丰盛的西瓜、哈密瓜、葡萄干、杏干。美丽的新疆姑娘与小伙子，好客的老大爷、老大娘，热情的歌舞，动听的冬不拉、手鼓，还不把我这浪漫的爹爹迷住了。

玩了数天后，他们来到了迪化（现在的乌鲁木齐），盛世才还特别宴请了他们。

盛世才虽是杀人不眨眼的刽子手，但外表并不是青面獠牙，而是仪表堂堂、中等身材的武将。黑眉眼，浓胡须，长方脸，一身笔挺的军装，佩戴一把军刀，着一双带马刺长筒军靴。给人一个错觉，好像还是很文明开朗的样子。实际上他是一个诡计多端、极霸道极独裁的暴君。在他手下杀死的革命者、无辜的老百姓不计其数。

他夫人修长的个儿。着一身紧身蓝旗袍，外罩一件长袖毛衣，朴素得像个清教徒。平时装得十分关心妇女、儿童，一种外表和平行善的样子。他们靠这种假相来对人民实行独裁统治。

据陈方伯说，我爹自己告诉他，宴会这一天，我爹没给盛世才留个好印象。盛世才要与我爹干杯，我爹只喝了一点，并没干杯，不给盛世才面子，让盛世才下不来台，而盛世才是个典型记仇的小人。

我爹爹他们在迪化开创了话剧表演，辅导了新疆的文化。后来又组织了剧团，还将他们住的汉族俱乐部进行翻修，盖成了正式剧场。通过当时财政局局长周彬（即毛泽东的弟弟毛泽民）的帮助，在迪化远郊头河屯划了块地，拨了款准备成立影业公司。

但好景不长，风云突变。盛世才翻脸大抓革命进步人士。茅盾察觉不妙，假借他老母去世，前往内地奔丧，全家逃离虎口。

当时暗探紧跟，茅盾无法把真实情况告诉我爹他们。我爹他们只一心搞艺术，哪有什么政治斗争的经验，还蒙在鼓里。直到盛世才公开逮捕杀害毛泽民，又将他好友杜重远诬陷为共产党抓入监狱，并逮捕一切与杜重远有关的人员及进步人士，我爹才恍然大悟。

我爹他们是茅盾和杜重远介绍来的。盛世才先逮捕了我爹和徐韬，又相继逮捕了朱今明、王为一和易烈。冤枉他们是共产党的托派。

盛世才企图以抓共产党托派的名义来诬陷残害进步人士。我爹说："什么托派？我当时连个共产党员都不是。"后来释放了，才知道只有徐韬一人是真正的共产党员。

我爹在监狱被上过各种酷刑，什么坐老虎凳、灌辣椒水等都尝过，还被打掉几颗好牙齿。我爹不愿详细说他受刑的情况。

后来我看电影《丽人行》中，有他在狱中被拷打、被烟头烫的镜头。我爹说："这都是我在新疆监狱中亲身经历过的，所以才演得这么真实。"20世纪60年代拍《在烈火中永生》时我爹也说："他们演员都到渣滓洞去体验监狱的生活，我不用体验。已有五年监狱生活还用得着去体验吗？一闭眼就是。"说得我心头直发酸。

我爹五年监狱生活熬过来了，弄得他一双眼迎风、迎光就流泪，我爹还开玩笑说："也好，拍电影时水银灯一照两眼总流泪，镜头面前我两眼总是水汪汪的，更有魅力。"

是的，我爹的两眼永远是炯炯有神的，加上被"四人帮"关押的五年零三个月的监狱，我爹的两眼更练成一双火眼金睛了。可惜后来没拍上一部电影，否则影片上两眼更会闪闪发光了。

五年的牢狱，不是人过的。据王为一伯伯回忆说：“盛世才的监狱也是世界少有的，门口根本不用看门。犯人关进去如入迷魂阵一样，根本逃不出去，大多都死在里面，生还者只有少数。盛世才称它为‘模范监狱’，阴森，惨不忍睹！”

我爹他们五个人开始时被分别关押，彼此根本见不到面。后来才能在放风时互相看到。

我爹在狱中举目无亲，每月只盼我妈咪送去的一点生活用品和只言片语的小纸条。后来监狱传出我爹他们被盛世才枪毙的消息后，就再也见不到我妈咪送去的衣物与小纸条了。

二三年都杳无音信。

我爹在狱中就是想我的妈咪，据陈方伯说，我爹在狱中用纸条撕出一男一女互相拥抱的纸样，说明我爹是多么想我的妈咪啊！

我爹说与他同关一牢房的有位新疆老人，教他怎么圆梦。我爹说“灵极了”，凡重大问题就有托梦的。例如出狱前夕，我爹梦见有水，有船，还有一双鞋，不久果然出狱了。

五年苦牢坐下来，我爹不得不信命，不得不猜疑。出狱后他一直信命，经常在两张小纸条上写上“成”或“不成”，并团成两个小纸团，让我抓，抓着什么他就信。有时拿字典让我随便翻一页点个字，来解他心中的疑团。弄得我们一家弟弟妹妹无一不信的。信与不信，真是无法解释清楚。

我爹被捕后，更是苦煞了我的妈咪和那几位阿姨。四方求救，无依无靠，何以为生？重庆这方演艺界虽在报上联名抗议、声援，对那个杀人不见血的刽子手盛世才却不起作用。

直到妈咪亲耳听到国民党官员摄影师程万里口传“赵丹、王为一、徐韬、朱今明已在监狱中被盛世才枪毙”的噩耗后，才不得不背着沉重打击的包袱离开新疆。

十 妻离子不散

哪里再有亲人啊！什么期待盼望全消失了，几个孤儿寡母在好心朋友帮助下一同逃往兰州。当时共产党外围的地下工作者陈宪武，以中国旅行社总经理的身份接待了她们，把她们安置到中旅社兰州招待所。为了生存，我妈咪又重操旧业，加入国民党画家毛志义组织的兰州演剧社，在话剧《日出》中扮演陈白露。那几位年轻的“寡妇”在兰州先后改嫁了他人，只剩我妈咪带着小苗子。

一天妈咪演戏归来，看到招待所房间被抄了家，她万分恐慌。陈宪武从旁边屋子的阳台爬了过来，告诉我妈咪情况不妙，叫她赶紧离开兰州。孤儿寡母何处藏生？我妈咪恳求陈宪武将小苗子收养，可陈宪武无奈地说：“我连家也没成，怎能收养孩子？”幸好在兰州我妈咪经常去空军俱乐部跳舞，结识了位姓余的广东人，是飞行员，运输大队队长。在他精心策划下，我妈咪带着小苗子，坐着余队长亲自驾驶的飞机逃到了重庆。

在重庆，我妈咪与杜宣相遇。他是江西九江人，当时共产党的地下工作者，真名桂苍凌。他中等个，长方脸，外表一般，可人很有才，能干。在老家已有结发妻子并已生二女，但由于搞地下工作，常年漂泊在外。

两个孤苦零丁的人在他乡相遇，互怜互悯，产生了情感。尤其是我妈咪，在当时境遇，急需有人爱怜，很快他们就同居了，后来又迁移到昆明，我妈咪有了身孕。可能考虑到生活问题，我妈咪就把苗子送往昆明一所孤儿院寄养。

我爹爹在新疆牢狱中五年，已被折磨得奄奄一息。幸好局势突变，盛世才反动面目暴露，民愤极大。国民党为了掩盖他的罪恶，削弱了他在新疆的统治势力，并准备转换他的职务。正在此时，周恩来指示阳翰笙四处奔波，终于使我爹、王为一、徐韬、朱今明等四人宣布无罪释放（易烈早已在狱中病故）。

他们四人一出狱第一件事就是寻找他们的爱人啊！从新疆直奔重庆。重庆演艺界举行了盛大的欢迎仪式，而且向他们讲述当时以为他们已被枪毙，由金山主持大型追悼会的情况。个个又悲又喜，道不尽的久别之情，一张张朋友的面孔依然如故，却不见自己朝思暮想的亲人。

小叶呢？小叶呢？她在哪儿？金山打岔，魏鹤龄装糊涂……小叶呢？她是死是活？我爹终日闷闷不乐，一个爱说爱笑的"阿丹"一下变成沉默寡言的傻子。几乎快疯的情况下，一个好心人告诉了我爹我妈咪的真实情况。如遭晴天霹雳，我爹一下子被击倒了。他痛苦，他呻吟，他大声对天狂叫："老天啊！为什么不长眼，要这么折磨我这无罪的人啊！"

无论如何也要见到小叶，争取最后一次机会。我爹按照从这位朋友那儿打听到的地址，给昆明妈咪处写了一封长信。我妈咪接到这从天而降的书信，是惊是喜，是悲是痛，我想那一定是人生极少能尝到的滋味。她和桂苍凌商量对此如何处置。桂苍凌是个通情达理之人，表示欢迎我爹来昆明，至于妈咪今后跟谁过，尊重我妈咪自己的选择。桂苍凌在此期间也暂时离开了昆明。

这样我妈咪给我爹回了信，表示欢迎我爹去昆明相见。爹地接信后即刻启程，恨不得长出一对翅膀尽快飞到我妈咪的身边。到了昆明，爹地去见妈咪。这种场面是令人声泪俱下的。

我爹地告诉我："我一见你妈咪，就恨不得一下拥抱她，她还是那么甜美，日夜思念的爱人啊！可你妈却这么矜持、冷静。我一看她已怀身孕，马上意识到她已是别人的妻子了。我心如刀割，五脏六腑被撕裂了一样。我忍不住双膝跪下，抱住你妈咪双腿，哭诉恳求她：'把腹中孩子打掉，跟我回去吧……'可你妈咪绝望地回答我：'一个家庭已被破坏了，我不能再破坏第二个家庭。'她劝我，还年轻，再娶一位，成立一个完美的家。这个破碎的家不可能再合拢了，更不可能完美了。"

我爹渐渐冷静下来，尊重我妈咪的选择。怨天，怨地，怨恨谁呢？恨只恨这五年的冤狱，恨这万恶的盛世才、日本鬼子、这动乱的年代。我爹很能理解我妈咪："她受了不少苦，她也是无奈的！"

就这样他俩在昆明正式办了离婚手续，法律上我和苗子都归我爹爹抚养。

我爹地告别了妈咪，来到昆明孤儿院寻找我那可怜的小弟弟。我爹说，一进孤儿院，一帮又黑又脏淘气的小顽童正在院内打闹。孤儿院长问哪个是你儿子？我爹一时半会儿真认不出来。后来想起苗子生下来时左耳旁有一颗痣，我爹就一个个拎着他们耳朵看。"果然有一个又黑又脏浑身长满疥疮的小男孩，左耳旁有颗大黑痣。凭这颗痣才找到了你弟弟。"听到这里好不让人心酸啊！

我不像我爹、我弟弟他们那样都能原谅我妈咪，不！我幼小的心灵受到极大的创伤，不仅是因我从来没得到过母爱。我妈咪也太狠心啦！为自己过好日子却把弟弟扔进孤儿院，没有人管，还长一身疥疮。尤其是对我爹爹，他这么帅、这么好，难道五年也等不了啦？为什么去嫁这个当时人们认为比我爹差得远的桂苍凌呢？我也恨桂苍凌，为什么要把我妈咪抢去呢？

这都是我幼时天真的想法，我的情感一直转不过弯来。新中国成立前夕，我妈从香港做地下工作转回了上海，她梳个少奶奶的发型，一身珠光宝气，着一件紧身旗袍到环龙路锡荣别墅3号来看我，我扭着头根本不看她，也不叫她。我妈咪死抱着我直哭："阿囡！你不理解我……"

后来长大了，懂事了，我能理解我妈咪了，理智上我早已原谅她，但在感情上总也扭转不过来，和她的接触只是礼貌性的。直到1992年她去世后，这种怨恨才渐渐消失。但灵魂深处，隐隐约约总有一块疙瘩——一个永久的遗憾！

十一 跟爹爹回老家

爹爹回上海的第二年春天，特意带我和苗子到南通老家度春节。

这是我初次乘轮船。春节旅客拥挤，爹爹只买到两张硬席卧铺票。从十六铺码头上船出了吴淞口以后，我看着宽阔的水面非常新鲜，又蹦又跳地高声叫："大海！大海！我看见大海啦！"

可是爹爹告诉我："这不是大海，这是长江。"

我听了有点失望，因为我经常梦见大海，我热爱大海，但一直还没有见到。

看了一会儿黄兮兮、平坦坦的江面，渐觉单调乏味，我就爬上铺，听爹爹给我们讲他童年在南通时的笑话。我笑了个够，笑累了，睡着了。

醒来已是第二天清晨，还没睁开眼睛，就感到爹爹不断地亲吻我。原来昨夜我睡着以后，他让苗子睡在下铺，他一个人守着我们，整夜未眠地踱来踱去。他抚摸着我不断地亲吻，把我的小脸蛋亲得红红的，又亲我的小手小胳膊，一晚一早他亲了不知多少遍。

这一切都被“小调皮鬼”苗子看在眼里，记在心里。

到了南通以后，我有天睡懒觉，不肯起床。苗子四顾无人，就大模大样学我爹爹的“法兰西式接吻”姿态，对准我的嘴巴亲了一下。我当即大叫起来，我爹闻声急步进屋内：“怎么啦？”

我极不高兴地告状：“苗子亲我嘴巴。”这下可好，爹爹当场拧住苗子的小耳朵，拉出去揍了一通屁股。

我听见爹爹厉声大吼教训他：“阿囡的小嘴巴，只有爹爹一个可以亲，别人一概都不准亲！臭苗子，记住了没有？”

“记住了！”苗子哭叽叽地回答。可不，这次严重的教训够他记一辈子的。

坐落在环城南路长桥附近的西南营36号大院顿时热闹欢腾起来。“赵凤翱回家来了，还带着他的一儿一女！”大院内的二爷二奶、大姨奶、二姨奶、大姑、二姑小姑、表叔表婶堂伯……叫得我快分不清了，尤其我爹爹，从小离家，又经坐牢五年，他此行回乡更有别样心情，欢喜、惆怅、悲叹交集在一起。我爹一会儿笑一会儿抹泪。大人们叽叽喳喳满屋南通话，我和苗子二人只顾看热闹，还有就是往嘴里塞吃的。

赵丹回到上海第二年的春天，特意带着阿囡、苗子回南通的老家去过春节。

爷爷为了欢迎我们，在正厅前专门放了两个跟人一样高的大细瓷花瓶，装满了山东老家的特产：花生、红枣、核桃、杏仁……大桌上放满了南通特产：麻糕、脆饼，还有各色瓜果。苗子当天就吃得走不动路了。

年三十晚烧香点蜡好不热闹。给爷爷奶奶、爹爹、长辈们轮流磕头。红纸包压岁钱一包又一包，鞭炮齐鸣噼啪乱响，去邪迎春。屋内屋外一片喜洋洋，使我这头一回从城里到乡下过年的小丫头过得好开心啊！

我爷爷真像《水浒传》的梁山泊好汉，乐善好施，仗义疏财。他热心慈善事业，经常接济穷人，家里食客满堂。尤其这几天，远亲好友都前来看凤翱，一开饭前后院总是几大桌。我爹继承发扬光大爷爷的家风，长大后连我也受传染。

爹爹成天生活在他童年的回忆中，触景生情，无时不在向我们讲述他好玩的小故事。

爹爹指着正厅门口台阶上一把藤椅说："爹地小时候得了场小儿麻痹症，两腿不能走路，你奶奶天天把我抱在这藤椅上坐着晒太阳，下身盖着一床被子。我整天躺在这里，用手抚摸着阳光，阳光也温暖地抚摸着我。有时天上出现变化多端的云彩，一会儿像马，一会儿像鸟、龙、车、船，各式各样。我就编织各种小故事，自己扮演各种人物，你爹地演戏的想象力就是从这时开始培养的。感谢阳光，救了我的命；感谢云彩，丰富了我的想象。我又重新开始能走路了……"

爹地指着正厅又给我讲故事："小时候，在这大厅我们还唱过戏，自己做门票，'卖'给奶奶、姨奶奶，看我们表演京剧《空城计》。我演诸葛亮，你麻子叔叔演司马懿。"（我这次回家看到了他，一个满脸麻子又忠厚老实的乡下壮汉子，我简直想象不出他当时怎么会演戏的。）我爹说他独出心裁，半夜拉我麻子叔叔在城南张贴的广告上偷偷刮下金粉末，第二天把金粉末涂在麻子叔叔脸上。他自己就拿奶奶的鸭蛋粉，加上笔墨在脸上画眉、画眼。

好戏开锣，二人正演得兴高采烈的时候，爷爷黄包车铃响，突然回家。吓得他们赶快收场洗脸。爷爷回家时，麻子叔叔照例要沏茶端水，可麻坑里的金粉一下洗不掉，只好硬着头皮端茶进来。爷爷一看，马上明白了这些孩子们背后干的淘气事。虽没大骂一顿，却白了我爹一眼："没出息！"

我爹边说边比划笑得流出了眼泪。我也捧腹大笑，尤其是看着麻子叔叔那个傻样子。

爹爹拉着我和弟弟的小手走在西南营长堤边石头大街上，参观我爷爷开办的新新大戏院。那时已不演戏，而是放电影了。我大姑就在这影院做售票员。

我爹爹边看边给我们讲："这是你爷爷专为我开的戏院，我从小爱看戏、演戏，爷爷请来过不少名角来这戏院演戏，有梅兰芳、欧阳予倩、程砚秋、杨小楼等。你爹不仅在台下看，还喜欢到后台去看这些演员是怎么扮装，怎么上场的。

"那时我和顾而已、朱今明、钱千里几位同学好友组成一帮，台上演什么，我们下来就学什么。怪极了，也没有人教，你今明叔叔从小就爱拿纸盒子'嗒……'假装拍片子，大了果然当个大摄影师。你千里叔叔就是小跟包，跑来跑去，果然大了成了电影圈非常好的跑龙套。而已叔叔是崇敬中学校长的儿子，十足小开模样，大了不是演大肚佬，就是演坏蛋。

“你爹从小爱瞎发挥，戏里没有的自己也即兴表演活龙活观。我们曾演过一个戏——熊佛西的独幕剧《艺术家》。千里叔叔演讨债人，我演艺术家。为了逃债装暴病而死，一姓周同学反串女人，将我按倒，我干脆两腿直挺绷直起来，引得台下哄堂大笑。这样反复多次，演毕后你爷爷和校长夸我：可以和演文明戏滑稽戏的大演员汪优游媲美！”

我爹说那时不仅演文明戏，还学着变魔术。不仅南通市演红了，还跑到附近白浦镇去演。表演变扑克牌，箱子里大变活人，把观众震得一愣一愣的。一天一穿长袍的观众站起来大叫：“各位老乡呀！魔术是假的！”管理人听得气急拿起假手枪对准那个人：“妈的，谁说是假的，老子就打死他。”他把火药枪一开，“啪”，那个人应声倒下，自以为真的中枪弹了。“哈哈哈，假的不信也得信了！”

爹爹又带我们穿过濠河边，漫游南通市。清末曾有著名绅士张謇，在这里开创纺织业，提倡教育文化，把南通建成一个有名的城市。效仿苏杭式庭院楼阁，桃红夹柳绿，两道长堤，使南通享有“文化城”的美称。

路过我爹当年读过书的崇敬中学。我爹爹说：“上了中学，我们就正式组成了‘小小剧社’，由演文明戏正式改为演话剧。还是你郑君里伯伯和王莹阿姨他们来辅导的。

“我们还出了几期刊物叫《枫叶》。你爹在这上面还发表了一个小剧本呢！我看见一个小偷，偷了几块点心为了去给家中生着病几天没吃东西的母亲，被警察抓去痛打一顿。我就按这事例写了一剧本，取名《除夕》，同情这些苦难百姓。在戏最后我还写出这样的台词：‘等着吧！妈妈，总有一天天会亮的！’

“你爹我净演进步戏，国民党扬言要抓我。我当时特别高兴，自以为是革命者了。东躲西藏，最后终于逃到了上海。”

当走到残留城墙的河边时，我爹还未开口就自己笑了起来。我急问：“笑什么？”爹提起小时候恶作剧的事情来了：“我们小时候，一放学，天快黑时，和今明、而已、千里几个小淘气，把家里被单、大扫把等拿来披在身上，又做纸高帽戴上装鬼，把来往路人吓得直怪叫。都说‘闹鬼！闹鬼！’别人害怕的样子，逗得我们直笑！”

我一边笑，一边直说我爹“真讨厌”！

我爹他们这种恶作剧，到老大老大还不改。记得到1953年，我爹地他们到青艺排演话剧《屈原》。顾而已叔叔刚结婚，他与新夫人住在儿艺宿舍。新婚第二天今明叔叔一清早来看我爹。我爹与今明叔叔想得出来，一大早破门而入去掀而已叔叔新婚夫妇的被子，弄得人家新婚夫妇哭笑不得，我爹爹和今明叔叔二人躺沙发上捧腹大笑。他们的恶作剧就这样没轻没重的。

我最开心的是和爹爹、叔叔、堂叔、表叔、大姑等一大家子爬琅山玩。从几乎不见泥土的上海，一下子回归大自然，我简直成了“野姑娘”，爬山、骑马、登高，疯玩、傻玩，什么好玩就玩什么。大家全哄着我，在琅山拍了不少照片。尤其是平生第一次骑上马背，还雄赳赳照了一张相。在山顶上，我还跟着大人烧香拜佛，祈祷天公保佑我们全家，消灾息难，逢凶化吉。琅山的秀丽景色给我留下了极深的印象。

在南通老家还交了一位小朋友，是我姨奶奶的亲孙女儿，比我小几岁，名叫“毛毛”。白净净、红扑扑的鸭蛋脸，一双大眼睛，靠我爷爷接济在南通上学，平时帮着干些家务活。我俩特有缘分，一有空我们就在一起玩。回到上海后我总想着她，后来在中学读语文课本，有一篇鲁迅先生写的《故乡》，读到描写回乡见到小朋友"闰土"的形象时，我一下子就联想到这"毛毛"，他们是多么的相似啊！后来在"文革"中她年纪轻轻的却跳河自杀了，至今想起来还是十分的难过和惋惜！

爹爹回南通，亲戚朋友们都很同情他的遭遇，争着给他说媒找对象，他都一一婉言谢绝了。

爹爹总不能打一辈子光棍啊！可是，又有谁能配得上我爹呢？

十二《遥远的爱》

我爹一回上海，如虎归山，马上重操旧业：排戏，拍电影。

"东山再起"之后，他拍的第一部影片是《遥远的爱》，爹地跟秦怡阿姨主演，陈鲤庭导演，吴蔚云、朱今明摄影。他们都是我爹的知心朋友、老搭档，合作得十分愉快，得心应手。剧情挺特别：大学教授萧元熙与妻子离婚后，一心想把美丽、贤良、能干的女佣余珍改造为理想的爱人。我爹扮演教授，秦怡扮演女佣。

影片拍摄的几个月里，每天下午放学回家，我经常看见爹爹跟秦怡阿姨在客堂间里说戏或谈天。我这个小姑娘就有机会经常仔细地观察他们。小姑娘眼界高，满脑子是好莱坞一流大明星的言谈笑貌、体态风度。我不轻易喜欢谁，但我一下子就很喜欢秦阿姨。

我爹说过："秦怡纯洁得像一张雪白的宣纸，没有杂质，挑不出瑕疵，外表单薄轻柔，内底里韧劲十足。面对这样的白纸，画家会久久不敢轻易下笔。"

赵丹回到上海“东山再起”后，拍摄的第一部影片，是他和秦怡主演的《遥远的爱》。

当时，秦怡的丈夫陈天国是个不可救药的酒鬼，醉了经常殴打她。一天，他在家又酗酒了，秦怡好言劝了几句，喝红了眼的陈天国竟然端起粗瓷大海碗，朝她劈头砸来。她躲闪不及，尖利的碎片砸在小腿上，皮开肉绽，顿时血流如注，疼痛得晕过去。至今秦怡阿姨小腿还残留着一块深深的疤痕。

有一天我忽然异想天开，如果秦怡阿姨到我们家来共同生活倒也不错呀！

可是后来，我又常看见他俩在房间里久久相对而坐，默默无言。俩人一支又一支地抽烟，好像很苦闷的样子。屋子里烟雾腾腾。我不喜欢烟味，扔下小书包就跑到弄堂里找女伴玩去了。

第二年，报上刊载了秦阿姨跟陈天国离婚，在香港跟金焰结婚的消息。但他们合拍影片《失去的爱情》以后，家庭生活又走向悲剧……

我爹这一段时期情绪消沉，不演戏的时候就有点儿自暴自弃。我叔叔赵冲常带他去"百老汇"、"百乐门"等舞厅通宵达旦跳舞，有时每人各带一个舞女回家玩。我爹带的舞女姓祝，娇小玲珑，人也蛮好，可惜是舞女。爷爷奶奶坚决反对。我也不爱理睬他们，我爹感到内疚，后来再也不那样放浪形骸了。

田汉是影剧界的老前辈，也是我爹的严师益友，抗战胜利后我爹跟他同时从重庆回到上海。田汉诚恳地批评我爹，帮助他重新振作起来。田汉跟我爹合作拍摄了著名影片《丽人行》。由于我爹在该片扮演的角色有同他自己一样的生活遭遇，也是参加革命被捕入狱，出狱后妻子改嫁的惨景，所以我爹的表演十分真切。该片轰动一时。

在《丽人行》中赵丹扮演革命者，这个角色有同他自己一样的生活遭遇，他的表演十分真切。这部电影轰动一时。

我爹还主演了欧阳予倩编剧的《关不住的春光》。我爹演个坏蛋，表面正人君子，实际上是个阴险家伙。一点也不公式化，又是与王人美阿姨搭档的，两个人成熟的表演，使得该片也获得较大成功。

他在艺术领域逐渐登上第二阶段的高峰。

不久，赵冲叔叔结婚了，由小姑介绍了一位漂亮、贤惠、能干的小姐王秀云。她家十分有钱，香港老板，古董财产相当多。快解放时全家迁往香港，我这婶婶执意不肯随去，却要留下跟当时家境已经破落的穷叔叔过日子。吃苦耐劳，勤俭朴素，先后生了四个孩子，硬不要我爹一分接济，靠自己的劳动支撑一个家。现在他们已是很富裕美满的家庭。后来又承担抚养我爷爷的责任，不愧是万分孝顺的媳妇。这样的婶婶难能可贵，也是我叔叔的福气。正因如此，我叔叔结婚后也改邪归正了，看来这件事情给我爹很大刺激。

在《关不住的春光》中，赵丹扮演一个阴险的正人君子。他与王人美搭挡，两人成熟的表演，使该片大获成功。

当时人们纷纷议论说我爹追求小姨叶小梅，小报上甚至还胡登消息说什么我爹回来晚了，小姨在门口堵着不让他进家门……一派胡言。

小梅阿姨弹一手好钢琴，还有一副甜美的嗓子。我爹刚回上海时我们三个经常一起在二楼大屋里唱歌。爹爹教我们许多新疆民歌：《青春舞曲》、《在那遥远的地方》、《阿拉木罕》等等，小姨弹钢琴伴奏。我爹配着这些歌教我跳新疆舞，边唱边跳可开心了。

有一回我还自己写词自己编曲，曲名叫《夏天来了》，歌词是"夏天来了，夏天是多么光彩……"我得意地自弹自唱，把我爹地和小姨笑破了肚皮，我爹还经常学我这弹唱的傻样来取笑我。但我清楚，我爹跟小姨绝不可能相好的。

我可怜的爹地，在爱情生活上总是这么不顺。是不是我爹常向我说的"老天不会什么好事都给你的，有事业就不会有爱情，有爱情就不会有事业，二者不可能都齐全"。我后来长大了也有这体会，大凡人类都如此吧！

终于有一天，我爹跟我商量：他想为我找一个新妈妈，问我同意不同意。

十三 新来的妈妈

新中国成立前夕，有一个礼拜天，我爹郑重其事地带我到霞飞路最好的大菜馆雅座，父女两人吃西餐。爹为我点了最爱吃的几样：炸大明虾、罗宋汤、火腿色拉和功克力冰激凌。但我看得出来，爹地的"醉翁之意"不在西餐。

他一直若有所思地微笑着，看我吃得正香，抓住这时机问道："爹想给你找一个新妈妈，你觉得怎样？"

我不吃了。两眼闪闪地傻看着他，慢慢地放下刀叉，不知道说什么是好。

我爹一字一顿地说："她长得像你——我想让她做你的新妈妈，因为她长得像你！"

我爹的眼睛湿润了，他悄悄从裤袋里取出白手帕擦脸。可他瞒不了我，他实际上是在擦眼泪。我很少看见我爹哭。

在话剧《甜姐儿》中出名的黄宗英。

"长得像我？也像妈咪？那，那，那当然好啦。"我这样说，完全是为了安慰我爹，女儿不忍心看到他——一个堂堂男子汉的眼泪。

不久，我爹和爷爷、奶奶、冲叔叔商量，他想娶黄宗英。黄宗英？大家很熟悉，前不久在上海演话剧《甜姐儿》出名的，大家都叫她"甜姐儿"。她是浙江温州人，听说是大家闺秀，书香门第出身，由她大哥黄宗江带出来演戏的。家里人一听也觉得“门当户对”。爹爹介绍说他们是在拍电影《幸福狂想曲》时认识并相爱的。当时导演陈鲤庭从朋友家看到北平演员黄宗英的照片，认为她适合扮演剧中的风尘女子。

我爹带黄宗英到家里吃饭，一下子也就谈妥了。

爹对我说：“我是离了婚的中年人，所以只能实际些。黄宗英比我小十岁，却是二婚；我也是二婚，这就平等了。我只求有一个完整的家，最普通的像样的家。你和苗子总不能老没有妈妈！”过了几天听我爹说：“黄宗英提出需要一大笔钱才能办理离婚证书。她目前的合法丈夫是中央银行课长程述尧。据说她挪用了丈夫一大笔钱，很不好办。爷爷已经拿出自家的钱来偿还了。钱，无所谓！我们只有一个条件，就是她必须好好地、真心地对待你和苗子。”

后来，又听冲叔叔说：当时的黄宗英曾在婚姻上有些挫折，她嫁的第一个丈夫是搞音乐的，结婚不到一个礼拜就病故了，她年轻轻的就当了寡妇。

我听了，对黄宗英过去的不幸经历给予同情。幼稚善良的我，立即联想到阿婆讲的“灰姑娘”的故事。现在我爹又漂亮又舍得花钱，特别又是全国数“第一”的大明星，这下子她总该得到一点安慰了吧。

黄宗英跟我爹同居(他俩不知怎么搞的很久都没有办正式结婚手续)以后一段时间里，确实如他们所约定的，待我和苗子都不错，很热情。

我爹当然不便在叶家继续住下去。王为一叔叔替他们在平民区徐家汇顺德里36号租了一间平房。苗子跟着去住。但是爷爷、奶奶和阿婆都舍不得我，一定要我留在锡荣别墅。

当时我到顺德里36号去看过。是间水泥地房，面积不小但很简陋，光线也阴暗。但宗英妈妈很会布置，没钱买不起家具，就用装肥皂的空木箱，立起来，放床边。盖一块很喜兴的颜色为桌布，上面放些编织小玩意儿，乍看如同一个精美的床头柜。又用两个大箱叠起来，如同书桌。窗上墙上放些小玩意儿，很有新房样子。

我爹天真地说："这不算正式的家，仅仅是暂时过渡的地方。等以后有了好房子，再把阿囡接过来一起住。那时咱们就有一个美满幸福的新家啦！"

我爹叫黄宗英"拉吉"，是英语"幸运"的意思。他让我们两个孩子跟着叫。苗子一口一个"拉吉"。我不知怎么的叫不出"拉吉"两个字，规规矩矩地叫"妈妈"。我仔细端详这位新妈妈的模样，高个，瘦而单薄，四方脸，单眼皮弯眉毛，并不特别好看，但有股"味道"。忍不住悄悄告诉爹爹："我总觉得新来的妈妈并不像我，你看呢？"

赵丹、黄宗英主演的《幸福狂想曲》。

我爹与宗英妈妈新婚后过得很幸福、和谐。可过了一年后，大报小报却争相登载新闻，标题是：《黄宗英剪断了舌头！》闹得满城风雨。我住环龙路不知底细，听传闻后十分紧张，忙问家里大人这是怎么回事？

我叔叔说："不要紧，记者们添油加醋罢了。你爹和宗英闹些小别扭，你亲妈不是回上海了嘛！他俩在徐家汇路上和你亲妈碰了个照面。当晚宗英妈妈在家里说了你亲妈几句，你爹听了不高兴(他到死都不说我亲妈一句坏话)，两人争执起来，宗英恨自己多嘴，咬破了舌头。"

后来我又听一种说法，是我爹和宗英妈妈看人家排戏，宗英对一年轻男演员很感兴趣，问长问短，我爹看着不高兴。晚上回家说了宗英妈妈几句，宗英妈妈咬破了舌头。

大人的事我不好去当面问，后来又看他俩高高兴兴挽着手回环龙路来看爷爷、奶奶和我了。

十四 青春舞蹈团

在南通老家，听说我爹从小和同学一起搭班演戏，我很羡慕。

榜样的作用是无穷的。回到上海以后，我也要学爹地，召集周围邻居的女孩子们，以我为首，组织了"青春舞蹈团"。在弄堂里公开演出，团员有芳芳、阿珠、毛毛、小妹，还有对面弄堂的钱伟玲等等。剧目都是自编自演，根据当时流行的新疆歌曲，如《青春舞曲》、《半个月亮爬上来》、《阿拉木罕》等配上舞蹈，载歌载舞，我总是跳中间的领舞，很受弄堂里大人孩子的欢迎。

这样子还觉得不过瘾，傍晚女孩们经常聚会在弄堂里停着的三轮车车篷里。外面根本没人看见，躲在车内由我主讲《格林童话》和《安徒生童话》中的故事。什么《海的女儿》、《皇帝的新衣》等，我手舞足蹈，绘声绘色，大伙儿听得津津有味。我建议，别光跳舞了，咱们排个话剧吧！

女孩们齐声叫好，一致通过。

于是“青春舞蹈团”又宣布公演话剧《青蛙王子》！

因为团中没有男演员，就由我反串王子，钱伟玲扮演公主。大家非常认真，服装道具，各人自备。

我就戴上我爹的大礼帽，把长辫子塞进帽子里。再披上奶奶的床单当斗篷，穿上叔叔的长统靴子，自我感觉俨然是个英俊的“欧罗巴王子”。

别人也都装扮得活龙活现。

剧场设在我家一楼客堂间，自制了门票，可谓盛况空前。观众济济一堂，我奶奶穿戴得整整齐齐，端坐在第一排正中间。

开幕后，我演得十分进戏，把王子向公主求婚的神态，表演得淋漓尽致。

剧情发展到高潮时，突然，苗子闯了进来，野蛮地大吼一声：“什么破王子？全是假的！”

苗子用力把我一推，撞在身后的穿衣镜上。但听“哗啦啦”一阵响，大镜子玻璃被撞得粉碎，顿时全场哗然！

我平生第一次自编自导自演的好戏，就这么被冲散了。

侵略成性的苗子当场被奶奶抓获，受到应有的惩罚。

晚上我爹从制片厂拍戏回家，听了我的申诉，又狠狠地教训了苗子一顿。

从此我再也不在家里演话剧了。

苗子从小没少挨奶奶和爹爹的揍。苗子淘得惊人，可能是从街上小人书摊上看《封神演义》学来的。

大人一不在，他就躲在爷爷画桌下，在画桌上用小刀刻上“千里眼”、“顺风耳”、“飞毛腿”等大字，以示他的远大理想，谁知却因这样表达理想的方式遭到大人狠狠一顿揍。

他平时学侠客爬墙、登高，所谓“飞檐走壁”，或在阴沟洞边上打弹子玩，或玩“官兵捉强盗”，专门扮演“强盗”。每天玩得跟泥猴一样才回家。

我总是进门告状：“奶奶，苗子又爬墙来了！”“奶奶，苗子跟野孩子打弹子了！”“奶奶，苗子又在门口看又脏又破的小人书啦！”

进门不是挨奶奶的鸡毛掸子，就是晚上爹爹回来狠狠教训他一顿。

每当我与苗子发生矛盾，不管谁错都是苗子的错，他从没对过。

一直到我们长到很大很大，苗子到北京电影学院上大学时，爹爹带我俩进北京戏剧学院看戏，苗子憋了多少年的话终于说出了：“爹地，你为什么老偏心我姐姐？”

我爹说：“你摸一下你心脏在哪边？”

苗子一摸说：“左边。”

我爹说：“对啊！心都偏在左边，人自然是要偏心的。”说得苗子哭笑不得。我也在一旁暗自得意地感到好笑，爹爹偏心还是有根据的！

自从初次上场苗子在家里捣乱以后，我不再在家里、弄堂演出，而是跑到社会上、学校里疯演。新中国刚成立，我成天随学校游行队伍在街上走在前面扭秧歌，打腰鼓。

后来我和钱伟玲干脆挤进了各校男女学生组织的卢湾区学生演出团，跳着比以前高级多了的“苏联红军舞”。有时男生不够，我还和几个同学女扮男装在台上做难度较大的矮子步。

这还不算数，我和钱伟玲干脆演上了秧歌剧《兄妹开荒》。我演哥哥，钱伟玲演妹妹。我又是女扮男装，头上包一块白毛巾，身上又系根腰带，整个陕北人样子在卢湾区中学大礼堂演出。我俩又唱又跳又演，我听到旁边不少人议论我“活脱一个小赵丹”，就更是越演越来劲，获得满堂彩，真正成了个“戏疯子”。

十五 爹娘陪我学芭蕾

“长大了做什么？”不仅作文课要写，班会上要演讲，就连各门课教师也都不约而同的要问我，因为我在学校是个活跃的文体骨干。

美术老师见我绘画好，劝我：“赵青鸾，长大了搞绘画吧！”

音乐老师也建议我：“长大了搞音乐！”连体育老师也说：“赵青鸾，将来搞体育！”因为我是全校扔铅球的冠军。参加全校仰卧起坐比赛，还获第一名。

其实我小心眼里早有主意了，每次我都笑眯眯地响亮坚定地回答说：“跟阿拉爹爹一样拍电影！”

我从小就在电影圈子里长大。我爹是举世闻名红得发紫的大影星，他拥有那么多影迷！每当我爹带我出门，一路上的人们都夹道欢迎，拍照的、握手的、要求签名留念的，众口高呼：“赵丹！赵丹！”我爹的十几部经典作品，半个世纪以来一直放映不衰。天上的星星会消失，青春一去不复返，但是大影星的青春永存在银幕上。我暗自思忖：天生我才必有用，四岁就在水银灯下拍电影，长大了一定要超过我爹的成就！所以自然而然认为：这辈子命里注定要拍电影，从童星、少星、中星，一直要当到老星！

爹地知道我的心愿后，严肃地和我谈了话：“拍什么电影？我为了拍电影吃了一辈子苦，决不叫我女儿再去吃这个苦。干什么都行，唯独不准你拍电影！以后别做这个大头梦了！我决不同意……”

看我急得要哭，爹地赶紧抚摸我的小辫子：“乖阿囡，学音乐吧！咱们家应该出个高雅的大音乐家！”

13岁的小赵青。

说了就干。我爹用他拍电影的片酬，为我买了一架钢琴。专门请了一位姓黄的钢琴老师教琴，由宗英妈妈在旁监督练习，每周宗英妈妈亲自带我去回课。共学了两年多。刚开始，我觉得新鲜有趣，学得挺来劲儿，很快便能演奏几支名曲。到后来可就糟糕了。我生性好动，在钢琴前边坐久了，小屁股发痒。每次回课没有一次不退回重弹的。宗英妈妈对我客气不敢说我，而我爹又不是傅雷，更舍不得拿尺子、鞭子抽我。所以我很遗憾，没能成为傅聪。

我爹经常长叹道：“我这生最大遗憾是没成一位大音乐家。实指望你们中能有一位成音乐家，唉，谁知道这下场，看来命中注定我们赵家是出不了音乐家啦！”

因为我学不成，他们又培养苗子学音乐。他在行知音乐中学学习，体育一百分可音乐课却不及格,气坏了我爹。后来弟妹们成长在“文革”中,更谈不上学音乐了。我爹只能遗憾终生。

新中国成立前一年,也就是我爹跟黄宗英生活在一起不久,他从昆仑影业公司预支一大笔片酬,在福开森路(今武康路)诺曼底公寓租了一套房子。我爹、宗英妈妈、我、苗子、保姆“雪珍娘娘”,后又把宗英妈妈的母亲黄阿婆接来一起同住。我爹傻乎乎的特高兴:奋斗了十几年,总算有了一个像样的家了!

夏天,爹带我去兰心大戏院观看上海白俄芭蕾舞团演出的《天鹅湖》。我简直惊呆了:世上竟有这么美的艺术!那引人入迷的行云流水激动人心的旋律,那飘飘欲仙的公主变成的天鹅,无言胜有言的舞姿,占据了我整个的心灵,整个的梦境。

看了舞剧《天鹅湖》的第二天,在我练习钢琴时,我禁不住踮起脚尖跳跃、旋转,还得意地问我爹:“我像小天鹅吗?”

我爹惊讶地注视着我,立即回头跟宗英妈妈说:“我看这孩子应该马上就去学芭蕾!对,长大搞舞蹈!搞舞蹈!女孩子跳舞再美不过了!”

宗英妈妈说:“在巴黎大戏院旁边,有个白俄叫玛格兰姆,专门教芭蕾的,找她去学!”

爹娘带我特地找上门去。

玛格兰姆是个金发碧眼、又白又壮,穿一件又长又大的裙子,神态威严的中年贵妇。后来我才知道,几乎所有的俄罗斯学派的舞蹈教师都是这样不苟言笑。

爹见我有点儿怯生生的,他便毫不犹豫地一下交了三个人的整月学费，那时是要交美金的。他回头对宗英妈妈说："一不做，二不休，咱们俩也奉陪吧！"

玛格兰姆仔细打量我，摸摸胳膊捏捏腿，满意地点点头，难得那么和蔼地说："明天就开始上课。请准备好练功服。"

回家的路上，我们在百货商店挑选了两块花布，当晚由宗英妈妈亲自赶做。红花布练功服给我穿，绿花布练功服宗英妈妈穿，还很漂亮。我爹穿现成的黑色游泳裤。

芭蕾课开始了，爹陪我一起学芭蕾基本动作。

我的位置在把杆中间，爹在前，娘在后，特别认真地学，给我鼓气。在玛格兰姆老师的口令下，扶着把杆反复做"擦地"、"大蹲"的动作，不一会儿，爹娘已经气喘吁吁，尤其我爹，大汗淋漓；我则越学越来劲儿。

每周三个下午，爹娘整陪了十二回。

到第二个月，我就自己独立去上芭蕾课了，风雨无阻，从不缺课。同时学芭蕾的还有舞校后来的芭蕾舞老师袁水海以及阿珠、阿青等。

为了学好芭蕾，爹娘又请来俄文老师，特地到楼下郑君里家开课。同学的还有苗子、宗英妈妈及郑君里的儿子牛牛及邻居的小男孩。从俄文字母开始学，每日拼、写、背，还真认真地学了一段。

为了多学舞蹈品种，后来又到依林娜老师处学习外国风格舞"铃鼓舞"、"俄罗斯民间舞"等。我还向巴拉诺娃、索科尔斯基夫妇学过芭蕾。就这样向白俄学芭蕾共有三年之久，直到考入中央戏剧学院舞蹈团。

十六 “我长大不嫁人!”

在我爹精心培养下,我从10岁起一心学舞蹈,逐渐入门。

爹爹教导我:要想摘取桂冠,不仅要洒出无数汗水,还要付出全部心血,为艺术做出牺牲。这是条在鲜花丛中布满荆棘的山路。有希望登上顶峰,也有可能半途而废,更有危险跌落深渊。

我爹专门带我去看英国影片《红菱艳》。

由英国舞星莫依拉·泰勒扮演的女主角维多利亚·蓓姬,是极有天赋的芭蕾演员,她毫不犹豫地拒绝富裕生活的诱惑,全心全意献身舞台,在艺术团领导人莱蒙托夫的培养下,红极一时。她主演的舞剧《红舞鞋》,是根据安徒生童话《红舞鞋》改编的。童话讲狂欢节上有个女孩子,一旦穿上有魔法的舞鞋,就只能不停地跳舞直到精疲力尽而死去。这个舞剧也象征了蓓姬的命运。她的绝妙舞姿和惊人美貌,引来了许多风度翩翩的追求者,面临舞蹈与爱情的尖锐矛盾,她一时不能自拔,牺牲了年轻的生命。

爹爹对这部片子的艺术成就赞不绝口,认为扮演莱蒙托夫的演员表演很精彩,甚至于说这演员跟他很像。

他夸片中有一段女主角舞蹈的处理有独特的魅力,当蓓姬自杀后,舞台照常演出《红舞鞋》全剧时,用一个追光表示蓓姬的舞蹈与地位,旁边演员照旧陪伴着舞蹈。但蓓姬已不存在了,人们对蓓姬的惋惜、同情、思念全在这场面中强烈反映出来,带有极大的感染力与震撼力,爷儿俩不约而同落下了眼泪。

爹爹紧紧握住我的小手说:“要搞艺术,必须有鲜血染红舞鞋的精神。想在事业上有辉煌成功，就得付出极大的代价，准备牺牲一切。阿囡，你能做到吗?”

“爹地，难道你不相信女儿?”

“爹地相信，可是也为你担心。谁知道你将来到底怎样呢?”我爹郑重其事地叮嘱，“你要听爹地的话，全心全意献身艺术，不能有杂念。像你这样的年纪，不要去看什么谈情说爱的小说，更不要做庸俗无聊的事情。特别小心，别理会男孩子的追求，千万别上当受骗!”

“唔，唔，唔。”我连连应着。

“爹地对你有一个要求，你一定得答应。”

“那还有什么说的? 凡是爹地的要求，女儿当然答应!”

“你拿纸和笔来。给爹地立一个字据——我长大不嫁人!”

我一时愣住了，用两手直摇爹爹的胳膊:“哎呀，爹地胡说八道什么呀! 不难为情吗? 真是的，讨厌!”

我爹斩钉截铁地说:“君子一言，驷马难追! 阿囡既然答应了，就一定得写!”

他又把赵冲叔叔叫来做旁证。我心想，这有什么了不起的，不嫁人就不嫁人!

于是一口气在纸条上写了“我长大不嫁人”几个字。冲叔叔瞧我一眼，笑眯眯地把这张字据叠好，放进一个精致的铅笔盒里。

“嗨，嗨嗨! 阿囡，我倒要看你老了以后怎么办?”冲叔叔打趣道。

“什么怎么办? 很简单，阿囡跟爹地一起，一辈子献身艺术。对吗，阿囡?”

“唔? 唔唔，唔。”我含含糊糊地应声。

当时我没有想得很多，只觉得有点好笑，也好玩；不久便把这件事儿抛到脑后。

更没有料到，多少年后我爹仍然珍藏这“字据”，并且引出许多酸甜苦辣的故事来。

小学毕业后，我爹把我送进著名的教会学校——上海培明女中。在读中学时候，我的同桌好同学伍宜玲开始与弄堂里邻居交了男朋友，还介绍我认识。我爹的好朋友陶金的女儿陶白莉也在交男朋友。这一切并没动摇我，少年时代我没交过一个男朋友。《白雪公主》、《丑小鸭》、《海的女儿》是我的生活教科书。但这一切并不能阻止我对于白马王子的幻梦。

我梦中最理想的美男子就是我爹。

十七 “罗宋老太婆”

小学毕了业，我爹为了培养我，也为了不让男孩接近我，把我送到教会学校——培明女中住读。

我们初一新生，跟高三毕业班的大姐姐们住在同一个宿舍楼。

英语念的是《圣经·新约》。要背诵许多祷告词，将来一辈子受用不尽。毕业班女生都拼命苦读，给我们树立了“六年寒窗”勤奋好学的榜样。但初一新来的一帮小丫头们却不为所动，嬉闹无常，惹得鼻梁上架着酱油瓶底的大姐姐们忍无可忍，到老师——嬷嬷面前去告状。

因此，虔诚善良、将一生无私奉献于上帝的嬷嬷们，对我们班新生管得特别严厉！很快，把这些唧唧喳喳、嘻嘻哈哈的小喜鹊、小麻雀们都管成了呆头呆脑的呆木鸟:说话不准嚷嚷,要细声细气;走路不准蹦跳,要慢慢吞吞;吃饭不准发出响动,要抿起嘴巴学瘪嘴老太婆;每顿饭前要念祷文,感谢圣父及圣子及圣灵恩赐食物,让我们小肚皮填饱不至于饿得咕咕叫;每夜睡前要念祷文,向我主耶稣基督的妈妈、受苦受难的圣母玛丽亚汇报思想,保佑我们一夜不做噩梦,不说梦话。每周忏悔时还得搜索枯肠,反省自己任何一个微小的过失,并保证永不再犯,以求得上帝的宽恕。

最感人肺腑的莫过于在大教堂做弥撒。童男童女唱诗班一齐伸长小脖子,仰天发出天使般的颤音,从七彩绚烂的天窗倾泻而下的光流都激动得发抖。我真爱这天使般的歌声!几次想加入唱诗班的行列,但是嬷嬷一听我小鸭子般的嗓音就摇头。

没指望喽,不是小天使的料。

同学之间传阅一本《简·爱》的书,传到我手里已是夜晚。我学高班生躲在被窝里照着手电筒看,刚为简爱10岁时的磨难洒下几滴同情之泪,就被巡夜的嬷嬷把书没收走了……

过了圣诞节,我从天使之国回到世俗之家。走路,说话,吃饭,一招一式都搬出培明女中引以为荣的标准姿势,无可挑剔。正襟危坐,笑不露齿,原想得到我爹的赏识和赞美呢,可不料,把我爹吓了一大跳!他瞪大了双眼,左看看我,右看看我,嘟哝着:

“这不是把我的阿囡变成小修女了吗?”摇摇头一拍桌子,“不行!”

他当机立断让我转学插班到民立女中念初一下学期,不再住校了。每天清早乘电车上学,带个丰盛的饭盒,中午休息时到阿婆家玩,下午放学乘电车回家。晚上不用向圣母玛丽亚做“少女的祈祷”了,改为向我爹汇报。老老实实，规规矩矩，爹爹在家时绝不乱说乱动。若爹地不在家，那可保不准了。

爹爹他们拍戏经常很晚回家。我如同自由的小鸟一样和黄阿婆疯玩。黄阿婆非常爱唱戏，经常拉开嗓子高唱："小张义……我的儿啊……听娘教训……"我有时也跟着唱上两句，这样还不过瘾，我学张飞，站在床上大叫"哇呀呀……"

有一晚正叫着，我爹回家看见了，高兴地抱着我直亲："我们阿囡也会演张飞了。"有时还学我演张飞的样子，逗得全家哄堂大笑。

在家如此，在外更是撒欢儿似的。

星期六上午课间休息，轮到我值日擦黑板。我走上讲台，一面在黑板上乱涂乱画，一面模仿老师的腔调，逗得同学们直乐得肚皮疼，个个弯下腰，哎哟，哎哟，笑个不停。我正在得意呢，突然门口闯进一个"野男人"！

女生们回头一看，尖声大叫："赵丹，赵丹！赵丹来啦，赵丹！"

我爹就这样抢了我的戏。他笑眯眯跑过来搂着我，弄得我面孔发热心发慌；糟糕，女儿调皮捣蛋的原形，这下子全让爹爹看去了！

我爹向四面八方拱手作揖："感谢各位老师、同学们对我们赵青鸾的照顾……"

大家叫着："赵丹！赵丹"一拥而上。上课铃尽管响个不停，老师们也不急着上课了。

校园里我们父女俩被围得水泄不通。我爹忙着握手呀、签名呀、寒暄呀，反正当惯了大明星，脸皮厚。搅乱了学校秩序，又该当何罪呢？他总是这么不管不顾的"二百五"！

我没好气地训了爹爹一句:"你个大男人,到阿拉女中来做啥?"

这是星期六的中午,放了学,我爹接我乘三轮车回诺曼底公寓。一进家门,我爹把法兰西帽一扔,抱起我打了几个转儿,兴高采烈地对黄宗英叫道:"嗨,不用发愁啦!我家阿囡在学校表现得真出众!活蹦乱跳,天真无邪,聪明伶俐,调皮捣蛋,这才是本色!不像在家里那么装蒜,乖巧得叫人担心……"

他兴奋了好一会儿,气喘吁吁地把我放在地板上,忽然问:"阿囡,你怎么变得这样重?像个罗宋老太婆,怎么搞的……"

我自己心里最明白。因为爱吃巧克力、泡丝奶油点心、冰激凌、香榧子、小核桃、城皇庙五香豆什么的,我爹又大把大把地不断给我零花钱,所以我每天放学后总是跟我的几个好同学伍宜玲等逛霞飞路,逛一路吃一路,食品店老板娘一见我们就笑脸相迎,"嘴里食常满,袋中票掏空"。胃口消化能力又不知为什么那样强,很快就把小裙子撑得紧绷绷。

但是一听我爹说出"罗宋老太婆"这样的恭维话,我的脑子里就"嗡"的一声,几乎晕过去了。

难道我小小年纪的形象,竟然让我爹联想起那些肥得有三层下巴,没脖子,弯不下腰的大肉墩吗?太可怕啦!

以前爷爷说过,我幼年最喜欢吃西瓜。但有一次爷爷笑话我:"阿囡小肚皮吃得像大西瓜一样圆滚滚的喽!"我一气之下,从此对西瓜连看都不屑看一眼。

女友们告诉我:"减肥的诀窍就是素食主义,光吃素食少吃饭,大肉荤腥不沾边。"这真是行之有效的法宝。不久之后,我又光荣地恢复了小蜂腰,尖下巴颏儿。

爹爹愁眉苦脸地瞅着我,有一天忽然发现,阿囡一双圆圆的黑眼珠变成黄眼珠了。再一看,表情无精打采,皮肤也变得蜡黄。我爹赶紧抱我上医院挂急诊,诊断为急性黄疸性肝炎!立即打针、服药,休息了几天,很快就痊愈了。

医生告诉我爹,这种急性肝炎的病因是缺乏营养。

我爹觉得奇怪,家里饭菜这么好,鱼虾不断,要吃什么有什么,怎会缺乏营养?医生建议,要多吃鸡,多喝鸡汤。

下一次,我坐到饭桌前,雪珍娘娘就端来一大砂锅鸡汤,给我盛了满满一大碗。我两眼发直对着黄澄澄的鸡汤,心想:这可不能喝,一喝又要发胖了!我爹笑眯眯地掰了个鸡大腿,搁在我碗里,充满期待地盯着我说:"阿囡快吃,快吃!"

我一声不响,摇摇头。我爹问:"怎么啦?这么鲜的鸡,为什么不吃?"

我噘着小嘴低声嘟噜着:"不吃,不能吃……"

爹爹急了。一拍桌子站起来,大声说:"阿囡!这是专为你买来专为你做的,你为什么不吃?给我说出个理由来!"

我长这么大,爹地从来没对我这么厉害过,心想:谁叫你说我"罗宋老太婆"的?越想越委屈,"哇"的一声哭了起来。

爹地傻眼了。马上就收起怒容,过来搂住我哄着说:"好好好,不吃就不吃,全怪爹地嗓门太大,吓着我们阿囡了……"

我终于没有喝鸡汤,我爹还是倔不过我。这场风波就此平息。

怕当"罗宋老太婆"的思想,一直到北京考上舞蹈团以后才想明白。

十八《乌鸦与麻雀》

新中国成立前夕，上海昆仑影片公司曾拍了不少进步影片，我爹参加拍摄的《乌鸦与麻雀》就是其中一部。记得当时上海政局比较紧张，可这些进步电影工作者经常聚在一起，讨论国家临近解放的形势、探讨中国电影在这形势下应该如何配合，做出贡献。我们福开森路的家就是一个据点，加上我爹爹的片酬拿的比较多，晚上经常聚一大帮人在家吃饭，并且聊得很晚。

我记得当时来家里的都是一些中青年演员，现在早已一个个成了大演员了，如中叔皇、蓝马、张乾，还有奇梦石。他总带一个很漂亮的女朋友来家。有时君里伯伯吃完饭也上来一起聊天。一大屋，又吃又喝又抽烟，乌烟瘴气。

那时我不懂事，只觉得爹爹跟爷爷一样，好客，爱热闹。后来才知他们在一起商讨国家与电影发展的大事。正因为有这样一帮进步电影工作者，电影才在建立新中国的大业中做出了应有贡献。

《乌鸦与麻雀》前后断断续续拍了两年之久，直到新中国成立后才完成。这是我爹得意之作，开了全新的戏路子。为了它，我爹可发了大狠心，下了大工夫啦。

我爹本是个最漂亮、最帅气的男演员，可他放着英俊的小生不去演，偏偏要扮演下九流的市井瘪三、乞丐，或者假正经的无赖、流氓、骗子。当时我很不理解，要爹向我解释明白，他微微一笑说："你现在不懂，将来总有一天会懂的。"

后来长大了，我才真正懂得了它们的价值。

我爹不止一次向我叙述他塑造“小广播”这角色的得意之处。

首先他讲此片是在多么危难的情况下拍成的。

正因为是揭露蒋家王朝面临土崩瓦解的黑暗和广大人民期待解放期待黎明早日来临的进步主题，国民党才三令五申以“破坏政府威信，反戡乱法令”的罪名，强行勒令该片停拍。

这剧本是陈白尘执笔，沈浮、徐韬、王林谷和我爹参与讨论完成的。在紧张的形势下，白天将剧本藏在摄影棚顶破麻袋包着的稻草里，夜里拿出来拍戏，完成了三分之一。由于白色恐怖越来越严重，不得不停下来，对剧本进行一次较大修改，准备一旦解放重新开拍。1949 年 5 月上海迎来了解放，我爹他们带着胜利的欢悦，由郑君里伯伯导演，速战速决地完成了全片的拍摄工作。

赵丹扮演的“小广播”是有生活依据的。

小广播的角色是这群“麻雀”——小市民层中的一员。既有受压迫、受欺侮的一面，又有自私、投机取巧向上爬的一面，因此我爹在演这人物时总有一种自我解嘲的喜剧色彩。

我爹扮演这个“小广播”，他是有生活依据的。他说不久以前住徐家汇顺德里时，平民区中就有一个“保甲长”。此人过去在大洋行里混过，会说几句“洋泾浜”法国话，还懂点化学，门口摆一大堆瓶瓶罐罐，不知搞点什么红红绿绿水，也不知他卖到哪里。“上边”收取“壮丁费”、“门牌捐”都由他出头。清早，整个弄堂的人都在来去拎水刷马桶，他却在人群马桶中摆开架势打起太极拳来。下午睡足后在弄堂口一坐。唱唱绍兴戏，没事经常光顾我爹小屋。什么都聊，上自天文、政治、军事，下至地理、艺术、物价，这个骂骂，那个骂骂。无非是道听途说，显得他无所不知，无所不晓。这个人物给我爹留下了极深的印象。

还有一对摆地摊的夫妇，我爹从女人手中买了一件衬衫、一条裤子。那时物价一天变几变，可能这对夫妇嫌卖得吃亏了，到我爹面前演了一场可笑的戏。男的直骂女的为什么不在衣服上标价，都便宜地卖给我爹。我爹一看就明白要添钱，立即拿钱给他们。这男人还摆出大丈夫架子直骂那女人“昏头昏脑，账都不清”，还斥责女人“还不说谢谢”，我爹看后直好笑。其实这完全是女人的主意，男的怕老婆，可在这场戏中却以反得正，演了一出苦肉计。

这两个人物，我爹就用在了刻画小广播和他老婆（吴茵扮演）的关系上。

所以，我爹说：“我演‘小广播’，自我感很强。站着是‘小广播’，坐着也是‘小广播’，穿长袍是‘小广播’，戴法国帽也是‘小广播’。我好像真正得了自由，和角色融为一体了。”

我爹最得意的一个镜头，就是“小广播”躺在藤椅上，盘算轧金子，顶房子，大做黄金梦的那场戏。每次陪他看电影，看到这里他自己就高兴地拍手叫绝，还非要我也附和一句“宰啊”才罢休。

他说这场戏开始拍时一点感觉也没有。导演叫他来回走走，可这摸摸那弄弄，怎么也不对，当天只好停拍。晚上回家，天很热，买了二两老酒，躺在躺椅上苦苦思索。一喝酒，“保甲长”自得其乐的神情出现了，可一站起来就没有了。

第二天到摄影棚也这样，只要一站着来回摸弄，就什么感觉也没有；只要有把藤椅一躺、喝喝老酒、吃点花生米，感觉就来，人物马上有了！后来这戏就这么拍下来，一气呵成。导演加上撤椅子的细节，表示小广播的黄金梦如同撤了椅摔一大跤一样是做了个“白日梦”。影片放映时观众效果极好，我爹真把小广播演得活灵活现的。

吴茵阿姨回忆说，当初她还极力反对我爹演这小广播，建议换蓝马来演，但是导演坚持。在和我爹拍这片子的过程中，吴茵阿姨不断为我爹塑造“小广播”的演技叫绝。最后吴茵阿姨承认自己小看了我爹，“小广播非赵丹莫属了”。

1950年元旦，《乌鸦与麻雀》首先在各大城市公演，大受欢迎，后来赢得了“优秀影片一等奖”。到20世纪80年代法国和日本评论界盛赞它是“令人惊叹的、极优秀的杰作”，比意大利“新现实主义”更早地开创了电影艺术新时代。

十九《武训传》当头一棒

一天，一家聚在一起闲聊，我爹爹问："你们说爹爹哪一部电影演得最好？"

我抢先回答："《林则徐》！"

苗子说："《马路天使》！"

我叔叔在一旁说："你们才不知道你们爹地的心思，他最喜欢《李时珍》。"

我爹停顿半天却说："《武训传》！"大家顿时哑口无言。

这部影片包含我爹多少辛酸与血泪啊！就是爹临终卧床时还跟我唠叨："唉，《武训传》可惜啦！否则我会把武训表演体会写在我的《银幕形象创造》一书中，这是我演得最好的一部片子啊！"两眼泪汪汪地看着我，他那双会说话的眼睛包含多少辛酸苦辣，女儿明白，他想说："《武训传》的苦水何日可吐出？何日能给《武训传》彻底平反呀？"

1996年10月，女儿有幸代表爹爹前往山东省冠县去参加武训先生逝世100周年纪念活动，来自全国各地的学者、专家、教育家有100多名。不少人士在研讨会上发表了弘扬武训精神，服务于今天"科教兴国"总目标的论文与讲话。

会上最让我动情的是看到了由于《武训传》挨批被整死屈死的人的家属，有当时向江青所写《武训历史调查记》勇敢提出其虚伪不实之处的李士钊同志的儿子和妹妹，李士钊当时就被江青打成"极右派"，"文革"中又再次遭难。"文革"后李士钊为《武训传》电影平反奔波，最后因劫难一生而早逝。还有是当年随《武训传》电影放映同时画《武训传》画册的孙之携先生的三个女儿及三女婿李燕(李苦禅的儿子)。孙之携先生先后画过三次《武训传》画册,他一生也由此事件背上了不实之罪,受冤而死。孙瑜伯伯是《武训传》电影编导,也因此事被冤屈一生,可惜他们家中并没有来人。还有就是主演“武训”的赵丹的后代、我这长女。

武训先生100多年前出生在清末山东堂邑(今冠县)柳林镇武庄。7岁丧父,14岁开始打短工、扛长活,由于不识字,受尽地主的欺骗勒索,遂立志行乞兴学。他身着百衲、肩负褡裢、手持铜勺,昼乞四方,夜宿破庙,终生不娶。武训靠着30余年的行乞生涯积累的财富,先后在柳林、馆陶、临清创办3所义学,终因积劳成疾而死,享年仅59岁。发丧时,60里路上各庄均设奠路祭,自发参加葬礼者万人以上,哭声震天。

武训精神感人至深,震撼海内外,在我国人民之中颂扬至今,使多少教育工作者学习武训兴办义学奉献一生,又使多少艺术家将他的事迹在电影、文学和绘画领域中讴歌传颂!江青将武训扣上“大地主、大债主、大流氓”三顶大帽子,把他说成死有余辜的历史罪人。凡歌颂过武训精神的人也成了批判对象,从此蒙受多年的不白之冤。许多年以来,又有多少专家学者、普通老百姓为恢复名誉伸张正义而奔波,有的含冤而死,有的奋斗至今。

冠县政协主席李增殊同志向我介绍纪念馆中展出的武训当年身着的破衣、要饭的褡裢和破铜勺时,回忆道:“你爹当年就来到柳林镇,穿戴这些武训的破衣,肩披褡裢,手持铜勺,当地老百姓都夸你爹是武训再生。你爹在这里深入生活、采访武训的情况有一段时间。他在电影中把武训简直演活了!”

随着他的话语,我的脑海中出现了新中国成立前夕我爹拍《武训传》时的情景:他简直变成了一个山东穷乡僻壤的叫花子,很长时间里,他学我爷爷口气天天讲一口土里土气的山东话,还特地把潇洒的长发剃了,理了个乡巴佬的"桃子头",平时出门呢,只好戴顶法兰西呢帽挡着。我笑话他,我爹却不管不顾"一意孤行"。

他为演好武训,深入到武训故乡山东堂邑一带去体验生活。我爹直开玩笑说:"少小离家老大回。"他还是孩提时代去老家爬过泰山,这次是阔别几十年又重返故乡,他说回山东如同当年考上状元衣锦还乡一样。当地领导与老乡夹道欢迎,实在盛情难负。见到了几十年未见的大伯一家,他们仍世代务农。我爹从我大伯身上也感受到农村种地人的憨厚,对他刻画武训是很有益的。

赵丹在《武训传》中扮演武训,他吃了不少苦头。

回到电影制片厂以后,又跟编导孙瑜伯伯,演员吴茵、王蓓、张翼等人反复切磋琢磨。电影中有一场做梦的戏,下地狱上天堂,我爹得意地说这是他出的点子。

拍电影中武训行乞倒拿顶的镜头,是我爹自己做的,根本没替身。还向我夸口"爹地不比你差"!自己会拿大顶走路。我说:"我还不会拿大顶走路呢!”我爹说:“嗨,比阿囡强!”

我看到我爹跪地上学武训要饭时大叫:“打一拳一文钱,踢一脚两文钱……”我都心痛得急哭了:“爹地,他们是真打你呀?”爹爹说:“哭什么?傻孩子,不真踢真打哪有真实感啊!”

我爹演这“武训”真是吃了不少苦头。那阶段我爹疯疯傻傻的如武训再世投胎一样,我真担心今后再也没有原先那个又帅又疼我的亲爹了!

新中国成立初期,上、下两集终于拍完,我爹又恢复了他自身原有的漂亮和帅气。

一个星期日,我跟爹爹坐电车去办事。我爹爹经常自嘲说:“我这辈子坐不上专车了,因为我不会来事,总也当不上官。我看你们长大了也是跟爹一样,不是做官的命,也就坐不上专车了!哈……”所以我爹这辈子出门不是坐电车坐公共汽车,就是骑自行车。

话说爷儿俩坐电车经过繁华闹市南京东路,忽然我眼前一亮,看见先施公司大楼从最高层到底层,顶天立地地覆盖着我爹扮演武训的巨幅彩色画像,上写:编导孙瑜、主演赵丹。

我高兴地直蹦着大叫:“爹地、爹地,你快看《武训传》的广告!”我爹直抿嘴暗笑。说实话,这是我有生以来第一回看到这么大的广告!

上海的大光明、国泰、美琪等各大首轮电影院一连几个月公映《武训传》,场场爆满。我爹在哪儿露面,哪儿立刻就被围得水泄不通。人们欢呼着:“看哪,看赵丹——武训!看武训——赵丹!”

我爹抹着眼泪微笑了。自从新疆监狱九死一生回来以后,由于五年阴暗的牢房生涯,他的眼睛一遇到风或者强光刺激总是那么水汪汪的。

春天，奶奶在南通老家病危，传话说："一定要在临终前见凤翱和阿囡一面。"再说爹爹正张罗让我去北京考舞蹈团，所以 4 月特地带我到南通探望奶奶。

下了船爷儿俩快步来到西南营 36 号老家。

大厅旁西厢房，奶奶一人正侧睡在帐幕床内。一见奶奶，我吓了一大跳！奶奶再也不似从前水灵美丽的奶奶了，她骨瘦如柴完全脱了相，已说不出话了。听说已有好些天不进食了，盼只盼她的亲儿子和孙女的到来，一对水汪汪的大眼睛流出两行热泪。爹爹和我紧紧抓住奶奶干瘪的双手，泣不成声，亲戚们好生劝阻才止住。奶奶劳累了，闭着双眼侧身休息。

我爹详细打听奶奶的病情。奶奶得的是肺癌，不治之症，是由于年轻时抽烟过多造成的。奶奶痛得十分厉害，当时也没什么好药，奶奶是活活痛死的，才刚六十出头。爹爹终日守护在奶奶身边以尽孝心。

我不懂事，有空尽找毛毛玩耍。后不知上海有什么重要事，没等奶奶咽气我与爹就急匆匆回了上海。不久，听说奶奶归天了，这下又让我爹好一顿伤心。

俗话说，祸不单行。回到上海，又是一个晴天霹雳：中共中央党报《人民日报》大张旗鼓批判电影《武训传》！

我爹哆哆嗦嗦地拿着《应当重视电影〈武训传〉的讨论》、《共产党员应当参加关于〈武训传〉的批判》的社论时，他简直发懵了。

全国各报刊铺天盖地、连篇累牍地进行声讨，大会小会走马灯似

赵丹在《武训传》中扮演的武训和王蓓扮演的小桃。

的一个接一个。

好多天来，我爹在外受够了气，一回家就大声嚷嚷："我想不通，把我打死也想不通！"

宗英妈妈却平静地劝告我爹："别再冒傻气啦！知道这是谁发动的吗？"然后一字一顿地轻声说，"是江青。就是30年代那个蓝苹。"

"蓝苹？真的是那个蓝苹？她跟我们有什么仇？"我爹瞪着眼，唉声叹气，目光变得恍恍惚惚。宗英妈妈拿过纸笔又说："那篇《武训历史调查记》是江青亲自带人下去二十多天写的，是她给武训定的罪名！识时务者为俊杰，还不乖乖地坐下！来，我帮你写检讨吧！"

二十 多事之秋

1951年,真是多事之年。奶奶归天,电影《武训传》在全国挨批判,就连家中,小小风波也不曾间断。

我爹演《武训传》挨批,可宗英妈妈却受正式邀请,参加一个什么和平会议的代表团前往波兰华沙出访。我爹此时正走"背"字,心情不好!对于一切事情更易猜疑。他在报上看到宗英妈妈参加代表团的文字介绍,配有一张照片,形容宗英妈妈在火车上打扮得如同新娘一样,而且在照片上宗英妈妈对一男性代表的样子十分热情。我爹爹产生了极大疑心,自以为现在正倒霉,宗英妈妈大概又爱上了他人,终日情绪极低沉。

当知道宗英妈妈那天回家时,我爹买了不少发亮的长条彩带,挂在他们卧室内,墙上、灯上都是。如同过圣诞节那么喜兴,还用彩纸剪出英文 Lucky(拉吉)字样,叫我和苗子在墙上到处张贴。

宗英妈妈回来当天,家中如同举办盛大欢迎会一样,张灯结彩,好不隆重。

当晚却听他俩在小屋大吵大闹起来,一连好些天两人不说话,我们也吓得不敢吭声。

没过十天半月,两个人又和好如初,手挽着手出门进门。

我想大概爹爹与亲妈妈离婚一事使他"一遭挨蛇咬,十年怕井绳",我爹在婚姻上再也不能经受打击了。

我爹那时正处在挨批最低谷的阶段。虽这样,我爹人缘好,仍有不少亲友登门,记得蓝马叔叔就是其一。上官云珠阿姨与他拍摄《希望在人间》、《万家灯火》等电影时产生了感情，并同居在一起，还带前夫的女儿瑶瑶不时到我家玩。

我爹爹夸上官云珠不仅会演戏，生活中还会打扮，一天换好几回行头。其实上官云珠并不富，一共几套衣服，就是来回换，让人错以为她多富有，多会打扮。每次来见了我，都皱着鼻子笑眯眯叫："阿囡啊，阿拉心肝宝贝！"叫得我爹心里乐滋滋的。

可这阶段不知怎么搞的，上官云珠和蓝马叔叔两人闹开了别扭。蓝马叔叔干脆搬到我们的客厅里住，正好给这多事之家带来不少欢快。

蓝马叔叔很会即兴表演，在日常生活中无时无刻不在扮演各式各样的角色。放学回家，我就拉着蓝马叔叔来一个。他每次都花样翻新，一会儿做杀人魔王希特勒，演着演着却变成了喜剧大师卓别林。一会儿又表演在莫斯科红场上检阅游行队伍的斯大林，再一变又到了天安门广场成了毛泽东了。他成天逗得我嘴也合不拢。

记忆最深的是在一个礼拜天，蓝马叔叔表演了一下午。我爹、宗英妈妈、苗子、黄阿婆、雪珍娘娘和我全在场。蓝马叔叔先表演一个乐队指挥家，挥舞着指挥棒演奏管弦乐，后又忽然变成了警察拿着指挥棒在十字路口指挥交通。这还不够，他把圆凳放在大方桌上当邮筒，自己扮演成一少女，正在初恋，写了封情书准备发信，在邮筒前来回徘徊犹豫。把少女心理刻画得细微有趣，简直令人笑破肚皮。最后乘人不备既快又准地把情书投入信箱……我笑得在地上打滚，最终笑得尿了裤子。

他不仅逗我们家孩子，还和邻居家的孩子与保姆们谈"山海经"。有一回外面来一保姆送信，蓝马叔叔与这保姆大谈菜场价格，后来传闻说，这保姆与我家做菜大师傅交谈过，弄得全家哗然！

黄宗英为了事业全国各地到处跑。这是她出国归来后与赵丹、赵青、赵矛在一起。

蓝马叔叔新中国成立后没几年就来到北京，在总政话剧团工作，后来与一位姓董的阿姨结婚。我还是在北京东安市场与他相见的。上官云珠阿姨改嫁了，嫁给程述尧，是宗英妈妈的前夫，因此来往也就少多了。上官阿姨命好苦！后来又改嫁一位导演，“文革”中又被江青迫害跳楼而死。她的身世与她在影片中扮演的角色极相近，如《早春二月》中的寡妇等，总是让人万分可怜她。

开春后的一天，我从女中放学回家，看到黄阿婆和保姆雪珍娘娘一起，在逗弄一个刚学会走路的小娃娃，我好奇地问雪珍娘娘：“这娃娃是哪里来的？”

黄阿婆说：“这是周璇去年从香港回来生的头生子呀！小名叫敏敏。生下来说没有爸爸，怪可怜的！不过周璇倒是非常有钱……”

雪珍娘娘悄悄告诉我：“敏敏寄养在剧影托儿所。他姆妈周璇虽然钞票很多，但可惜神经病发作，不能带他。你宗英妈妈想抱养敏敏，还没定下来，今天先带回家看看。她有病不能生育，一时又治不好，就想领个儿子。阿囡，你觉得这小囝怎样？”

我弯下腰逗敏敏。他咯咯笑着要我，我就干脆在地板上跟敏敏玩起来。（那时苗子在江湾的行知工读学校住读，家里只有我一个孩子，有时候觉得怪寂寞的。）这娃娃刚学走路，脑袋很大，绰号就叫“大头”；腿又短，走不了几步就跌倒了，活像个小企鹅。爬起来又走，极严肃的小大人样子，很滑稽！逗得我笑个不停，我说：“这小囝真好玩！”

我喜欢小娃娃，特别是刚学走路、牙牙学语的娃娃，说不懂事吧也很懂。你待他好，他就跟你亲。高兴了就笑，不高兴就哭，哭完了就忘了。不会说谎骗人，也不会装腔作势。一派纯真，很可爱！

我爹下班回来，我问爹："雪珍娘娘说，宗英妈妈想收养敏敏到我们家里来，是真的吗？"

爹答道："这孩子是可怜。不过，我们家里只有三个房间，爷爷奶奶就因为地方小住不下才回了南通。奶奶刚病故，论理我应该把爷爷接到上海来让他安度晚年，也因条件不够，心有余而力不足！家里哪有可能再养一个娃娃呢？本来，吴茵老太已经表示愿意抱养敏敏，她跟周璇熟，经验也丰富。再说白杨阿姨家里条件也比我们强多了！可宗英妈妈却争着要敏敏……"

一会儿宗英妈妈回来了，我爹就不吭声了。

由于决定不了，当时敏敏还是送回托儿所。

后来，我到北京考取了中央戏剧学院舞蹈团，就听说敏敏正式接到家里来"寄养"了，让雪珍娘娘照看他。

过了两年，宗英妈妈的妇女病终于治好了，先后生了三个孩子。大女儿赵桔，因为我爹正演《屈原》，剧中有《桔颂》一诗，故取名"桔"。二儿子赵左，正是反右派时生的故叫"左"。三儿子赵进，后改为劲，因为是大跃进时生的。三个孩子取名都很有时代感。

到 1960 年宗英妈妈又领养了周璇的第二个"非婚生子"（过去俗称"私生子"）周伟。这样赵丹一家就有了"三方七名"孩子，实际上我爹亲生子女是五个。

宗英妈妈非常好强能干，为了自己的事业，全国各地到处跑。因为刚解放提倡演工农兵，她自觉对此不适应，于是改行写作了。她自己也说：一年倒有大半年不在家，根本顾不上照管子女，也没法管我爹的生活。家务全交给了保姆雪珍娘娘。

敏敏(后来学名周民)倒是一直忠于我爹。在史无前例的“无产阶级文化大革命”中,别的孩子全都造反了,跟“反革命”父亲划界限,甚至在家里开“批斗会”揪斗我爹。只有周民是个保爹派。他将家中红卫兵贴在墙上的“打倒赵丹”的标语一张张撕下来!在一片打倒声中,他却当众说:“赵丹爸爸是好人,我不能打倒他!”这都是我爹在“文革”后亲自告诉我的。为此我爹特别疼爱他,我也从心底感激他,无论如何这是难能可贵的。

但谁能料想到许多年后,养育多年的周伟却向宗英妈妈起诉,打了一场轰动一时的大官司:“周璇遗产案”。不得不叫我深感遗憾!

二十一 丑小鸭飞往北京

这还是在《武训传》遭批判前的事情。

初三上学期,我课余学芭蕾已经两年多了。一天,我爹拿着一张报纸笑眯眯地说:“阿囡!想不想去北京?”

突如其来。我困惑地问:“爹地,不是说过,让我一辈子都不离开你吗?”

他指着报纸说:“你看这条消息。北京的中央戏剧学院成立了舞蹈团,这是多好的机会呀!我正要发封信去仔细打听……”

我好奇地问:“爹地向谁打听呢?”

“嗨!你还不知道吧?爹地的熟人,不说遍天下也算遍全国喽!中央戏剧学院院长欧阳予倩是我的老师,我早就演过他好几部戏。舞蹈团团长戴爱莲是我在重庆就认识的好朋友,她是英国皇家芭蕾学院出身，中国现代最早的芭蕾舞蹈家，是大画家叶浅予的夫人。我看过她的演出。她很爱国，回国后就深入生活学西藏舞，她的代表作是《哑子背疯》，在民间艺人原作基础上改编的，有趣极了！”

爹很快帮我联系上了。戴先生热情地回信，欢迎我初中一毕业就去北京应考。于是我明确了目标，课余更专注地跟俄国教练学芭蕾，做梦也想着去北京。

终于，我以全优成绩从女中毕业。7 月，应考北京中央戏剧学院舞蹈团的日期到了。

但是，席卷全国的批判《武训传》的运动正如火如荼地“向纵深展开”。我爹冷不防遇到这样的飞来横祸，疲于奔命，根本不可能亲自送我上北京。他整天眉头深锁，长吁短叹，欲言又止。

正在发愁的时候，恰巧宗英妈妈家有个亲戚黄溢娟阿姨要去北京工作，乐意带我同行。

家里大人特地为我整理好一个小皮箱、一个小铺盖卷儿，溢娟阿姨抢着替我拿行李。

爹娘在上海北火车站给我送行。我爹依然默默无言，抚摸着我的肩膀。宗英妈妈没完没了地关照溢娟阿姨：路上小心照料。但是我还一直没说什么。

上车后，我一直站在车门口，忽然心跳得厉害，隐隐作痛，我把手捂住胸口。月台上催人的铃声响了。我爹站在车门下，伸出两只手紧紧地拽住我的小手，泪水夺眶而出，闪闪发亮。

他大叫起来：“阿囡，我的心肝宝贝阿囡！”

我使劲地控制自己：“要对爹地笑一笑。给他留一个放心的印象！

别哭，千万别哭出声！别丢人……”

汽笛长鸣，铁轮缓缓启动，火车真的开了。忽然我“哇”的一声，号啕大哭起来。列车加速了。

爹爹跟着列车向前跑着，他那双大手仍然伸向空中，抓着，抓着，好像要抓住一个金色的梦，一缕缥缈幻想的光……

我扶住车窗回头望啊，望啊，直到我爹的面容消失在茫茫的雾中。列车上，我越想越伤心。我实足年龄才13岁半，就离开了爹，离开了生我养我的上海的家。

现在回顾起来，幸好那时早早离开了家，才有今天的出息。

否则我爹真不知要把我惯成什么样啦！

到了北京，我们先住在戏剧学院舞蹈团附近地安门大街的一个四合院内，是宗英妈妈远房哥哥黄宗甄舅舅家。他是科学家，他夫人是教书的老师，一大家子人，对我都十分热情。

我没过几天就去应考了。中央戏剧学院舞蹈团坐落在北海后门什刹海大翔凤胡同20号（今中央民族乐团团址），听说是清王朝恭亲王府。院内亭台楼阁，假山月门。有几个大殿，内铺地板，挂大镜子，装了把杆改为练功房。

我是在中教室考的，考官是当时的导演高地安和芭蕾舞教师丁宁（戴爱莲二婚的丈夫）。窗口外有许多人围观，但我毫不在乎，充满信心，因为已有了近三年芭蕾基本训练。

他们只让我做了几个扶把动作，我轻而易举地便通过了考试。

只听主考老师们相互悄悄低语：“这小姑娘满14岁了？”

“感觉不错，动作都还可以。”

“个子小了点，腿略微短了点儿。”

“正在发育，还能长呢！”

…………

当时我正因怕发胖而节食，爹爹曾为我不肯喝鸡汤、不肯吃肉对我发脾气，我饿得瘦瘦的，晒得黑黑的，老师们说：“小丫头脸上只见两个圆眼滴溜溜转！”

练功房一面墙上覆盖的大镜子让我明白了：自己还不过是一只丑小鸭。

如果飞得起来，将能在长长的一群候鸟队列里，在永无止境的地平线上，找到合适的位置；但如果飞不起来，那只有把头颅夹在低垂的翅膀里，悄悄地隐没。

二十二 “鸡蛋干部”

虽然中央戏剧学院舞蹈团录取了我，但还需过完夏天才可住入团内。

这期间溢娟阿姨找到了工作，在牛街马路边一间近100平方米的大平房宣武区书馆当管理员。只有她一人独立工作，这样我也搬去与她同住。白天图书馆开着，有不少人借书阅报看杂志。夜晚关上门，把大书桌拼一起，我俩打开铺盖睡在上面。吃饭就在旁边宣武区区政府餐厅。我怕胖，经常不吃饭。

牛街一带几乎都是平房四合院，土里土气，全然不同繁华的上海，霓虹灯通宵，洋房林立，街道又热闹又漂亮。不过我这上海姑娘很快适

“大拐弯”及“凤凰三点头”真让人叫绝！他的手绢扇子花样极多，步伐变化忽大忽小忽急忽住，变幻莫测。我至今创作的作品中，不少地方留下他教诲的痕迹。

我又学习了“小白鞋”和“常大个”的《抢手绢》小场。这节目很风趣，扮演“提场子”的“常大个”十分调皮，而扮演“兰花”的“小白鞋”又十分羞涩乖巧，形成鲜明的对比。我后来经常拿这节目参加演出。

我当时虽是学员，在人手不够时也参加排练与演出。第一次登台是参加“民族大团结舞”。在小经厂实验剧场我演“安乐山舞”，舞蹈开始是背对观众，面朝画景的天安门，没跳几个动作就下台了。第二次登台是在中南海怀仁堂演出大型“荷花舞”。前面的荷花们舞到“祖国颂”时，我与一些姑娘手持绿色荷叶上台，蹲下亮相闭幕。就这样我也很兴奋。

真正有点形象的是高地安编导的《少先队与志愿军》。我扮演少先队长，手持小红旗走在队伍前面。内容是少先队员在公园遇到志愿军，一个最小的少先队员将红领巾系在志愿军的脖子上，以此表示对志愿军的爱戴。

1952年“五一”劳动节，我们在中山公园音乐堂演出。朝鲜金日成首相在台下观看演出。当少先队员向志愿军献红领巾时，那个扮演小少先队员的小演员，不知为何怎么也摘不下红领巾了。我一听音乐马上要过了，如不给志愿军戴上红领巾，下面的戏就无法再进行下去了。于是灵机一动，及时地把我的红领巾摘下给志愿军叔叔戴上。全场一口气松了下来。终于没闹笑话，继续将这舞表演完。

“救场如救火”，领导与大家都特别表扬了我。我自己却不以为然，觉得这是做一名演员的本分。我上台从不紧张，反而发挥得比平时好。

如同运动员比赛时竞技状况特别好，这也是我每次演出总能成功的一个重要原因。这可能是由于父亲传给我的好天分的缘故，当然也和我自幼在水银灯下拍电影、后天受教育与锻炼有关。

在我童年时期，曾代表华龙小学去卢湾区参加朗诵比赛，不知怎么有些紧张，我告诉了爹爹。爹爹给我讲了个故事："从前有个书生要当众讲话，他非常害怕。他妈告诉他就把下面听讲话的人当做是一个个灯笼，也就不害怕了。"当我踏上讲台开始朗诵诗时，我想起爹爹给我讲的故事，果然一点也不害怕了，发挥得极好，结果朗诵比赛得了第一名。

后来我登台表演就用这种方法，如入"无人之境"。我从阅读中知道苏联芭蕾舞大师谈表演体会也提到这点"当众孤独"。

我爹一生多次告诉我要"去掉杂念"，进入角色要"忘我"。只有这样才可在舞台或银幕上淋漓尽致充分发挥自己的表演才能，而真正达到完全的"忘我"是不可能的。总有另一个自我，总有时出戏，或有欠缺，但我在表演艺术生涯中却一直向这完美的目标苦苦地追求着。

二十三 父女先后赴朝

全国大张旗鼓声讨《武训传》的运动尚未收场，我爹主演的另一部影片《我们夫妇之间》又因为"污蔑党的政策，丑化工农干部形象"再次遭到严厉批判。以后相当长的时期内，一直不准我爹拍电影，而是下放基层改造。我爹的日子真难过啊！

1952年，爹爹终于来北京看望女儿了。穿一身皱皱巴巴、打着补丁的灰蓝色干部服。干瘦得皮包骨头。要不是他那双炯炯发光又水汪汪的大眼睛，我几乎认不出他了。

我又惊讶又高兴又心疼："爹爹！怎么批《武训传》把你批成这个样子？"

赵丹主演的《我们夫妇之间》因为"污蔑党的政策，丑化工农干部形象"，遭到严厉批判。

我爹笑着打趣："有人认为还批得不够呐，这就叫脱胎换骨吗！你不是喜欢瘦吗？爹爹真瘦了，你也有意见……"

我撅着嘴说："再瘦也没有瘦成这个样子的，都脱相了！"

爹说："我到北京接受新任务来了。"

"好哇！拍什么新片子？"

爹苦笑："哪能让我再拍片子呢。是要考验我，编入慰问团派往朝鲜前线最艰苦的岗位，说是给我一个锻炼机会，看我的表现……"

"爹地，你一定得答应我，不管遇到什么也要吃得下、睡得着，养胖点儿，啊？"

几个月以后，我爹从朝鲜前线回到北京，气色好多了，脸也稍胖些了，兴高采烈地告诉我："爹地这次可闯过了生死关呐！几乎被炮弹炸成灰，大难不死必有后福！哈哈！"

爹地讲述着他在战火纷飞的朝鲜前线的慰问情况。志愿军处处保护他们，生怕他们遇难。但我爹自夸自怎么不怕死，如何到前线哨所慰问志愿军。

有一回刚慰问完前线哨所，前脚走，后脚哨所就被炸个粉碎，真是死里逃生。代表团成员都夸他表现好。

他还告诉我：代表团团长丁峤同志，后来曾任电影局局长，对他十分关心。所以，后来我见到丁峤叔叔也倍感亲切。

谁知上头还是不让他拍电影，我爹又发牢骚："表现这么好，怎么不管用呢？"

还是女儿命好。1953 年朝鲜停战后，女儿随贺龙元帅亲自带领的第三届中国赴朝慰问团，前往朝鲜慰问志愿军和朝鲜人民军了。

1953 年中国成立了第一个中央歌舞团，团长是周巍峙，副团长是戴爱莲。它是现在中央乐团与中央歌舞团的前身。我幸运地被挑选为该团正式演员，月薪 72 元，对一个单身少女已足足有余。我当即给养育我的阿婆寄去 20 元以尽孝心。

中央歌舞团一成立，一帮老演员就去东欧访问演出，留下我们这帮后来的小鬼们，成了赴朝慰问团的主力。慰问团由中国京剧院和中央歌舞团组成。京剧院派出的全是"国宝"，艺术家有梅兰芳、周信芳、姜妙香等，而中央歌舞团里，我却成了顶梁柱了。真是"山中无老虎，猴子称大王"，我由旁边跳粉荷配角一跃跳上了主角白荷，又在"花鼓灯"中担任小场“抢手绢”的表演。接到这么重大而光荣的任务，在我真是朝思暮想，我一心要把这两个节目表演好。

我站在酷似荷花池塘的菜地，体会着白荷的高贵、纯洁、对祖国大好河山的热爱。我躲在园内假山下，细致揣摩“抢手绢”时少女的内心潜台词与感觉。所以当我演出时，人们不仅看到了我的优美舞姿，更重要的是看到我对人物内心的细微刻化。我的表演紧紧把观众的心灵抓住了，这也是我与其他舞蹈演员的不同之处。

赴朝慰问前，我们在人民剧场与梅兰芳先生一起同台彩排，接受上面领导的审查。

梅先生特地到后台我的化妆间看我。梅先生笑眯眯地两眼盯住我看了半天才开口：“你这小姑娘两眼真媚，有魅力！这点特像你爹。”又鼓励我，“好生努力，有其父必有其女！”

说得我面红耳赤。梅先生又对我的化妆提了意见：“化妆不能只化脸，还该化脖子和手，我们京剧很讲究这点。尤其你演白荷更应当注意这点。”

我马上接受这位大师指点，他亲自看着我将鸭蛋粉往脖子和手上涂，然后笑眯眯地离开这个化妆间，自己去上妆了。

由贺老总亲自带队，一支浩浩荡荡的慰问大军跨过鸭绿江。到处是废墟残骸，可是朝鲜老百姓却十分顽强，住在现搭的简陋小土木屋内。他们拿出最鲜嫩的白米和各种泡菜，热情招待我们，而盛饭菜的碗却是用炸剩的炮弹壳做的，真是战争的痕迹无所不在。

我们第一天就来到志愿军总部所在地。由杨勇上将接待，当晚就与志愿军联欢。因为受魏巍写的《谁是最可爱的人》一书影响，大家都怀着十分崇敬的心情前来慰问志愿军。

中直机关在地底下挖了很大的战壕，可供百人娱乐。志愿军手捧大碗葡萄酒，在战壕门口夹道欢迎慰问团，每个团员必须连干三大碗：第一碗为毛主席干，第二碗为中朝人民友谊干，第三碗为中国人民志愿军干！我这个从不喝酒的姑娘，为这三大主题不得不干。一连三大碗，“咕噜”一口咽下。虽然甜滋滋，但不一会儿头发烧，脸发红，无缘无故特别爱笑。再待一会儿，两腿发软，实在支持不住，马上让人把我送到内间指挥官休息室睡觉了。这一晚的联欢慰问任务根本没完成。

这回教训够我记取一辈子的！从此在任何宴席上，再有什么场面，再重大意义的理由，我都滴酒不沾！

第二天我们又来到平壤原牡丹江大剧场地下大战壕内，由金日成元帅举行盛大宴会欢迎我们慰问团。据介绍，原牡丹江大剧场富丽堂皇，可现在被炸得片瓦不留。朝鲜人民十分顽强，在同地点地下挖了一个与牡丹江剧场同样大的大厅，供国宴接待。因此我们站在这里倍感意义非凡。国宴非常简单，几片面包与一点罐头食品。最引人注意的是，桌上放着的一盘盘切得如花一般的朝鲜苹果，据说这种切苹果的花样也是全世界独一无二的。

当晚我们就在司令部露天广场搭大舞台，举行我们慰问团的第一场隆重演出。我的节目在前面，演完了卸妆下台，挤在战士们中间观看梅兰芳与姜妙香二位大师表演的《贵妃醉酒》。梅先生年龄毕竟是大了，卧鱼、下腰都已不行了，但只要梅先生一亮相，台下战士就报以热烈的掌声。

后来我们分成各分团到下面几条路线分头慰问演出，我去的是司令部下属路线。所到之处全是现搭土台，战士对我们的欢迎爱戴无法比拟，他们拿出最好的条件，准备最好的食品，反倒成了志愿军慰问祖国的慰问团了。使我们对志愿军更加尊敬爱戴，艰苦生活环境、英雄战斗故事深深教育着我们每一个团员。

原上海人艺院长吕复在台下观看我表演白荷，回上海后告诉我爹我在朝鲜前线舞台上跳白荷多么美多么美，说得我爹心中乐开了花。爹后来到北京又把这话传给了我。

我们这次慰问并没有生死考验，相反条件却相当好。我想我爹受的教育与考验可要比我更严峻更深刻的多吧！

二十四 "婵娟，我的女儿！"

在《屈原》中赵丹扮演屈原。

1953年初春，爹地突然给我来电话："我到北京了，快到东单青艺宿舍来看我！"

我当即请了假，前往青艺宿舍看他，一看宗英妈妈也来了。我爹向我介绍：幸亏周恩来和郭沫若还惦着他，以1953年"纪念世界文化名人屈原"的名义，特邀他前来主演郭沫若的著名历史剧《屈原》。

同来的还有白杨、顾而已、王蓓，还特别邀请了北影的谢添，他们分别在剧中扮演重要角色。我爹演屈原、白杨演南后、顾而已演楚怀王、王蓓演婵娟、谢添演奸臣，他们是A组。B组由吴雪为首的青艺演员们担任。

我爹神采奕奕，把我领去见上海来的叔叔阿姨们。大家见了我都十分高兴，说我“长大了，女大十八变，越变越漂亮了”。我爹乐得合不拢嘴。

我爹告诉我，他要在北京住上一阵。宗英妈妈很快去文学创作学习班学习，就爹一个人独居一室，希望我能经常去看望他。

我每天除了练功和演出外，一有空就到我爹那儿畅谈艺术，或者看他排戏。

爹爹说：“每次我排到屈原跟婵娟的戏，总感到婵娟就是你。屈原最后的台词：‘婵娟，我的女儿！’就成了我内心深处迸发出来的呼声。”

我爹为了演好《屈原》，确实下了不少苦功。就连我去找他玩的时候，他也始终沉浸在表演的创作与探讨中。我爹给了我最宝贵的财富：一把探索表演艺术成功之路的金钥匙。

爹爹让我陪他逛故宫。我们别的哪个大殿也不去，却直奔名画展览处。一幅幅名贵的古画系挂在特制玻璃框架内。爹爹拉着我的手仔细地观赏，讲解着这些珍藏的“国宝”。

他给我讲解“扬州八怪”绰号的来源，说明郑板桥的竹子怎么有骨气。最后他讲到他的表演每每来自绘画中的启示，例如绘画中讲究“对比”、“陪衬”、“含蓄”、“留有余地”等，都是前人千锤百炼总结出来的法则，这种规律可用于任何一种艺术创作中。

他看着我那双似懂非懂的小圆眼，更进一步深入浅出地讲解：“喏！

比如说‘万绿丛中一点红’就是为了突出红，才在红周围铺满了绿色。表演也一样，为了突出那一点，就必须先把其他戏做足了铺够了。

“绘画就是这样：要浓必先淡，要大必先小。又如打拳，必先收回再打出去才有力。弓也如此，有张才有弛，不可总是拉满弓。万物都是这道理，虽简单可一般人却不领会，不懂得运用这法则。你跳舞也一样，做大动作之前必有小动做准备，做快动作必先有慢动做铺垫。这些道理够我，还有你，学习实践一辈子的了。”

又一个星期天，爹爹带我来到中山公园的唐花坞，穿行在百年古树之间，声如洪钟般朗诵《屈原》剧中的《雷电颂》。

他说：“虽然历史不可能重演，舞台上很难身临其境，但是必须心临其境！我必须无杂念，忘我，入境，必须从内心深处设想而且自信：历史上的屈原已跟我合一！我经常来这里，在古代的松柏树下，找到了屈原大夫当年所处环境的感觉。我朗读着《桔颂》、《天问》、《离骚》，好像此时此地我就是屈原。这才能找到人物的准确感觉，才能打动观众的心。让他们相信：这就是屈原，从而引起强烈的共鸣。”

爹爹又给我讲解“感情挪借”的重要性。一个演员经历越多越好，他将会体会到各种感情并会用到他各种形象的创作中。他又再次拿《屈原》结尾时他与婵娟那场戏的表演举例：当我知道婵娟为救我而喝下那杯奸臣要害死我的毒汁时，我手抱着临死的婵娟，顿时就想起了你，我的女儿！眼前的女儿就是婵娟。我的情感喷涌而出，止不住的痛苦和伤心泪。这是非常真实的，这就叫“感情挪借”。

我爹又告诉我，现在表演有两大派：体验派与表现派。我爹说他什么派也不是，不论哪一派只要能演好角色，他什么派都学都用。他介绍我读两本书:苏联表演理论大师斯坦尼斯拉夫斯基的大作《我的艺术生涯》和《演员自我修养》,叫我好好学习,掌握表演基本理论原则对我舞蹈表演同样有用。

“任何艺术关键是刻画人物,表现角色的内心。”

我爹爹不止一次告诉我,他要以毕生精力写出他的表演体系——“赵氏体系”,直到临终也念念不忘这个宏愿。其实我爹爹以他舞台银幕形象的辉煌创造,及他临终前写的两本书《地狱之门》、《银幕形象创造》,就已构成他的“赵氏体系”了。

“怎样刻画角色?”我刨根问底地问我爹。

我爹非常耐心地告诉我:“首先要把握角色的基调:屈原出生在什么时代?他有什么遭遇?他周围是些什么人?他有什么习惯爱好?这要查阅大量历史资料做好案头工作。然后再揣摩他在所处事件矛盾中,他应有的此时此刻的内在思想、感受,和他的所作所为及追求的目标,才能真实有说服力地再现他的思想与言行。

“光这些还不够,还要有演员的表演技巧。哪些地方夸张,哪些要有内涵,怎么掌握好分寸火候,恰到好处。这跟你们跳舞一样,反复苦练琢磨才可找到准确的感觉。”

我爹真是一位肯吃苦、靠勤奋得来成功的艺术家。我看不少电影演员,只靠一个好外表,却不用功,因此他们不可能有多高的成就。而我爹有一个非常好的外表,但他明白不能只靠这个空外壳,而要努力用功,创造各个不同形象性格的人物,才可攀登表演艺术的高峰。我想任何艺术家,除了天才、机会,更重要的在于吃苦奋斗,这才是真正的成功之本。

“怎样进入角色?”我又提出一大问题。我爹说:“干脆你亲眼来看我演出一场戏,你就能懂得怎样进入角色。”

约好一天下午4点半爷儿俩在青艺门口见面。我爹抱一大包点心等候我,怕我吃不到晚餐,他一化妆也就没法吃饭了。爷儿俩一同进入后台化妆间,先简单吃了些点心。这时青艺化妆师常大年早在后台恭候我爹爹。

我爹换上了化妆服,乖乖地坐在化妆桌大镜前,由常大年为他开始化妆。

我爹慢慢地给我开讲:“进了剧场,把剧中无关的事全丢在剧场外,什么杂念都忘掉,不去想,安安静静逐渐进入角色。化妆是由外表变成角色,在化妆时,自己再从内心上渐渐获得角色的感觉。

“每场戏必须带戏上场:在这场戏之前人物在做什么,上场要做什么,这样才容易进入角色的规定情境。

“又要带戏下场。有的演员戏还没演到台边就出戏了,这不是好演员。戏应该做到下至幕后观众看不见为止。

“演话剧必须保持新鲜感,好像每一场都是第一天演一样。不断寻找新的刺激。拍电影是一次性表演,经常留下遗憾。而话剧全然不同,每天可以改正头天演得不够好的地方。所以演话剧往往是锻炼演员最好的机会。可以把角色越演越好,当然这离不开热爱自己的事业和下苦功夫的前提。”

爹爹化妆时,经常给化妆师常大年提要求:“这笔再长些,这颜色再重些。”

我爹爹说:“舞台的妆要夸张,下眼皮下加一条浅蓝色,是为了扩大眼白的，黑眉毛下加一道红色是为了接近皮肤，以免太愣。”

“眉眼的形状十分重要，能展示人的性格与时代感。”他是从画像与雕塑中的李白等形象找到屈原的感觉的。眉眼全往上挑，似古人丹凤眼，这是聪慧的象征。

发式及服装也十分重要。我爹是中等个，为拉长他的个子，头发梳得高。内穿胖袄，为了显示高大魁梧。我爹说这是向裘盛戎学的，裘先生个小，可他穿胖袄，足登高靴，一下魁梧了许多。我爹说外罩长袍，再系腰带，就更有古人的感觉了。

我爹又介绍说：有一场在汨罗江边的戏，屈原戴黑纱高帽，脖上挂了一串花环，这是他自己设计的。一般只有女人爱戴花环，可他却大胆采用，并有生活根据。屈原热爱生活，自己摘野花扎花环戴上，也符合屈原所作《离骚》、《天问》中的浪漫色彩。在台下我看这场戏的装束果然潇洒翩翩。

我爹一直讲述到打第一遍预备铃，马上要开演了。我爹说：“不再跟你讲了，赶你下去看戏，我要进入角色了。”这样我乖乖离开了爹爹，一人到剧场二楼第一排正中间位置，准备欣赏这些大师们的精彩表演。

从幕启到幕落，我的心都快跳到嗓子眼了，为屈原大夫的遭遇而担心、感动。剧中杨阿姨扮演的南后如此刁刻，楚怀王的愚蠢、奸臣的狡诈、宋玉的两面派、婵娟的善良，角色无不刻画得淋漓尽致。当看到屈原怀抱临终替屈原喝毒汁的婵娟，我想到我爹说见到婵娟如同见到我一样，我哭得如同泪人一般。全剧高潮《雷电颂》的朗诵，震撼着天地。真是人间稀有的完美演出，也是人生最大的艺术享受，令人陶醉！是观众经久不息的掌声惊醒了我，我马上跑回后台，祝贺我爹的演出成功，可我爹却说：“今天演得不好，因为你来了，我有杂念。”我说：“我怎么没看出来？”引得旁边演员哄堂大笑，心想我爹地对艺术真是太严格了。

过不久爹爹像小孩一样兴奋地告诉我：“有一回在音乐堂给大学生演出，当我朗诵完《雷电颂》后，大学生们报以热烈掌声，这在话剧史上也是少见的。”我知道我爹的《屈原》是越演越好了。

我爹说周总理经常来看排戏，非常关心他们。对中央乐团提了意见，音乐太响了，盖住了我爹的朗诵。中央乐团开始不服气。后来周总理急了，说：“这是话剧，不是管弦乐演奏，管弦乐是为话剧服务的。”这样乐队才改。爹爹感叹地说：“总理很懂艺术！”

《屈原》演出后，盛况空前。周恩来、郭沫若等人都观看了演出，评价极高。

中国青年艺术剧院公演《屈原》好几个月，盛况空前，场场爆满。周恩来、郭沫若和许多领导人都出席观看，评价极高！每次剧终都一再谢幕。我也多次到后台向我爹祝贺。

爹仍然沉浸在他的角色里，泪流满面，他用《屈原》中的台词回答我："婵娟，我的弟子。婵娟，我的女儿！你是永远永远的光明的使者啊！"

二十五 邋遢样

1954年，我国第一个国家级的正规舞蹈院校——北京舞蹈学校成立，学校暂时在东郊白家庄的简陋平房内，学制六年，首届招收插班生，我幸运地被中央歌舞团保送进五年级做插班生。

我们班同学都是全国各省、市、自治区歌舞团选送的尖子，来自北京、湖北、陕西、上海、四川、内蒙古、新疆等地，一地方送一男一女，全班共20名。班内年龄最小的是武汉的刘凤，其次是我。同班中跟我最知己的是刘凤和内蒙古舞蹈家斯琴塔日哈。

我们班由苏联芭蕾舞教育专家依莲娜·奥丽格珊娜亲自教授芭蕾舞课，其他教师也是从依莲娜预先办教师培训班时挑选出的最优秀的人才，如李正一、孙光言、袁水海、刘碧云、汪兆雄、许淑英、王连成等任我们各科主课教员。全部按奥丽格珊娜制定的教学大纲严格进行训练。这实在是一场严格的搏斗与攀登，一场人生极残酷的考验。

在学校我学到了丰富的舞蹈素材，及各种类型舞蹈所需的知识。共11门科目，除了必修语文、历史、地理、政治、生理卫生外，主要有四种舞蹈科目(教学法及业务课):芭蕾舞、中国古典舞、中国民间舞和外国代表舞。每一种舞蹈科目又包含各种品种。

以民间舞为例:汉族舞就有花鼓灯,云南花灯,鼓子秧歌,东北、陕北、河北各种秧歌等;少数民族舞蹈更为丰富,如维吾尔族、蒙古族、藏族、朝鲜族、傣族舞蹈等等,而仅其中的蒙古族舞蹈又有各地区的舞蹈内容,真是琳琅满目。

两年内要熟练掌握这么多的舞蹈,真会使我一辈子受用不尽。(这个学校培养的前几届毕业生,成了我国各舞蹈团体的骨干力量。)

那时我爹已经当选为全国人大代表、中国文联委员和中国电影家协会理事,每年好几次来北京开会,他一到北京就到学校看我。

当他看到我们从早到晚练功的艰苦情形,抚摸着我全身关节青一块紫一块的淤血斑痕时,心疼地感叹道:“爹地本来以为当电影演员最辛苦,没想到舞蹈演员更有说不出的辛苦,阿囡吃了这样大的苦头,当初预料到了吗?后悔不后悔?”

我自言自语般轻声回答:“不后悔……”眼泪却簌簌地直往下掉。

我爹替我抹掉泪花:“阿囡,要以献身舞蹈艺术为义不容辞的大任呀!孟子曰:天将降大任于斯人也,必先苦其心志,劳其筋骨,饿其体肤……先苦才有甜哪!”

我点点头。

苏联专家奥丽格珊娜有句名言:“请记住,创造美的艺术是残酷的!”

两年舞校生涯,使我对这句名言有了更深刻的认识与体会。我自知已走上了一条苦大于乐、在苦中求乐的极残酷的道路。

只要上奥丽格珊娜的课，大家都战战兢兢，全力以赴，弄不好就要被大骂一顿，严重时还要被关在教室门外罚站一堂课。我是比较自觉的，还没尝到这种惩罚，但看着她骂别人，我的心也快跳出来了。一条腿抬90度，控制两个8拍到极限了，可有时依莲娜让我们加倍控制到8个8拍，已超乎人的极限。眼看腿从90度逐渐降到45度，一个女同学忍不住哭了，奥丽格珊娜一点也不怜悯，反说“再哭我拿个水桶来接”，这一叫，吓得女同学不敢哭，大家也坚持到底。

奥丽格珊娜走到我面前，看我没有一点怕苦怕累的样子，就当众高兴地大声说：“赵契卡（亲爱的赵），将来一定是中国的舞蹈家！”

她接着又讲：“乌兰诺娃就是这么练出来的，不吃苦怎么能当主角？怎么能当出众的舞蹈家？”

果然我看乌兰诺娃的传记中也这么说：她一接近把杆就想哭，可想当主角，必须比别人刻苦！别人去玩，她还要坚持练下去，练得比别人多。我懂得了，为了做中国的舞蹈家，必须有强烈的事业心，惊人的毅力，超人的苦练精神才行。何况我的条件并不好，软度中等，不够开，腿不够长，我不努力练怎么行啊！所以每堂芭蕾课下来，我几乎瘫成烂泥，衣服整个汗淋淋地粘在身上，恍恍惚惚一瘸一拐地不知道怎么回的宿舍。

苏联专家不仅教我们懂得刻苦，还教我们养成良好的生活习惯。一天，专家把我当众拉出，让同学们参观我练舞服扣子掉了不缝，只用别针别住的“邋遢样”。用这种强刺激自尊心的方法，让我记取一辈子，当时真是无地自容。

自幼阿婆带大，洗衣服洗脚全由阿婆动手。大了跟爹爹过，这一切也由雪珍娘娘全包了。来北京只有洗澡时才换内衣，练功服破了自己不会缝,纽扣掉了自己不会补上,还是那么邋遢。这回可逃不出专家的眼了。为了不再出丑,这下子发了狠心,才真彻底改了坏毛病。现在想想当时的狼狈样够可笑的,我的老同学见了面还时时拿此事开玩笑!

"邋遢样"也是有家传的。我爹自从没老婆回上海后,日子过得十分邋遢。帽子衣服到处扔,臭袜臭鞋更不用说,都是由奶奶帮助整理。他住的亭子间总是乱糟糟,无处立,无处坐的。后来我爹娶了宗英妈妈,也没见好多少。

我爹每次到北京,有意识地带我拜访戏曲界和话剧界的老前辈:田汉、欧阳予倩、阳翰笙、夏衍、曹禺、梅兰芳、裘盛戎等。还把我托给吴祖光、新凤霞夫妇,请他俩平时在北京多多照应我。

吴祖光、新凤霞当时家住王府井帅府园一个四合院内。我爹介绍说,吴先生从小以"神童"之誉闻名,在重庆时就创作了《风雪夜归人》等著名话剧,新中国成立后又导演了电影《梅兰芳舞台艺术》(上、下集)和程砚秋的《荒山泪》,话剧、戏曲造诣都很深。

新凤霞的评剧《刘巧儿》当时刚拍成电影,人人爱看,她在表演艺术方面也可以指导我。

后来我爹专门在王府井萃华楼二层设宴,让我正式认他俩为干爹、干妈。

在一个夏天的星期日,我爹和宗英妈妈带着我到吴先生府上去做客,我向他们请教艺术上的问题。正谈笑间,新凤霞的小儿子欢欢,看见我爹衣服背后有一个破洞,觉得好玩,就淘气地用小手指头去抠,看着一抠豁开了大口子直乐。新凤霞不好意思,连连道歉。

我爹开玩笑说:"这算什么!怪我自己!经常穿得邋里邋遢的,大庭广众丢人现眼。虽有老婆,却像个光棍,衣服破了没人补……”

谁料宗英妈妈经不住这玩笑,当了真,当场跟我爹吵了几句。大家也没了兴致,不欢而散。

爹背地里对我诉苦:“宗英变了,经常出门一走就是一两个月,去忙自己的事业,这哪里还像个家呀?当初说得好好的,结果呢……”

我一笑:“爹地,你有意见当面跟她本人去提。”

“跟她提?她总说她有她自己的事业,我还能提什么……”

我打趣地说:“没想到爹地现在怕起老婆来啦!”

爹沉默了一会儿。良久,只长叹一声:“唉,命苦哇!献身艺术就不能妄想完美的家。阿囡,爹地只盼望你的命好,将来千万别像我这样不幸!”

二十六 乃父之风

1955年苏联丹钦柯音乐剧院前来中国演出《天鹅湖》。导演布尔梅斯基对《天鹅湖》这部经典之作做了重新解释,使人物和剧情更合理化,更扣人心弦。三十多岁的包夫特运用娴熟的舞技将奥杰塔表演得十分精彩,其中舞剧第三幕改动最大,把原宫廷各种纯风格代表性舞加上了内容,赋予其新的生命,排成山鹰化装成卖艺人带戏班子来诱惑王子。每段舞中穿插黑天鹅形象,使王子错觉是奥杰塔形象忽隐忽现,突出了王子所以上当的原因,使整个舞蹈有机地贯串在剧情中。

其中的西班牙舞尤为成功。原来大剧院表演是二男二女,二女手持小扇,只算一般西班牙民间舞。这回改成四男一女,节奏速度加快，四男拿西班牙斗牛的红斗篷，西班牙女郎全是诱惑舞，中间还穿插黑天鹅出现。由于布尔梅斯基夫人克鲁萍妮娜疯狂、性感式西班牙女郎的诱惑表演，使这段舞达到了高潮。观众为此掌声雷动。我在观众席上为她成功的表演而倾倒，没想到不久我也登台表演了这段西班牙舞。

为了表示中苏人民的友谊，苏联导演布尔梅斯基建议由北京舞蹈学校教师和高班生担任第三幕意大利舞、马祖卡舞、匈牙利舞和西班牙舞的表演。于是就在全校兴师动众地挑选演员。

本来与我们这班学生无关，突然来人说奥丽格珊娜要我马上到四楼教室去。我也不知什么事，来到教室看到布尔梅斯基、克鲁萍妮娜，还有奥丽格珊娜正在挑选西班牙舞的女主角。说已经选过四人，都不满意，现在我是第五个，让我来试试。我生性不怯场，克鲁萍妮娜教我跳了几个西班牙舞的动作，我不仅学会了动作，而且还模仿她的眼睛与神态，尤其是背着身向后走时得意的摇头动作。把这几位专家高兴坏了，说我活脱是一个克鲁萍妮娜的再现，决定让我来跳这“西班牙女郎”。四个男伴舞演员也就由我们班男同学来担任。

本来以为是个表现的好机会，谁知为跳这个舞真是吃够了苦头。那时舞校已迁到陶然亭，学习生活条件都非常好。我们是在顶上四楼大教室排练，而宿舍却在一楼。每天排练结束，几乎都走不动路了，更别说第二天上楼去上课了。这种排练方法真不是正常人所能忍受的。总共 1 分 50 秒的小舞蹈，大跳、旋转、迈步，全是神速满天飞，这要多大的体力。而且排练中每个动作必须规范准确到家，稍有一个动作不到家，就得停下重来，直到做准确为止。

苏联导演布尔梅斯基指导赵青跳西班牙舞。她是第五个选来试舞的，却被选中。

有一回，我一个猫跳下来把脚扭了，一个大包立即肿起来。可专家不准停，让我站起来再跳。我咬牙忍痛坚持到排练完。我的圈转得不够快，专家一旁吼着："再来！""以肖拉斯！""再来！"大声叫："台上 1 个圈，台下要转 100 个圈。"一天好几门课，下了课再排练，练得我直吐白沫，后来一听说排练我都吓得直哆嗦！一天躺在床上想"我还不如死了!”这种苦和罪我实在吃不消了,还产生过自杀的念头,可又下不了决心。这样天天排练,终于熬过了这一关。一到演出就好多了。正式演出时白天排练不这么严,晚上只跳一遍,一下轻松了许多。

由于我深记这是表演剧中人物,我就根据爹爹教我的表演体会与方法,不仅追求外表像克鲁萍妮娜,更求找到角色的人物内心。

什么是“西班牙女郎”呢?过去电影中有吉卜赛女郎的形象,我还读过普希金长诗《茨岗》、梅里美小说《卡门》,可从中找到她们的影子。流浪生涯,放荡不羁,火辣爱情,变幻莫测。排练时专家总叫我“要像野猫一样,走路像野猫步”。渐渐我找到了感觉:两眼是火辣辣的,秋波从眼角飘出,美貌诱惑,警觉自傲。

我表演时又想到我爹说:“带戏上场,带戏下场。”剧中规定情境是山鹰带着大家去诱惑王子,我就带着诱惑王子的任务上场,最终又让王子得不到。每段动作我都找到准确潜台词,因此在台上很快把自己变成“野猫式”的“西班牙女郎”,用我纯熟的技巧、动作、眼神、内心,充分展现她的性格与心理,塑造了一个生动又有魅力的西班牙女郎形象,我的表演获得极大成功。

苏联专家看到了我表演的天才,另一位专家查普林特为我编排现代剧情的小舞蹈《滑冰舞》。描述一个十二三岁小姑娘根本不会滑冰,在滑冰场上遇到一位滑得极好的男孩邀请她滑冰。她由于强烈的自尊心,却答应这小男孩的邀请,硬着头皮下滑冰场,结果在冰上洋相百出。最后,这小男孩终于明白小姑娘在骗他,于是把她一人丢在冰上,女孩不得不自讨苦吃狼狈地爬出冰场。这是对不老实人进行讽刺的喜剧小品。

这个舞,动作并不难,但我却把小姑娘又想滑冰,又怕滑冰,自尊心又强又不说真话，而引出的洋相百出的丑态，惟妙惟肖地表现出来。与西班牙女郎是截然不同的两个人物。生活里我根本不会滑冰，因为专家不让滑，说容易把脚脖练粗了。但为演好这节目，我跑到陶然亭公园溜冰场观察滑冰，并想象在冰上滑的感觉。每个动作、每个细节我都力求找到小姑娘此时此地可能产生的内心活动。这样，一个不老实又淘气的小姑娘，生动地展现在观众面前。

我们学满一年后，在小经厂举办舞校的第一次实习演出。我前半场表演《滑冰舞》，后半场表演《西班牙舞》。整台晚会唯独我表演的两个节目"昂柯"(再来一遍)，台下的观众被震动了。从此舞蹈界出了个"小明星"。

周恩来总理亲自来看我们演出。他非常高兴，舞校只办了一年，却取得了这么大的成绩。听说郭老也来了，看完我表演，在台下激动地喊"好啊，乃父之风"！声如洪钟，如雷贯耳。在场的所有人都听到了他激动高昂的声音，但我当时不大懂他究竟是什么意思。

没几天，我们正式与苏联丹钦柯音乐剧院联合演出《天鹅湖》，地点在天桥剧场。这天刘少奇主席、周恩来总理和各国大使都在观众席观看。我们北京舞校师生早已化好妆在后台等候上第三幕，我也一样在天桥剧场后台排练厅活动和酝酿情绪。第三幕一开始，我即进入角色，我已不是赵青，而是"西班牙女郎"，带着任务去诱惑王子。火辣辣的眼神，诱惑的抿嘴笑，野猫式的动作，狂热的内心，这段舞结束时博得观众一片热烈的掌声。

全剧结束时，刘少奇主席、周恩来总理上台和我们一一握手，表示祝贺。丹钦柯音乐剧院演员高兴地把我们抱起来。

又一天，演出结束后，大家被告知不要走，周恩来总理要接见北京舞蹈学校演出的全体师生。大家马上到天桥剧场练功厅排好座位等候，因为我是学生，坐在较后的地方。

周总理神采奕奕地步入大厅，接见大家。为舞校刚成立一年就培养出人才，做出这么大成就而高兴。他炯炯的目光四处顾盼，特地问："赵青呢？赵青呢？赵青在哪儿？"

突然听到周恩来总理连连叫我的名字，我都愣住了，怯生生地从后排站了起来。周总理大声而亲切地说："哦，你就是赵青！——赵丹的女儿吧？你跳得很好嘛，为祖国争了光！"我傻乎乎的，竟然一句话也不会回答，就这么原地坐下去了。

回到宿舍，我给爹写了封信，报告了以上这些情况。并问："郭老说的'乃父之风'，是什么意思？"

后来我爹得意洋洋地解释："乃父之风，即是'赵氏风格'——赵氏之体系也！"

二十七 一门歌舞，两代丹青

1955 年暑假，我们班五男五女被选中，代表中国青年去参加华沙第五届世界青年联欢节。为参加这活动，贾作光老师特为我们编排了蒙古族民间舞《鄂尔多斯》。这舞又通俗又轻快，但掌握好风格却不容易。在盛暑的日子里，每日动肩动腕，颠半脚尖迈步地反复练习。由蒙古族同学斯琴塔日哈和回族同学梁惠敏领舞。斯琴是个蒙古族大美人，舞起来如同让你喝了美酒一般醺醺欲醉。我特别喜欢她，她也像老大姐似的关心我。梁惠敏是我《滑冰舞》的小舞伴，后来他成了领导人赛福鼎的小连襟。赛福鼎爱人的妹妹看上了这漂亮的小伙子，小梁“嫁”到了新疆，随赛福鼎政治生涯起伏，一生也够坎坷。

1953年我曾去朝鲜，那里还是一片废墟。若说真正像样的出国还数这一回。

这时我可真兴奋啊！坐火车七天七夜才到莫斯科。出了满洲里，路过苏联国境后，每一站都停一下。站台上站满了苏联年轻人，他们手捧鲜花和美味食品袋，欢迎我们这些去参加联欢节的代表们。

每站我们都下来与他们热情一番，语言不通就用手势比划。一旁站的苏联老百姓对我们女同学的脚特别感兴趣。后来我们才明白，他们还以为我们中国女人都是小脚。还特别看我们男同学的头发，是否留有满清时的长辫子。全是来自过去对我们中国“东亚病夫”反面宣传的印象。而我们这些中国年轻小伙子与姑娘成了辟谣的最好见证。他们看见我们之后，赞不绝口：“克拉西瓦（美丽）！”一路欢快，一路歌声，我们到达了莫斯科。

当时国人宣传“一切向苏联老大哥看齐”，列宁、斯大林是当代偶像。因此我也怀着这种崇敬的心情走在红场上，瞻仰列宁墓，参观克里姆林宫，吃莫斯科冰激凌。我先后四次来过莫斯科，总念念不忘在莫斯科大街上买雪白的冰激凌吃。

这样玩了一两天，又上火车前往波兰华沙——美丽的城市。华沙美人鱼、肖邦的故乡是世界闻名的。由于联欢节，我们日程安排得十分紧张，旅行、演出、友好联欢，根本来不及逛大街，真正玩华沙还是1961年再来时才玩的。

赵青先后四次去过莫斯科，总怀着宗教般的心情走在红场上。这是她与刘凤在莫斯科红场上。

正式比赛是在一个晚上，露天剧场，我们十人兴致勃勃在台上跳得很精彩，荣获了金质奖，为祖国和学校争得了荣誉。联欢节闭幕那一天，世界各国青年聚集在华沙一个大广场联欢，学跳东欧各种民间舞。当时国外就有空中大转盘，女同学中只有我一人敢上高空与男同学一起玩大转盘，加上焰火、歌声，饱尝青年狂欢节的气氛。

很快我们满载荣誉归国，又开始第二年紧张的学习劳动。

在舞校入学一年，做出这么多成绩，自我感觉良好。有一种将来我肯定就是中国的乌兰诺娃的自信心。口气也开始大了，在班上说“当演员只能当包夫特，不能做克鲁萍妮娜”，即只能当主角不能当配角。一传十，十传百，教师和同学认为我骄傲了，连教西班牙舞的教师也看不上了。

在全校师生员工大会上，校长陈锦清(她是延安来的，最早是延安时期的舞蹈家，原是戏剧家张庚的爱人，后又改嫁北影导演干学卫)不指名地批评我。这之后全校师生都对我有另眼看法，开始冷淡我。无论怎么努力我每堂业务课平时一律打3分。这种强大精神压力足足给我一闷棍，叫我记取一辈子。

从那以后，我再也不敢骄傲，果然变成另一个人。从灵魂深处认识到在舞台上成就不是一人所得，而是集体劳动。没有服装师、灯光、舞美，就不可能有完美的演出。还有导演、乐队、舞伴，及所有教过我的老师，一样也离不开。就连生活中后勤服务的行政人员，包括做饭的大师傅、扫地的清洁工、看门的……都应尊重。

后来我逐渐变成大家愿意合作的人，说我谦虚、谨慎、随和、有人缘。终于在夏天毕业考试时，我得了全5分。这样的成绩全班只有两名，另一名是杰出音乐家张曙的女儿汪曙云。毕业后，我又被分配回中央歌舞团任基本演员。

我把这些情况都告诉了我爹，我爹也狠狠地教训了我一顿。他说他的群众关系最好，厂里越低层工人越跟他好。因为我爹没大演员架子，十分尊敬他人，他们之间经常逗笑，无话不谈。这是一种美德。他看不惯有些人一当官就把过去的朴实劲全丢了，摆起官架子。他瞧不起这种人，我也有些同感。

在毕业晚会上我表演两个舞蹈，一个是芭蕾舞，一个是中国小舞剧。芭蕾舞跳的是《睡美人》中花园里的《花环舞》，我与大班同学李松涛领舞，手拿花环身着浅蓝色纱裙，后面跟着一大帮一二年级的小学生，穿着脚尖鞋，踏着华尔兹优美音乐翩翩起舞，十分轻松优美。

另一个是中国的小舞剧《白毛女》中的《出走》，由编导班王世琦编导。我演喜儿，黄世仁由李承祥扮演，穆仁智由刘德康扮演。情节是喜儿出走，黄世仁、穆仁智打着灯笼在后追赶。后来喜儿丢下一只红鞋，这两人误以为喜儿坠山而死，也就罢手回府。从此喜儿逃出了虎口。这也是一段用感情刻画人物的表演。我翻阅歌剧《白毛女》剧本，又看田华演的《白毛女》电影，找到内心根据，完全投入了角色。这次表演展示了新中国第一代舞蹈工作者创作与表演的实力。

我把第一次演中国民族小舞剧的情况告诉我爹，我爹说："阿囡，你是中国女孩儿，跳舞必须跳出中国的特色。你又是你自己，就必须有个性，而且要善于扬长补短才好。"

我说："是啊！从10岁算起，我练芭蕾前后已经8年多，苦练基本功过了关。我跳《天鹅湖》中的《西班牙舞》以及《滑冰舞》、《睡美人》中的《花环舞》都博得好评。毕业后，本来专家要我留校主演芭蕾舞剧《无益的谨慎》（据莎士比亚名剧改编），但是我心里明白自己条件不够，胯不开，腿又短二厘米，先天不足。想起来真烦恼透了……"

我爹笑着说："但是中国古典舞、民间舞讲究'收腿'，练踢腿时要求用脚尖够嘴唇，反倒需要脚短一些，忌讳长腿呢。这样，你的腿正是恰到好处，跳起中国民族舞来反而占了优势啦！"

舞校毕业考试，有的同学芭蕾得5分，中国民间舞只有3分。芭蕾要求开、绷、直，中国民间舞要求收、勾、含。基本要求相反，不易两全的。

我爹做了一个最重要的建议："阿囡，如果你今后专门跳芭蕾舞，恐怕很难超过外国人；但是如果你今后努力发展中国民间舞，特别是民族舞剧的话,你的长处就大有用武之地了!"

我眼前一亮:"爹地,你说的正合我意!"

"阿囡不仅腿长恰到好处,而且尤其善于表演,善于体验人物的感情,表现人物的性格。有些舞蹈演员偏于形体动作的技巧,缺乏表情、眼神,缺乏戏剧性的感染力。而这些却是你的专长,依我看来,这方面谁都比不上你!所以你应该立志开拓中国民族舞剧的新方向……"

我想起当年欧阳予倩院长为中央戏剧学院舞蹈团订立的指导思想"一手伸向古典,一手伸向西洋",也就是中西结合,洋为中用。这一思想已渗入我们的灵魂。从少年时代起,培养我们不仅接受芭蕾的严格训练,而且要继承传统戏曲的精华。我决不能辜负教师们的教导和爹爹的殷切期望!要用充分的大好条件,献身于开创中国民族舞剧的艰巨事业。我心里一下子豁然开朗了。

后来吴作人先生特为我们父女俩写了一副对联:"一门歌舞,两代丹青。"

二十八 "青,出于丹而胜于丹"

1956年我随中国艺术团前往还未建交的拉丁美洲四国智利、阿根廷、巴西、乌拉圭访问演出,由楚图南任团长,赵沨任副团长。歌舞由中央歌舞团担任;京剧由中国京剧院担任,他们出动名角李少春、袁世海、张云溪、张春华、杜近芳、云燕铭等,阵容可谓强大。

我参加表演《红绸舞》、《荷花舞》群舞、《采茶扑蝶》中女扮男装的小蝴蝶等。原来这些节目都与我无关,歌舞团领导表示对我重用让我出国。此外南美说西班牙语，联欢时可让我表演《西班牙舞》。

出国前在人民剧场审查，周恩来总理上台看望大家，周总理问赵沨："带赵青出去干什么？"赵沨忙解释："南美人说西班牙语，某些场合赵青可以跳《西班牙舞》。"

总理不说话了，他走到我身边："赵青，我们为什么不能跳《白毛女》呢？"

我说："行啊！毕业晚会我就演了新编舞剧《白毛女》的片段《出走》。"

总理说："那我没看到。你看了松山树子演的日本芭蕾舞剧《白毛女》了吗？"

我点点头，总理又接着说："人家日本人都演我们的《白毛女》，为什么我们中国人不去演呢？"

总理鼓励我："赵青，我们中国人一定要创造出有自己民族特色的大型舞剧！要洋为中用，以我为主，把民族舞蹈跟芭蕾舞有机结合起来，而且一定要搞得比别人更好！"

总理这番话对我刺激很大，我一直久久思考这个问题，中国人应该演中国自己的舞剧。

秋高气爽，全团几十人乘国际航班向南美出发。第一站仍到莫斯科，停一下又飞往中立国瑞士的伯尔尼，又登机路经非洲，跨飞在大西洋的上空。

我们与楚图南团长同乘一飞机。突然机翼上的四个引擎坏了两个，这消息机长通过翻译转到大家耳内，空气顿时十分紧张。年纪较大的楚团长却十分镇静，告慰大家：两个引擎也可飞到目的地。

这样紧张地熬了几个小时，终于到达了我们的第一站智利。从飞机上往下看，智利是一长条。飞机场有当地友好人士前来欢迎。我见到了又高又大的诗人聂鲁达，我读过他的诗，十分崇敬他，他对我们也十分热情。

在圣地亚哥最高级宾馆下榻。高大的棕榈树，南洋热带气候，人长的黑头发、黑眼睛，也像天气一般的热情，真是很美！

由于没建交，纪律严谨，总是集体行动，集体参观游览，集体出入剧场。

伙食全吃当地西餐。京剧演员不习惯，只想吃面条，总是叫"昂柯"，使旅馆招待员十分惊讶，想不到中国人肚子真大，一个人能吃好几份面条。而我怕胖不吃主食和肉，只等第一道沙拉和最后的奶油蛋糕和冰激凌。岂不知最后两道是最使人发胖的。我总和唱花脸的王全奎及唱老生的沈金波(后来他演样板戏《智取威虎山》中的少剑波)三人一桌。我把面条和肉给他俩，他俩把蛋糕与冰激凌给我。这样等于我吃三份，根本谈不上减肥，而是解馋。

这阶段我学到不少中国传统的表演艺术。每天演出前，我早早到剧场练功，一边练一边看张春华先生给青年演员说《小放牛》的戏。台上演出时，我一有空就站台边，看张云溪、张春华的《三岔口》，云燕铭的《拾玉镯》，李少春的《大闹天宫》，杜近芳的《秋江》和《霸王别姬》等，真是受益不浅。

第二站是阿根廷的布宜诺斯艾利斯，我最喜欢这个城市。

我们住在海边一幢白色楼房。演出是在阿根廷大剧院，听说只有世界级最高水平的艺术团才有资格在这剧院演出。这剧院之豪华、富丽堂皇可与莫斯科大剧院媲美。

一天中国艺术团女演员身穿长旗袍，男演员身着深色西装，扎领带，十分严肃地进入剧场观看该剧院芭蕾舞团演出芭蕾舞剧。剧情是极一般的神话题材，而演员的精湛技巧十分惊人，扮演“白马”的男演员，以一条腿为重心，一转圈就是十几个。

刘德康、刘庆棠二人在开演前拉着“白马”学习转圈基本功。我不同，一心只想学习京剧的表演与基本功。

清晨大家还没起床，我就来到旅馆过道练功。经常遇到李少春先生，他也爱练早功，压着腿山南海北地闲聊，他启发我：“为什么不搞中国自己的舞剧？中国的古代故事多极了，什么《封神榜》、《西游记》，中国京剧折子戏也可改编成舞剧，如《双射雁》、《秋江》等，丰富极了。如果一味跟外国人学，再跳也是《天鹅湖》、《吉赛尔》，怎么跳也跳不过人家应该找到自己的路……”

他的话、爹爹的话、周总理出国前的教诲，都让我冷静下来，慎重思考：今后走哪条路？

赵青与恋人刘德康随中国艺术团到拉美四国访问，这是他俩在访问中。

我、徐杰、刘德康、刘庆棠四人正好是一个小小组，闲暇时经常在一起探讨。刘庆棠立志搞芭蕾，回国后进舞校进修，由戴爱莲老师选入中央芭蕾舞团；徐杰比较实际，仍留中央歌舞团。

我立志从事中国民族舞剧，回国后坚决要求调往正在试验搞中国舞剧的中央实验歌剧院舞剧团。而刘德康本来是搞芭蕾的材料，因为正追求我也就随我而去。

回国后果然四人分道扬镳。这对我们四人来说是人生选择十分关键的时刻，从此各人走上各自不同的人生道路。

在阿根廷艺术团每人发了些生活费，我就用这些钱为我爹买了一件很漂亮的咖啡色真皮背心，压在箱底下，一路随我旅行，只待回国后将这份心爱的礼物双手奉献给我爹。

第三站是巴西的圣保罗，第四站是乌拉圭。

每日除忙演出外，我还帮助团内其他人工作。副秘书长李德纯同志有统战任务，经常与当地华人交谈、交朋友。他总带我一起上街玩，一会儿珠宝店，一会儿餐馆、公司。后来他告诉我为什么总带我上街，原来他与我生母叶露茜还有杜宣是好朋友，对我有特殊的感情。当然我玩得也很开心。

演出任务结束后先回到瑞士伯尔尼，整休，做小结。我们住在一对瑞士夫妇开的 City Hotel（城市旅馆）。他们夫妇俩对中国人十分友好，凡中国代表团来伯尔尼都要住在这个小旅馆，干净整齐。前后来三次瑞士，我都住在这个旅馆内，和这对夫妇也熟悉了。只要一到餐厅，他们总给我“昂柯”一份三色冰激凌。

中国艺术团在拉美的演出结束后，到瑞士做小结。这是赵青在瑞士日内瓦联合国大厦前。

这时艺术团发了余下的全部生活费，必须在伯尔尼全部花掉，因此有机会在伯尔尼大街到处逛逛。

这是一个小巧玲珑的城市，四处是积木式的红顶白墙小洋房，被玫瑰花包围着，很像我少年时读的童话书中的城市。街道狭窄，老伯尔尼都是石头铺的路，小楼一幢挨一幢，每幢楼外都挂有一面大钟。在老城中间有一个喷水池，中间立着一个铜制光屁股的小男孩，从他“小鸡鸡”中不断喷出水来，引得过往游人无不开怀大笑。听说这就是伯尔尼城市的标志。

瑞士钟表全世界有名，到处是挂着招牌的钟表店，我给苗子弟弟和我各买了一块精致手表。其他就随意买了些毛衣、毛线、衣服、靴子。

在瑞士总结完毕，先乘飞机前往莫斯科。一架飞机坐不下，剩下十位同志乘坐另一架。

第一架飞机平安抵达莫斯科，正在等待第二架飞机到来时，却传来了噩耗。第二架飞机在伯尔尼机场起飞不久，突然爆炸，机组与乘客无一生还，其中就有我的好友李德纯同志和给京剧演员贴片的王师傅，好不让大家伤心。

我们在驻苏中国使馆举行了追悼会，经国内批准，命名他们十位为“烈士”。欢快而去，悲痛而归。回到北京为他们举行更大型的追悼会，死难烈士家属悲痛欲绝，这场景无法忍心目睹。这次教训使大家明白一点：做中外文化交流的使节，同样也面临生死关头的考验。

回国后，我把藏在箱子底阿根廷买的皮背心送给爹爹，我爹高兴极了，特别喜爱它，经常在重要场合穿着，就是在“文化大革命”入狱的五年也一直穿着。出狱后，我去上海看我爹，他还穿着这件皮背心！只是毛线边脱线了，让雪珍娘娘用咖啡色布给补了起来，我当时心中真不知是什么滋味。后来我爹病重住院必须换衣时，他都舍不得脱。

当时我爹羡慕地说：“阿囡比爹地神气，运气好得叫人嫉妒！刚刚18岁，比我到过的国家还要多！果然是青出于丹而胜于丹，一代胜一代嘛！”

二十九 失败与成功

《武训传》大批判后，我爹一连五年没拍电影，1955年终于又开始能重上银幕。我爹自己讲，这两年拍了一部失败的片子《为了和平》，又拍了一部成功的片子《李时珍》。

我爹自己承认，在《武训传》全国性的大批判后，他头脑同样受极“左”思潮影响，形成了几个错误的概念：一是“艺术必须为政治服务”；二是“只能歌颂无产阶级英雄人物”，而且不能有缺点，否则是立场原则错误，而对于其他阶级只能批判；三是“各种思想无不打上阶级的烙印”，一招一式，一举一动，一言一笑都要有阶级的内容。

因此他后来总结他表演经验时写道：坦率地说，我从那时起，已经开始在精神上捆起了绳绳索索，在观念上开始划上了条条、道道，而在形体上就已经“吞”起“棍儿”来，自己堵塞了自己的思路。

《为了和平》中赵丹的严肃认真，让观众不忍说声不好。这是他与白杨在该剧中的剧照。

他自嘲自己在《为了和平》中塑造江浩教授的表演公式化、概念化：有一场戏，在东华大学的校务会议上，帝国主义分子校长及走狗，斥责江浩不该纵容自己儿子参加学生运动，并亮出了特务所拍的他儿子的照片，江浩当即站起坚决豪迈地说：“我骄傲有这样的儿子！”

这场戏，他对着镜子练了很久，很感动。拍片时，自我感觉良好。但一看样片，出乎意外！画面上，他朝天斜仰着脸，脸形是扁的，还尽翻白眼，简直一副滑稽相。

后来才知导演为了突出角色高昂情绪，运用了仰拍角度，镜头地位也略偏侧。一个好演员，这时就应有相应的镜头感和度数感，而不应该加码造成过火的表演。

我爹说他头脑中当时也有跟一些人相同的错误理解，以为演英雄，必须昂首做崇高招贴画式的造型。其实生活里英雄不会自觉其是英雄，他只是在坚持一种思想，做一件事的时候，觉得他做得对罢了。“英雄”是他人给加的冕，因此演英雄不是表演“拔高、夸大”，而是要将其还原为有血有肉的普通人。这样才能真实，才能感人。

我爹说，就连令我敬佩的导演艺术家黄佐临，也受了当时思潮影响，变得机械、僵化，文思不畅。按苏联一套做法把电影像话剧一样排练下来，造成话剧化影片，束缚住所有创作人员再创作的有机天性，而打不开电影形象化的想象翅膀。

《为了和平》的唯一优点是，让观众不忍说声不好，只叹道：“你看赵丹多严肃！多认真啊！”另外我爹塑造的教授造型还是可以的，为后来他想扮演《闻一多》打了个基础。

稍后，我爹拍了一部很得意的片子《李时珍》。他们在总结《为了和平》公式化概念化失败的教训，及总结话剧《屈原》的经验后，减去了程式化表演而使古典戏进入生活化、个性化。我爹自认为是刻画了一个对祖国医学有重大贡献有血有肉的《李时珍》，一个真正电影化的历史形象。

我爹在给我讲述这部影片时总滔滔不绝，开始我接过剧本时，还想推掉。因为本子写得干巴巴的，只是素材的剪辑和堆砌。还是沈浮建议:“没戏正好找戏,英雄就有用武之地了。”规定两人分头去想戏,一星期后见。一星期后我简直没想出什么戏,还是沈浮有两下,他说“三人行必有我师”,三个人物李时珍、卖草药的再加一个徒弟不就有戏了吗?果真如此。

有一场戏,三人行在山道中,李时珍骑在驴背上看书,徒弟(由康泰扮演)牵驴走,卖草药的(由钱千里扮演)走在最前。此时天边彩霞垂挂,洒下五色缤纷的光影,照耀得大地越发有生气。卖草药的兴致很高拉开嗓门唱着山歌,徒弟一听搭腔说:“师叔呀!你别唱啊,一会儿又把好天唱坏了。”

《李时珍》中有一场戏有趣味,又有诗情画意,真正有戏。

这时紧接下一镜头，三人都淋在雨中，李时珍开玩笑说："叫你别唱别唱，你看，这不是唱出来的！"其中又有诗情画意，又有趣味，又表明三人关系，这才叫戏！

我爹对片中以纤夫拉船的镜头作为全剧贯串线十分赞赏："这也是沈浮出的点子，戏里有场戏，李时珍父亲（由舒适扮演）带李时珍赶考，未中，在回蕲州舟中，看到岸上纤夫艰难行进的身影，以此来预示李时珍一生艰难道路，而李时珍也由此得到启示与力量。要像逆水行舟的纤夫拉船一样，克服困难，奋勇前进。戏最后当老年李时珍又遇困难时又再现这些镜头，回忆使之成为全剧贯串线，从而更深地展现了全剧的主题。这是多么绝妙之笔啊！"

"老沈还有高招，也是对我这演员的考验。有一场戏，李时珍在村里给村妇看病，这村妇是你舒绣文阿姨演的！"

"我看出来了。"

我爹笑笑又接着说："李时珍一夜没睡，天亮了打开窗子，阳光进屋，李时珍伸手去烤阳光，这镜头多精彩啊！我当时马上想到小时候在南通得瘫痪症，你奶奶把我抱在大厅前走廊坐藤椅晒太阳时的感觉。天空多变的云彩，让我编织丰富的故事与想象。这种太阳温暖人的感觉又再现在银幕上，美极了。一方面说明李时珍的品德，为民看病一夜不眠，一方面又展现李时珍对生命的热爱与追求。这种感情我全是自然流露出来的。这个镜头窜哦？"

我说"窜咯！"

我爹又接着说："下面更是考演员。一方面包乡绅不断派人叫李时珍去他家看病人；一方面李时珍却坚持把村妇病看完，诊脉，开药方，到药铺抓药,两种节奏同时进行着。表面镇静、温和,内里却很紧张,戏表和戏里的色彩相反。这无处不是对演员演技的磨炼,我却又感到自己功力之不足。

“还有一场戏也十分生活化。老年李时珍躺在床上睡不着,把老伴半夜推醒问为什么南京书坊的刻书没有音讯,老伴相继也东西南北瞎猜。这正是你爹和沈浮的毛病。你爹有嘀咕病,只要一有心思就睡不着,总把你妈半夜推醒。而沈浮也这样,他老伴更爱瞎想,东西南北地推想。把两家习惯加在一起,不就成了既生活又合理的一场戏了吗?”边说边擦眼泪哈哈大笑。

我爹又自夸:“这戏好在摆脱程式化表演。我们先从服装着手,习惯去穿粗布大袖长袍吃饭,坐立行走,使之生活化。而且戏开拍不久就拍外景,黄山、天目山、富春江……美丽的大自然,质朴的环境,质朴的气氛,使我充分获得角色自我,而忘掉了历史剧的概念。由外至内,又由内至外获得具体历史形象。”

我爹总结说:“既以生活为依据,又以历史的具体为依据,二者是可以统一起来的。”

我插嘴说:“我特别喜欢你那场发现蔓陀花并躺在蔓陀花丛中的镜头,多美啊! 以前只看《红楼梦》中有史湘云醉卧芍药,或什么少女躺在花丛中,哪见过一个老头躺在花丛中? 不过用在这里确实很自然很美!”

我爹说:“对啊! 阿囡说对了,这正是我借用来的,是大自然本身给予我的灵感。这样更突出了李时珍终于获得比生命还贵重的药草以后的愉快心情啊!”

赵丹扮演的老年李时珍。赵青曾问他演老年李时珍有什么体会。

我爹又夸奖他的化妆师王铁彬，说他是全国第一次在脸上化表皮的电影化妆师。后来我《宝莲灯》的妆也是他化的。用棉花、洋干漆、加泡力士等，提前四小时化妆，卸装还要两小时。我爹化了妆以后只能吃流食，就是面条也要一根一根吃，真是吃够了苦头。但是他特别感谢这位富有创造力的化妆师，使李时珍从年轻到老的几个阶段都有成功的外形。我爹特别爱拿出李时珍各时期化妆造型照片，展示在报刊和著作上。

我问："爹地，你演老年李时珍有什么体会?"

我爹说："首先是外形变化。人老了什么都迟钝了，腰也弯了，背也弓了，眼也花了。你看你奶奶老时牙一掉嘴也瘪了，我也学你奶奶的样子，嘴也瘪了起来。其实最重要的是内心。老年人都像老小孩，爱发脾气，爱疑心，变化无常，孩童心理。爹爹演起来很像老头吧!"

"是啊！所以我才问你。"

我爹哈哈大笑。

这么多年终于拍了一部得意之作，真不辜负我爹对电影艺术的一片赤诚之心啊！

三十 丰泽园拜师

1957年初，我从拉丁美洲演出归来，立下了开拓中国民族舞剧新事业的雄心壮志，就申请从中央歌舞团转到中国实验歌剧院舞剧团（两单位都在地安门后海大翔凤胡同20号）。

舞剧团人员主要是金紫光在北京人艺挑选的一批年轻舞蹈演员，大多以学昆曲起家，接受古典传统教育，并开始尝试中国民族舞剧的创作。

我刚到团时他们已立起了三个小型舞剧：一是《碧莲池畔》，为牛郎织女下凡洗澡一场戏，由游惠海编导；二是《盗仙草》，《白蛇传》中一折，由王萍、郑宝云编导；三是《刘海戏金蟾》，由王萍、傅兆先编导。来团后我并没亲眼看过演出，但听老同志们说："这三部小舞剧是舞剧团踢出的头三脚。"

当时院长是周巍峙，常务副院长是鲁肃（后转为正式院长）。他们主要是来自延安鲁艺的老革命。该团已自成风格，自有一套。在这强大的自成风格的集体中，我是外来户，各方面不适合他们的习惯与要求，甚至于有一种让人另眼看待的感觉，无形中卷入了昆曲派与舞校派之争。而舞校派是新生事物，又经过多方严格训练，必然受到上级领导的重视，往往占了优势。

我来团后，正值舞校编导班毕业生要排演毕业作品，并决定在我团实习。两位年轻编导李仲林、黄伯寿，要编排我国第一部大型民族舞剧《宝莲灯》。我被选为该剧女主角三圣母的扮演者。沉香由舞校同学刘德康扮演，其他演员由该团老演员扮演：刘彦昌由傅兆先扮演，二郎神由孙天禄扮演，哮天犬由陈华、米戎担任，大仙则由方伯年扮演。

刚来团就当主角，必然引起原有人员的非议。这种无形压力使我透不过气来。可以说面临一场决战，决定自己能否在这个团站得住脚，决定自己能否走上民族舞剧的道路。

我深知自己气质很洋，古典舞蹈修养比起一些老演员差一些。但自己生性好强，不演出个模样决不罢休。面对这些难题，如何是好？

幸好我爹与宗英妈妈到京开电影工作会议。我把一肚苦闷全都倒给我爹。我爹可真花了不少心血，花了大力气助我这一把。他和黄宗江大舅、干爹干妈吴祖光新凤霞，还有北京京剧团导演王雁一起商量。为了更好地继承和借鉴中国戏曲传统，由我爹出面请著名京剧旦角于连泉（艺名筱翠花）收我为徒。隔行拜师，这是破天荒第一回。于连泉师父在京剧界排行“连”字辈，身段功夫表演极好，有“水上漂”的美名。

选择了一个春光明媚的大好日子，在北京珠市口丰泽园饭庄举行隆重的拜师仪式。

拜师前我对此一概不知，爹只让我一定要把舞剧团的负责同志请来。我遵命当晚请来了正副团长任群、游惠海。

到了傍晚，我爹把我接到了珠市口丰泽园饭庄。一看整个丰泽园全给我爹包下了，总共十几桌。我到时，宗英妈妈、宗江大舅、王雁叔叔、干爹吴祖光、干妈新凤霞早已在场了。不一会儿，应我爹的邀请，文艺界、戏剧界两代先辈如田汉、夏衍、梅兰芳夫妇、裘盛戎、叶盛兰、赵燕侠、白杨、郑君里等都纷纷前来祝贺！最后到场的是我师父于连泉，师母及师兄于世文搀着年迈的师爷萧长华到场。好是隆重啊！

赵青的拜师会上，她与干爹吴祖光、干妈新凤霞、干弟小吴欢及爹妈在一起。

田汉老那天特别激动，他一手苍劲潇洒的毛笔字，在签名册上从头至尾地留言，这里只记下其中一段："衷心祝愿世界现代创新的潮流与中国古典传统的精华，取长补短，有机融合，开放兼收并蓄的花朵，结出中西交配的硕果……"

夏衍主持那天拜师仪式，由他代表先辈们致辞："我们老少三代欢欣鼓舞地聚集在这里，是为了培养造就新文艺事业的接班人。继承发扬中华民族的光辉遗产，今天只是一个良好的开端。我们要大力提倡：

小字辈向老前辈虚心拜师求教，老前辈与小字辈携手共同提高！将门有虎女，严师出高徒……”

我爹这一天一反幽默逗乐的常态，谦虚、严肃地站在一个不显眼的位置。没讲什么话，但我感到他的炯炯眼神已经倾诉了一片慈父之心。他爱抚的目光始终围绕着我，眼角闪动着晶莹的泪花。

按照京剧界拜师的规矩，先由我师父于连泉向坐在太师椅上的师爷萧长华叩拜，再由我向师爷萧长华叩拜，之后再向师父师娘叩拜，礼毕入席就座。我爹带着我，和师爷、师父师娘、田汉、夏衍、梅兰芳夫妇、裘盛戎、白杨阿姨坐在第一桌。

前辈们一一勉励、庆贺，然后我爹陪我举杯一桌又一桌地轮番敬酒。因为我不能喝酒，我爹全包办替我喝了。但见他容光焕发，神采飞扬，真比我还要起劲儿。最后合影留念。

顺利结束后，我爹才松了一口气："谢天谢地！功德圆满啦！"

丰泽园拜师仪式，《戏剧报》及各大报刊都做了宣传报道，影响很大，效果极佳。

这都是我爹一手操办，亲朋好友们张罗的。

拜师以后，我爹拜托干妈新凤霞好几次亲自陪伴我到于连泉老师家里学习。师父家在和平门旁一条胡同的四合院内。

师父一家很和睦，儿女满堂，师娘师兄妹对我都盛情接待。

师父也很耐心地教我。先教我练眼神，点支香，两眼随香火上下左右转圈练习，他们京剧老前辈都是这么练的。

之后教我走圆场。师父说他们当年练得很苦，在砖地上练。"夏练三伏，冬练三九"，有时冬天地上结了冰，也照样练。他们练的时候，两膝中夹张薄纸，有时头上还顶碗水，不能掉下，掉下师父就拿棍打，因此才得“水上漂”的名声。我回教室也夹纸走圆场，可没走几步纸片就掉地，可想真正功夫确实不好练。

师父还教我向前、后退、旁移的碎花帮步。我师父说当年他们还踏跷，做高难度动作，刀马旦还翻跟斗。从师父教诲中懂得了精湛的艺术要靠苦练才能取得。后来我在舞剧《宝莲灯》、《小刀会》中走圆场的步伐，确实比别的舞蹈演员要快要平，好看得多。

为了学身段，师父教我唱词、念道白，心传口授，教我京昆剧中旦角的表演。

《宝莲灯》中三圣母需要运用长绸道具。我师父先教我长纱、水袖，又特请黄艳琴老师教我舞长绸的基本动作，如八字花、筒花、内外翻花等等。这对我在《宝莲灯》中舞长绸起了很大作用。

师父新中国成立后就一直没机会演出过。他善演《坐楼杀惜》这类的戏，不适合新中国成立初期情况。这次由于拜师活动的影响，师父终于能够粉墨登场，在东安市场吉祥剧场出演。剧场爆满，我当然是主要观众之一。师父毕竟年龄大了，有些吃力，但他扮相十分好看，两个水汪汪的大眼睛，十分传神，做功表演很精彩。

我完全能理解以演艺为生涯的演员，永远不愿离开舞台的心思。我师父是如此，我自己何尝不如此，一直在台上跳到 54 岁。我爹“文革”后就是因拍不上一部电影而积郁病逝。真是可怜天下演戏人，离开艺术他们的生命也就不存在了。

后来开展大规模反“右派”运动，我师父不能再演戏了，一下又变成挨批对象。所以我也没继续去师父那里学戏。十年浩劫，我师父又再次遭批判，被迫害含愤而死。一直到“文革”后我去看师娘、师兄，才知师父悲惨的下场。一个从不参政只知演戏的艺人，也难逃这场劫难。

为了帮助我演好《宝莲灯》中三圣母，我爹又拜托吴祖光取出珍藏多年，由齐如山先生为向海外介绍京剧而写的《国剧浅释》并向我讲解。这本书对我十分有用，内有大量的绘图：梅兰芳先生表演《天女散花》的舞姿，《霸王别姬》中的剑舞，《宇宙锋》中的水袖及其他剧中对扇子、翎子、佛麈等的运用。拿着它，如获至宝，《宝莲灯》创作和以后许多古典妇女形象创作都从中受到很大启示。

我爹还拜托常书鸿、常沙娜父女向我讲解了《莫高窟佛经壁画》，特别仔细地分析研究了“飞天”的各种舞蹈姿势、神态；尤其是常沙娜十分热心，将珍藏的她父亲临摹敦煌壁画的画本借给我看。一幅幅活跃在画本上栩栩如生的飞天，丰富了我的想象力，充实着我长绸舞无穷无尽的创造力。

我爹留京期间，更抓紧我排练的间隙，亲自带我去吉祥戏院、长安戏院等处观摩京剧，我爹严肃地教训我：“京剧是国宝，不可不看，尤其你要搞中国民族舞剧，更应该多学多看。”

他带我观摩他心目中特别崇拜的几位艺术大师的演出，如梅兰芳的《贵妃醉酒》、程砚秋的《荒山泪》、裘盛戎的《姚期》、周信芳的《追韩信》等，边看边讲。

这几位大艺术家有一个共同点，就是都注重刻画人物，表现角色丰富细腻内心。通过他们的唱、念、做、打、道具等表现人物和剧情，深深感动着每一观众。

我爹地说他表演的不少地方是从这几位艺术家身上获益而来的。

他讲，梅先生不仅艺德好，戏德也好，上下左右没一个不喜欢他的。他尊重人而且十分谦虚，自比自是块海绵，吸收来自各方的营养而丰富自己，所以他能达到这么高的艺术成就。

他又说程砚秋先生，个大体胖，在台上很懂得弥补自己，总是侧身斜站，不将全部正面给观众。他唱腔尤其好听，变化委婉，表演的角色又如此深刻动情有分量。

对于裘盛戎他更赞不绝口。由于个小，嗓子并不洪亮，同样很会扬长避短。个不大穿胖袄，登高靴。嗓不亮，就着重唱腔深情，必要时集中这一嗓子，反而觉得嗓门很有特色。关键在他演戏刻画人物，非常深刻动人。

我爹谈到周信芳先生更是佩服。周先生嗓子倒呛，为了继续演戏，反而用沙哑嗓子唱出另一流派，表演功力十分雄厚。用他髯扣、步伐、衣袖、大袍把角色此时此地心情刻画得淋漓尽致，无法不令人叫绝！

父亲的心得体会对我都是最好的教诲。

可以毫不夸张地说，我爹真是把我当做他艺术上的第二生命一样，手把手地教导我。这一切，对于我——一个 19 岁的少女创造《宝莲灯》中三圣母的形象，起了巨大的作用。

后来人们常说："丰泽园拜师，乃是我国文艺史上一段洋溢着爱心的佳话。"

为了女儿能够健康顺畅地成长，为了培育中国民族舞剧的幼苗，爹爹付出了多少心血呀！叫我永生永世也报答不尽：谁言寸草心，报得三春晖。

三十一 舞剧精品《宝莲灯》

当代艺术评家指出，中国民族舞剧的历史是从《宝莲灯》正式开始的。她早就越出国境，不仅在国内外巡回公演数十年经久不衰，而且苏联、日本等国的舞蹈艺术家特地来我国学习，竞相移植。

1961 年周恩来访问苏联期间，在莫斯科国家大剧院演出的是《宝莲灯》；1977 年邓小平在美国举办招待会，放映的电影也是《宝莲灯》；1981 年"文革"后首次赴香港参加第九届香港艺术节演出的又是《宝莲灯》。她已成为一座经典的里程碑，是中国民族舞剧奠基的代表作。

为了塑造好《宝莲灯》女主角三圣母这形象，我完全是按我爹言传身教的表演方法去奋斗的。首先如饥似渴地阅读有关该剧的历史资料和古典文学作品，从而找到角色的基调。

我阅读历史上流传至今的《宝莲灯》台本，其中《二堂舍子》最多，而我们舞剧恰恰删去这场戏，为了更集中地突出三圣母与刘彦昌爱情的忠贞，我又从《白蛇传》、《天仙配》等各种台本找到了仙女下凡追求幸福爱情的依据；又从《唐宋传奇》、《红楼梦》、《西厢记》中找到古代妇女含蓄文雅举止的依据，以此来改变我这开朗活泼的现代女性的性格。

剧中写了三圣母生子，又有与子沉香相会情节。当时我没结婚，更谈不上有孩子，如何找到母子之情？我想到我爹讲的感情挪借。我想起小时候阿婆对我的爱、爷爷奶奶对我的爱，直至今天我爹对我的爱，从中体会两代人血肉相连的感情。不仅如此，我还经常观察年轻母亲与幼子相依相爱的感情表现，果然找到了这种母与子的感情体验，增加了自信。

《宝莲灯》是中国民族舞剧的经典之作，在剧中赵青扮演女主角三圣母。

三圣母性格在全剧的发展，在每一场戏的起伏跌宕，我都细细品味，苦苦琢磨，找到真正是属于她的内心潜台词与角色感情。从而使我在每场演出中变成活生生的三圣母去追求，去爱，去奋斗。

演出千余场，场场我都这么认真。寻找新鲜感，不断创造、丰富完善角色，越演越成熟，似乎我完全生活在三圣母这人物的精神境界内。这样，才使我能在一部大型舞剧中扮演的女主角有声有色，有血有肉。从而才能唤起观众的共鸣，获得海内外观众的承认与赞赏。

以上讲的是人物形象的依据与人物内心世界的创造。可舞剧不同于电影、话剧，不能说话，只能体现"难以言传只可意会"的境界，必须通过纯熟舞技及适合人物的动作与造型来表达思想情感，即必须掌握没有语言的舞蹈语汇才行。这就要下很大的苦功。

首先是外形动作的再创造。那时舞剧编导还年轻，不是每一拍都有充实的动作教给你，只给个大概戏路及简单动作启示。为了表演好三圣母，我必须根据三圣母此时此地的内心及任务，再编排出符合三圣母人物的动作与造型。我寻找参考许多壁画、神庙中神像的神态、造型及各种手势，从中选择用于三圣母的造型。我又不断翻阅常沙娜借我的敦煌壁画的造型，在大镜子面前琢磨着如何像壁画中舞伎一样，舞姿是静止的，而两根飘带却是运动着的。我终于找到方法了，试验成功了，用在三圣母两根飘带上，真是美不胜收。

长绸是很难舞好的道具。学起来很快，可真正达到随心所欲，随音乐将感情传到绸梢，而且一点也不出误差地表演，却是要多少年的功夫啊！

我一舞上长绸后，没有一天不早起。清晨第一个进练功房，拖地板打扫教室，然后在大镜子面前反复练习。功夫不负有心人，终于将长绸舞得千变万化，随情随意。想想这辈子为它吃了几多灰尘，流了几多汗水，就这样还感到离自己心目中的追求还差许多，真是艺无止境。

《宝莲灯》第二场后半场“生离死别”，三圣母与二郎神、哮天犬、天兵天将有一场决战。三圣母要用双剑道具，可我从未学过。开始时拿剑如拿两根劈柴棍，手腕发死，只能简单动作与亮相。我下决心突破此难关，一方面看干爹吴祖光借我的《国剧浅释》中梅兰芳先生《霸王别姬》中舞剑姿势，又读了唐代大诗人杜甫写书法家张旭观看公孙大娘剑器舞诗中的描写。又请京剧界著名刀马旦李金鸿先生亲自传授双剑技艺，加上自己的苦练，终于编排出符合当时人物心情的舞姿、技巧，使双剑运用达到自如的程度。

总之历经千辛万苦、多年的不停追求，才得以在中国第一部大型民族舞剧中较好地完成了三圣母的形象创造。

加上其他各角色形象创造的成功，还有舞美设计、作曲、音乐演奏的成功，才能使该剧 1957 年夏在北京天桥剧场一公演即引起了轰动的社会反响，震动四方。国家领导人、文艺界、科技教育界、大中专学生们、普通老百姓等各界人士给予我们极大的鼓励与肯定。有位部长告诉我，当年他还是大学生，为看《宝莲灯》，半夜拿铺盖与同学们轮流排队买票，简直像观看当时外国芭蕾舞剧的盛况一样。

记得当年欧阳予倩老院长拄个拐杖上台高兴地讲：“想不到当年的娃娃，今天也都当上角儿啦！”

后来该剧由上影厂拍成了我国第一部舞剧艺术影片，此剧盛名更传遍世界。从此我的名字也随《宝莲灯》而蜚声海内外了。

现代舞剧都是复杂的集体创造。我在 20 岁时主演《宝莲灯》赢得空前的成功,除了老师们、同行们的鼎力相助之外,我爹在艺术修养、表演手法、心理分析等方面的言传身教,其功也不可磨灭。

三十二 要做一个有灵魂的人

《宝莲灯》排练演出阶段,我爹两次来北京看我。都是拍摄《海魂》期间从青岛海滨绕道特意来北京的。那时我们早已由大翔凤胡同搬往天桥剧场后台二楼化妆间集体宿舍住。团长张世葳把我们像孩子一样看管,平时不准随便请假,就连当时结了婚的同志一周也只准许回家两三次,只有在演出休息日大家才可自由行动。

一次正值我爹为拍《海魂》在青岛深入生活,与海军共度两个月后赴京休整。我爹特意乘火车托运了两大筐山东莱阳梨和大水蜜桃,气喘吁吁地带到天桥剧场后台,那梨桃又水灵又新鲜,我爹让我马上分送给集体宿舍的各位同行们。他利用中午休息时间一方面指点我的表演,一方面又兴致勃勃地谈论他们《海魂》摄制组的情况:

"两个月来和年轻的水兵朝夕相处,航行在大海上,呼吸着清新的空气,破浪前进。小伙子们个个朝气勃勃,为保卫祖国日夜苦练……真为我们年轻的海军,为我们祖国的欣欣向荣而自豪。"

他又说他们《海魂》组是个快乐的集体,严肃的集体。这是个群戏,崔嵬、刘琼、王丹凤、牛犇、陈述、康泰、高博等一大串明星出演,各显身手,肯定能拍出一部好片子。"导演是你阿韬叔叔!"我听后马上明白我爹的心思。这位和他同年同月同日参加"左联",同年同月同日被盛世才逮捕入狱，同年同月同日从新疆监狱逃出虎口的生死之交徐韬，和他一起合作，正是我爹最感默契最觉愉快最愿意的事。

我爹说："你阿韬叔叔在顽皮的孩子当中像个老'阿婆'一样，轻声慢语地把摄制组里常有的麻烦纠纷愉愉快快不知不觉地弄得妥帖了。又能集思广益，又能调动大家才华智慧，干得猛，玩得欢，海也欣赏，涛也争鸣……"

我爹临离开我宿舍前，把他和康泰在大海中游玩的照片贴在我的床头，笑眯眯地说："人家都说康泰长得像我，戏也演得不错，他是我的学生……"

我当时不明白我爹什么意思，他是否……一想不对劲，为什么要跟我说康泰像他？话到嘴边又不往下讲，哦，我明白了！醉翁之意不在照片，而是……我这爹真可笑！一方面不让我谈恋爱，一方面又把这陌生人照片挂在我的床头，岂非自相矛盾？不过后来我再也没向他点破过此事。

又一次是他拍摄《海魂》外景结束后从青岛返京，一下火车就约我到崇文门新侨饭店，正好是我的假日，即刻赶往新侨。爹爹给我点的西餐还是我幼年喜欢的罗宋汤、炸明虾、冰激凌。听他滔滔不绝地谈论《海魂》拍摄情况，津津有味，来回咀嚼，反而不感觉口中吃的是什么了。晚上我留住在旅馆，爷俩继续谈……

我爹告诉我，《海魂》的编剧是沈默君和大舅黄宗江，他们写的是分镜头电影剧本。我爹扮演国民党青年水兵陈春官，起义的组织者，出场多，占主演位置，但这角色写得最苍白、单薄。他们本来想用绿叶来衬这朵红花，结果是叶子饱满多姿，花则不起眼。我爹为了与这么多老朋友、好演员合作，个人得失看得不重，就愉快地接了这个戏，并相信这戏肯定有看头。果然不出所料。

电影界有种讲法："北崔南赵"，崔嵬与赵丹合作如同"旗鼓相当""棋逢对手"。有人猜测俩人必暗中较劲比个高强，谁也没料到两人真诚合作，相互谦让，相互托衬，对青年演员影响很好。

我爹说他首先心服崔嵬，放着中南文化局局长的"官儿"不当，全力演戏、导戏，还心甘情愿跨厂（北影厂到上影厂）来演次要人物。这不能不引起我爹的尊重。

我爹说："崔嵬是个本色演员，戏如其人，他的气质厚实、热情、奔放、豪迈、粗犷，真可谓气势磅礴，但又很细腻。《老兵新传》、《红旗谱》都是他的代表作。有人说他'块头'吃香，怎么演都行，其实不然，这次与老崔合拍《海魂》我更有体会。我的戏好几处都是因老崔先出戏，是他真实的感情带动了我……"

我爹又说："我和老崔的合作在电影厂传为美谈。戏里有一镜头，老崔演窦二鹏。本来他并不赞成起义，可后来窦二鹏与小虞（牛犇饰）二人放走了'民船'，春官与二鹏遭毒打，小虞被吊在旗杆上一天一夜，放下已奄奄一息。二鹏要拿刀去砍杀副舰长（陈述饰），春官抢步夺刀劝窦二鹏：'宰了他一个有什么用？……'这时二鹏才醒悟扑到春官身上说：'好兄弟！我白活了三十多年呐！今天我才明白！'说罢呜呜大哭起来。

"原先镜头安排我是大侧面，而老崔却是侧背面。我觉得不对头，这是窦二鹏从不认识到觉悟起义的飞跃，镜头应该对着老崔才对。我提出交换位置。可老崔却说：'不行，只能按剧本写的演。'

我明白这是老崔谦让，不肯‘抢’镜头。我则执意坚持，导演按我的意见试了一下，果然效果好，说服了老崔，拍下了这镜头。这决不是‘让戏’，而是从内容出发。当然，这也是演员的道德和艺术知交的情谊。

《海魂》中赵丹与崔嵬（右四）电影里有“北崔南赵”之说，这是演出的剧照。

“两个有着共同命运、又默契将共举大事的水手紧紧相依——这是窦二鹏和陈春官，也是崔嵬和赵丹几十年相互关怀，在人生的大海里奔波、探索、追求……融为一体。记得当导演喊‘停’时，声音里也满含感情，机器停了，全场工作人员的情绪都静静地沉浸在戏里……”说到这里我爹的感情似乎回到了当时。

我爹的回忆中写道：“老崔和我都是优点明显缺点更突出的外向人，各自的毛病都不少。但是到了《海魂》摄制组，我们就像翻腾的海浪被引进了盐场的大池，优点与缺点的比重随着集体‘波美’度的变化，凝结出纯净的‘盐粒’……这使我不能不更加思念彪悍金刚，也竟积忧致癌，死于百花初绽的 1979 年之春的老崔。”读到这里，我禁不住双泪俱下。

记得当时我爹还一一赞扬了其他演员，他说：“刘琼演得也极好，他的舰长别具一格。那样老奸巨滑，反动顽固，然而外表正人君子，不露声色。真是入木三分，毫不脸谱化。他的演技到了炉火纯青的程度。”

爹又谈起牛犇：“什么影片里有他出现，戏就不显得是戏了，就像生活里真有其人，真有其事一般，这种不露痕迹的演技，在青年演员中是难能可贵的。

“还有康泰、高博、陈述、蒋税、丹凤都演得很踏实。说实在的，我对自己在这部影片中演的并不满意，固然剧本中陈春官显得单薄，我却一直想不出用什么办法去弥补，还是生活底子不厚，不过大家都演得好，找差距，过得去，心情还是愉快的。”

我爹又教育我说：“没有小角色，只有小演员。”他说他们剧组，一个特点是大家都“爱角色”。角色有大有小，任务有轻有重，爱自己的角色，这是很宝贵的。

我爹这段话对我后来在新排舞剧《雷峰塔》时能正确对待担任群舞角色是十分重要的。该剧我没当主角，可每场戏都有我担任的各种不同的群舞角色，我能认真克服自己跳舞不合群的缺欠，认真对待排练及每场演出，从中体会群舞演员的不易及增加集体主义的思想，这都与我爹这回教育紧紧相关。

我爹说：“水手的女儿，王丹凤饰的温美嫒，在片中有这么一段话：

‘我爸爸干了一辈子的水手，他常说，海洋上的事业，是有灵魂的人干的。’这句话，在我的脑子里生了根。有灵魂的人，才干得好海洋上的事业；有灵魂的人，也才干得好舞台上的事业，银幕上的事业。”

《海魂》中王丹凤扮演的水手的女儿有一句话：我爸爸干了一辈子的水手，他常说，海洋上的事业，是有灵魂的人干的。

我想这辈子应永远参加于这有灵魂的人的行列中，干好我的中国舞剧事业。

三十三 设想舞剧《卡门》

1958 年全国进入“大跃进”高潮，我们演艺界也同样被卷入这股浮夸风。

副院长传达了上级关于中国马上要进入共产主义的形势报告，个个信以为真，头脑发涨。大家停止演出、练功，全部下放到工农兵中与之同吃同住同劳动。有的在商店站柜台，有的下农村大炼钢铁，有的下工厂。我与几个乐队同志来到酒仙桥北京电子管厂劳动。

厂内有不少业余文艺爱好者。我们平时辅导多于干活，但一天仅有装装样子的劳动，也让我够受教育的。我想工人一天八小时做同样一个简单动作，真不容易，要没有爱厂爱自己工种的觉悟，恐怕很难坚持下去。工人们却很朴实，可亲。事过境迁，在改革开放的20世纪80年代后期，我却见到不少当年电子管厂的工人在深圳当起了电子公司的大老板，我们还交上了好朋友。

爹爹又来京开会，也是摩拳擦掌要迎接共产主义的来临。他说总理意见是要求他们下到工厂拍电影艺术纪录片。一方面拍现场真实生活，一方面演员又扮演生活中的角色。这叫“带纪实的艺术片”，我爹准备拍的片名是《风流人物看今朝》，想尝试一下，看能否行得通。

由于我赴西欧七国访问演出七个月之久，未能看到此片。回国后听我爹说，并不成功。那是出自当时一股政治热情。后来他们还是遵循电影艺术规律拍摄出了艺术性很高的《林则徐》、《聂耳》等片。

晴朗的一天，清晨5点起床，随着家家户户站楼顶手拿长竹竿驱赶麻雀的喊叫声，我路过朝霞映照的天安门，登上法国航空飞机飞上蓝天，随中国艺术团前往西欧法、英、比利时、卢森堡、瑞士及捷克、波兰七国访问演出。

同行者有上海京昆剧团名演员俞振飞、言慧珠、李玉茹、张美娟等，出演《三岔口》、《贵妃醉酒》、《秋江》、《拾玉镯》、《红桥赠珠》等剧目，中间穿插我们民间舞与民乐演奏。我担任《红绸舞》领舞，《花儿与少年》领舞，《花鼓灯》中小场《抢手绢》及《荷花舞》、《孔雀舞》群舞。舞蹈演员十几位，加乐队共三十多人，再加京昆演员行政人员共六七十人，一支庞大的队伍。团长由北京市副市长吴晗担任。为了表示新中国成立后的富裕，这次旅差食宿费全由我们国家支付；为了表示我们的档次，所到之国住处全部安排在一流宾馆，好不神气！

路经瑞士伯尔尼，第一站来到法国巴黎。举世闻名的"艺术之都"多么吸引我这年轻人呀！我亲眼看到巴黎的名胜古迹。坐落在林阴环绕广场的"凯旋门"，庞大的壁雕记载着为保卫法兰西而战的英雄们的业绩，真是雄伟磅礴！我们又登上矗立在云间的艾菲尔铁塔的顶端，俯览着繁华美丽的巴黎市全貌。

我特别高兴的是来到了世界著名小说《巴黎圣母院》中讲的巴黎圣母院。神圣，美观，高大顶棚及四周墙壁式玻璃窗，绘上五彩缤纷宗教故事，透过阳光辐射入教堂的七彩光柱，更引出一种神秘之感。尤其当圣母院顶上的大钟鸣响时，爱斯美拉达、钟楼怪人的形象又在圣母院内活跃了起来……

我们参观了罗浮宫，墙上挂着路易十四、路易十六等君王的画像。大家开玩笑说："赵青是路易十四、××是路易十六。"因为我们两人出国前都烫了像这几位君王的长发卷毛，我又回头仔细看看画像，果然有点像，这神情更逗得大家开怀大笑。来到内宫，看到了拿破仑卧室内的洗澡盆，像小孩洗澡盆一般又小又短，不过个子矮小并未妨碍他成为伟大的英雄。

在宫内我惊讶地看到了世界上最美的女神维纳斯，大理石的雕像，真是出自天工巧匠之手，洁白的肌肤、赤裸而诱惑的肉身、拖地的长裙、永恒坚贞的微笑、断臂而不觉残缺、一双低垂而炽烈的瞳仁，钻进了人们的心窝！美的化身，人间创造的奇迹，令你徘徊不已，很难离去。

赵青随中国艺术团到西欧七国访问时，在法国巴黎“枫丹白露”。

我们曾到郊区君王的行宫“枫丹白露”去游玩。我喜爱这名字，因为中间两个字“丹”、“露”即是我爹、我亲妈，也是我的名字。环境很优雅，湖边一尊带胡须的赤裸老人的雕像，给我留下了深刻印象，在他身边我照了相、留下了永久的纪念。

在巴黎还欣赏了法国艺术家的表演。在巴黎小剧场观看哑剧，台上只有一个演员，画了一张大白脸，用浓黑色夸张地画了眉眼，是无实物的独角戏，可见演员功力相当强。

在巴黎大剧院又观看芭蕾舞剧的演出。我印象最深的是剧中女主角，个子很小但技巧超群，她的旋转速度惊人，尤其她能一下连转数圈后用一腿脚尖支撑，另一腿在空中亮舞姿。当时我下决心：技术一定练得像她那样棒！一直到“文革”后，我演《小刀会》周秀英的独舞领舞表演才达到这样高的难度。

前两年中国艺术团出访巴黎，轰动欧洲，这次我们的演出再度威震巴黎。

在法国演出的第二个城市马赛，是有名的海滨城市，繁华的码头，停靠着来自世界各地的远洋船舶。

我印象最深的是来到海边一幢教堂式的小白楼，马赛话剧团在这座楼内大厅为我们演出根据托尔斯泰名著编写的话剧《战争与和平》。台上没什么布景，幕前两边放两个演讲台，轮流有演员在讲台上讲解剧中人物与情节。中间则按二人讲解的内容在台上展开戏剧表演，讲的全是法文，翻译水平也不行，既听不懂又看不懂。全团非常有礼貌地坐在观众席，耐心看完了近两个多小时的演出。听介绍说这是进步剧团，很清贫，任何情况下都坚持为进步而演出。这种顽强精神够令人佩服的。

巡回演出的第三个地方是法国最大的工业城市里昂。到处烟囱林立，空气受到污染，树木少人口多。在那里我们同样受到里昂观众的欢迎。

满载盛誉又来到出访的第二个国家比利时。布鲁塞尔正举办世界博览会，各国商人聚集在此。我们艺术团参加了博览会的开幕式。如花似玉的中国女士博得展览会观众的赞美。

布鲁塞尔市中有条河，河两岸挂满了世界各国的小国旗，加上两岸竖立着爬满长青藤的哥德式小巧楼房，真有西欧小城市的独特风味。

第三个国家是极小的卢森堡。这里到处是森林、幽谷。西欧国家领土都不算大，我们走起来如同国内由一省到另一省，甚至像本省内城市间的旅行。我们全乘豪华大轿车，一般都是当天走当天就到，夜宿当地旅馆。

在轿车上我总是坐在吴晗先生身边。他得知我是赵丹的女儿，特别喜欢我。在车上如同爷爷对孙女一样不停地给我讲故事。历史、各国风土人情、海内外见闻，使我增长了许多知识。出国期间相处有七个月之久，我们建立了友情。回国后各忙各的，我再也没去探望他。一直到"文革"中，听说他被迫害含冤而死。他是一个再好不过又有学问又善良的好老头，好不叫我伤心啊！

第四个国家是英国。来到伦敦，泰晤士河即刻跳入我的眼帘，《雾都孤儿》描写的城市活生生地展现在我面前。果然雾气沉沉，终日阴天，太阳很少能见到。人们穿的服装也如天气一样阴沉，就是一张脸也这样拉长了，绅士般的自负。最使我感到稀奇的是中世纪一直保留至今的英国白金汉皇宫，宫内完全保持着皇室的装饰与规矩，皇宫院外还有皇室的卫士来回走动，完全像我小时在上海霞飞路玩具店看到的英国卫士木制玩具一般的打扮，头戴黑毛高帽子，身着红色紧身上衣，黑马裤，足登马刺黑高靴，腰佩长剑，白色手套，迈着前踢脚的大步，如同活着的大玩具一样，时不时门前还过着装饰华丽的皇室大马车。

一边是现代化都市，一边是中世纪的皇宫，居然还协调得这么好！

我们经常到中国驻英使馆玩，大花园大草坪，自由自在地玩耍。使馆人员对我们格外亲热，他们在国外一待就是几年，一般工作人员不能带家眷，中国纪律又严，可想而知他们是多么想家。他们如同见到家人一样，同我们一起包饺子，聚餐，联欢，交朋友，说不完的心里话。我们演出的成功也给他们外交上带来良好的环境。

在伦敦的第一场演出，英国伊丽莎白女王亲自来剧院观看，坐在华丽的二楼包厢内。那天世界著名的美国男低音歌唱家罗伯逊也到场助兴，我们的演出显得更隆重了。

我们这些久经沙场的年轻演员毫无畏惧，反而比平时演得更专注、更精彩了。我领舞的《花儿与少年》的伴唱全是由我们舞蹈演员唱的，那天大家也不怕歌唱家笑话，扯开了嗓子高唱，居然比平时唱得还要好。演出后受到伊丽莎白女王的称赞，还受到歌唱家罗伯逊的赞赏，大家颇为兴奋。

第五个国家是我早已熟悉的瑞士。在伯尔尼我们还是住在那对瑞士老夫妇开的“城市宾馆”。一吃饭，瑞士夫妇早已准备好给我上第二份三色冰激凌。想不到已过两年了，他们还记得还是那么清楚。

伯尔尼还是石头路，积木式房屋，玫瑰花园。这么熟悉，如同来亲戚家探亲一般。不过这回有幸上阿尔卑斯山玩，坐着缆车，登上长年积雪的山峰，真令人心旷神怡！

在伯尔尼演了一星期，最后到达国际会议中心的日内瓦。

就是周恩来总理在这里向世界宣布了“和平共处五项原则”。我特意在国际会议大厦前，象征世界团结的金色闪光大地球旁留了影。

对于这几百年没有发生过战争，永远中立的世界花园——瑞士，不得不再度告别。想不到两年后我又第三次光顾了这美丽的国家。

本来我们还要到西德、奥地利访问演出。可报上说约旦发生战争，形势不稳定，因此决定不去了。这正合大家心意，已出国半年，个个归心似箭。可国内又给任务，顺访社会主义国家捷克斯洛伐克和波兰。

捷克斯洛伐克的城市暗淡多了，简朴，不繁华，工厂很多。

我印象最深的是见到我们舞校的苏联专家依连娜·奥丽格珊娜，她是苏联政府派往捷克任教的。我与舞校同班同学汪曙云、梁惠敏三人前去捷克芭蕾舞校看望她。奥丽格珊娜在异国看到我们三个她亲自教授过的中国学生，觉得格外亲热。她怀念在中国任教的那些年，她说世界上最好的国家是中国。在捷克斯洛伐克很劳累，心情并不好。那里的舞校一般，外表是个普通楼房，根本看不出是个舞蹈专业学校。在校门口我们师生四人合影留念的照片，至今还珍藏在我的相册中。

最后去的国家是波兰。来华沙我已是第二次了，这回最高兴的是结识了中国驻波兰的王炳南大使和他娶的山西籍年轻夫人。夫妇二人十分盛情，终日陪伴我们。

在使馆，王夫人还亲手制作山西翡翠面请我们吃。为什么叫翡翠面呢？因为面条绿得像翡翠，面内加了绿菜汁和豆面，又好看又好吃，能吃的会一连吃上几大碗。大使夫人忙得一头是汗。

华沙"美人鱼"非参观不可，看着她一手拿刀一手拿盾守卫着美丽的华沙。

最后我们又前往波兹南演出，一路上都是王炳南夫妇陪同。他这样爱好艺术，好交朋友，性格豪爽可亲，大有周总理和陈老总的风度。大家和他们亲极了，出访结束时才恋恋不舍地离开了他们。再度回莫斯科，歇脚总结，起程归国，一连在国外演了七个月之久。

赵青在波兰华沙美人鱼前。

归国后，爹爹正巧来京开会，父女俩见面别说多亲热了。我讲了许许多多出国见闻，我爹高兴得好像他也跟我同行似的，直夸我："女儿有运气，也有出息！"

爹爹来回跑北京，可从来没正式在剧场看我演出《宝莲灯》，却看了一场歌剧《茶花女》中我演出的西班牙舞。

那时我们中央实验歌剧院有两个歌剧团，一个是民族化的，演《白毛女》、《小二黑结婚》等中国"土"歌剧；一个是洋的，专门演唱《蝴蝶夫人》、《货郎与小姐》、《茶花女》等西洋歌剧，风靡一时。

我们舞剧团除了演出舞剧、歌舞晚会外，还要给外国歌剧跳插舞。这是外国歌剧的程式，一般插舞都在第三幕，《茶花女》也不例外。两段插舞，一段是《西班牙舞》，四人跳节奏较慢，比较规整，远远无法与《天鹅湖》中的西班牙舞相比，由我、汪曙云、刘德康、梁惠敏四人表演。下面接茨冈舞，由舞剧团七个女演员表演，是由苏联专家查普林编导的。

我爹看的那场《茶花女》是由张权扮演茶花女，李光羲扮演阿尔芒，黎国荃指挥，阵容很强。为看此戏，年轻男女大学生都排队抢购前排座位的票，好离演员近一些。那时观众有些疯狂的程度。我这“西班牙舞”也还醉倒了不少观众。

爹爹看完这场演出后，不停鼓动我排舞剧《卡门》。他说我的气质与《卡门》相近，一定会成功！我说我是搞民族舞剧的，怎么可以排外国舞剧？

我爹说：“怕什么！只要有好戏，有人物，管他哪个国家的都可以演，只要能成功。”

这个念头我爹一直不放弃，直到“文革”前还不断开导我。

到了 20 世纪 80 年代，听说苏联排演了这个名剧，心想有人搞了也就心安理得了。不过从这点能看出我爹的创作思想，无拘无束。这才是一个敢想敢创的真正的大艺术家。

三十四 我爹叫我“姐姐”

1959 年是中华人民共和国诞辰十周年，大喜大庆，各条战线都在完成向国庆献礼的任务。电影界也不例外，在陈荒煤主持下，由他推荐，舞剧《宝莲灯》准备由上海天马电影制片厂拍摄为彩色舞剧艺术片。听到这消息我高兴坏了，马上要回到一别八年生我养我的故乡上海了。

来到上海住在大木桥天马厂的招待所。放下行李我就直奔环龙路，看望我日夜思念的亲阿婆。见到阿婆，我两眼热泪盈眶。她老多了，显得很劳累，但老人家依然如故还是这么逞强，现在又再次带上五个孩子过日子，是我小姨和舅舅们的下一代。

我小姨的女儿小囡，大名叶瑾，长大学医，现在美国医院工作。她的父亲"反右"时被错划"右派",含冤自杀,阿姨又改嫁,小囡自幼由阿婆带大。因为和我命运相似,故取名"小囡"。我和她相差十几岁,可能由于同病相怜,两人特别谈得来。她漂亮得大家都叫她"公主",本应入电影圈,可能电影圈没给她好印象,所以执意从事崇高的医务工作。

阿婆还带着小姨改嫁后生下的第二个儿子,小名"小秋",大名章少云,农业大学毕业,现在北京交通台工作。还有我珠舅舅与珠舅母蒋涵芳(原上影厂演员)的独生子佳佳,十分精明,现在澳大利亚从商。

我的小舅叶小铿,与上海儿艺演员袁聪结婚,住在阿婆家三楼亭子间。他们前后生两个女儿小圆、小芳,现长大也在美国学习和工作。

这样阿婆又同当年带我的时候一样,又背上了五个包袱。

一方面我姨、舅借此机会可在生活上补贴我阿婆;另一方面我阿婆执意要这样做,认为这是她对社会应尽的责任,从而看到了自身的价值。她超负荷地生活,真是中国了不起女性中的一位。

阿婆看到我又高兴又心疼,因为我跳舞练得很瘦。

在这段拍摄电影期间,一有空我就回环龙路来看阿婆,有时还把同行们一起带阿婆家来玩。

看完阿婆,当晚就到我爹家。

他们早已搬到襄阳南路居住,这时爹地身旁已有一大家子了!我离上海后,宗英妈妈先后收养了周璇的遗孤周民、周伟。加上我宗英妈妈自己生的三个弟妹:大女儿赵桔,活脱一个小黄宗英;二儿子赵左又高又瘦,一点儿也没有赵家的影子,我爹地还开玩笑说他不是自己的儿子,但他却是我们姐弟中最孝顺最傻的孩子,后来我爹十分疼爱他;最小的是赵劲。这三个孩子"文革"后全去了美国。

我当时见到的阿劲刚会走路，脖子上用绳挂了个小板凳，在院内拿个小木板直敲凳子高叫："棒冰要哦棒冰!"那个样子至今想起来还觉得好笑!

加上黄阿婆、雪珍娘娘，大小共十口人，房子住得十分挤，我根本无法留家住。我刚回上海那几天，宗英妈妈出差去写书，我就与爹爹一起睡，每晚由爹爹给我讲拍电影的表演技巧。那时他刚拍完《林则徐》，又进入《聂耳》的拍摄，十分紧张。白天拍了一天戏，夜晚还要给我讲戏到一两点，真是"可怜天下父母心"。他的帮助，对我拍好《宝莲灯》这部影片起了相当重要的指导作用。

爹爹讲："拍好戏的第一条就是取消杂念。什么我可别演坏啦！演好就一举成名啦，在镜头前怎么拍才能漂亮啦？等等一切与戏无关的杂念全要打消。很多上银幕的演员失败的原因就在于有杂念。这是经验教训，切记！只有进入角色，同角色一起进入规定情境，一起思想动作，这样自然会忘掉周围，忘掉镜头。

"拍电影与演话剧不一样。话剧在舞台上离观众远，动作表演相对要夸张。而电影不然，一定要生活化，你只要稍大动一点，镜头上看起来就吃不消！要着重用眼神表演，例如我拍《林则徐》出场第一个大镜头亮相，即皇上召进宫，下令去南方禁烟，林则徐叩拜。这镜头林则徐只一抬头，一双眼就把当时的思想感情全部表达了。那时我还特意要求有一盏灯专门打在我的眼睛上，使两眼炯炯有神。林则徐的精明机智通过一双眼全表达了出来。如果我夸大做表情，绝对假而且令人发笑。你表演的是舞剧，不讲话，在特写近景时更需注意内心与眼神的表达。

“拍电影是间断表演,一场戏分好几个镜头,有时一个镜头拍完后马上又跳拍几天、几年后同一场景不同内容的镜头。这就需要情绪记忆,记住每一镜头的思想表演尺度,再拍下一个镜头时就要记忆起以前拍的感觉接着演下去,这要演员用心下功夫才是。”

不过这个难题我后来并未遇到,天马厂为了照顾舞剧演员,镜头全按顺序一场接一场拍。

我爹又接着说:“有些戏是激情戏,既要有灵感,也要有准确的感觉,这种戏必须反复练习才可能有实拍的把握。例如《林则徐》剧最后皇上将林则徐革职,琦善下令摘去林则徐的顶戴花翎时。这场戏,我没有什么动作,除了极其缓慢地将红缨帽取下之外,我的感情全凝聚在我的眼睛里,悲愤、委屈、刚强不屈等复杂内心一涌而上,双眼渗出泪水。这就是我反复练习多次才找到的感情表现,实拍时一气呵成。所以女儿啊,你要用功才行。”

爹地不仅给我讲了许多拍电影的基本道理,还很具体地帮我设想第一场三圣母在庙宇中的表演。

他启发我:“你可以设想你在这神台上已站立了数百年,每日木鱼声和袅袅香烟相伴,每天醒来时看到的仍是依旧的一片,沉寂的庙堂,默默陪伴的四仙女。你感到郁闷,把窗打开,突然感到一道刺眼的阳光照得你睁不开眼。春风吹来,令你心神恍惚,仔细一看,窗外的人间已是春色满园,桃花盛开。这时你要真的看到一片春色美景,感受到香味扑鼻。你果真看到一朵十分娇艳的桃花,轻轻摘下,花香令你陶醉,你要十分喜爱这春色,喜悦、兴奋洋溢在心中。当无意看到神台上神权无威四个大字时才意识到自己这种思春思想是违反神规的,从而引起自己无穷无尽无法摆脱的烦恼……

“又如刘彦昌给你的题诗，上联写的是什么，下联又写的是什么，为什么害羞，一举一动都要有内心潜台词，总之越具体越好。”

我遵循父亲的指点，认真地进戏，一个镜头一个镜头演下去。

天马厂为拍好此戏可花了大本钱了。导演叶明比较懂戏曲，做舞剧导演还是第一次。后来又相继导演《小刀会》，成了电影界舞剧导演的权威。摄影师是上影厂有名的冯四知、卢俊福，美工卢景光，化妆师是给我爹演《李时珍》化妆的王铁彬和倪亦福等，导演助理邓逸民，制片主任金兆龙等，几乎全是天马厂的名家和主力。美术设计和美工制景人员可费了大力气，为了表现神变人的镜头，专门以我和四仙女、二郎神、哮天犬演员为模特雕成和我们完全一样的泥塑。每场戏的景按剧情要求，制作得逼真，细微。

剧中特技很多，如三圣母被二郎神从人间抢走这场戏，是在海燕厂广场内搭高台斜坡，天兵天将举着我登山一样上了天梯，周围全喷烟雾，造成身在云海的效果。又如我从神台下到殿堂，全由搭着木板的斜坡走下，下面喷烟雾，让人看不到脚，如同凌波飘下。后来沉香长大救母时砍龙、劈山更是好看。这种特技增加了舞剧的神话色彩。

为了使我们演戏方便，片子完全按舞台剧顺序分镜头拍摄，因此我很容易进戏，只是一开拍时有些紧张。虽然小时候在镜头面前演惯了，但毕竟也离开摄影棚十几年了，还像第一次拍电影一样。但我记住父亲的教导，排除一切杂念，按三圣母此时此地的心情去想去舞，去悲去欢去追求去奋斗。

该片在上影厂放映后，叶小珠舅舅说：“上影厂的人都夸奖你说，一个舞剧演员在电影镜头前表演得这么细腻，真不容易！"

《宝莲灯》公映后，更是家喻户晓，喜闻乐见。

一直到20世纪90年代，张瑞芳阿姨还对我说："看了这么多舞剧，还是《宝莲灯》最好。"

又有不少同龄的男士向我吐露真情："当年我们找爱人的偶像就是你三圣母啊！"

我的名字也随《宝莲灯》这部电影飞向世界各地。舞剧没有台词，也就没有语言障碍，又是美丽的神话，很容易让世界各国人民欣赏。她也是海内外文化交流最好的使者。

《宝莲灯》确实是一部划时代的舞剧影片。她的故事家喻户晓，是一部中国风格、中国特色的民族舞剧。集中了中国古典舞和民间舞的精华，角色个个鲜明，如三圣母、刘彦昌、沉香、大仙、二郎神、哮天犬。由于演员傅兆先、陈云富、孙天禄、陈华、方伯年等认真的刻画，每个形象都各有个性和特色，给人们留下深刻印象。剧情主题突出、场次精练。以上都应作为我们今后创作其他舞剧时学习和借鉴的。

当然还存在不足之处：舞蹈性不够强，哑剧成分多了。过于局限于对中国传统的借鉴，反束缚了自己的手脚，三圣母与刘彦昌双人舞那场戏尤为薄弱。

遗憾的是我对自己的造型化妆不满意。尤其第一幕神堂内，先是由倪亦福老师负责化妆，他对我不甚了解。平时我给人错觉，以为我眼睛很大，只因为我睫毛长，眼边黑，实际上我眼并不大，反而有些倒挂。

倪老师看捷克神话片，一仙女眼皮上化了银粉，由于她眼大所以很漂亮，他用同样方法将银粉涂在我双眼皮上，又极浅地画了黑边，一上银幕我的眼反而显得无神了；头额也开大许多，使我原来的小瓜子脸变成了小圆脸。电影真是遗憾的艺术，当第一幕拍了大半场时才看样片，发现妆不好，已不能再重拍了。在我执意请求下，才换了化妆师王铁彬。他是按给正常人化妆法给我画黑眼圈，妆一下好看了许多。

赵青主演的电影《宝莲灯》。

我的电影妆问题直到1985年拍电影《金色的梦》才解决，由电影界化妆大师颜碧君亲自给我化。其实非常简单，就按我原样，眼睛仍是黑边，只眼睛凹处涂上白色，马上眼皮就突出了。那时年纪已大，四周拉上皮，银幕形象很好。不少电影厂人问我为什么不拍电影？说我的脸型怎么拍怎么好看，是吃电影这碗饭的。我只好苦笑笑，无言对答。

再一点遗憾的是，当时我的舞蹈功底还不够，控制能力差，第一场若有更多雕塑性的舞姿就会更有味道了。一直到20世纪80年代初去香港参加第九届香港艺术节演出时，我的功夫才够水平。经过“文革”中对基本功的坚持苦练，动作终于开扩多了，腰腿控制力也强了，双人舞也比从前进步了许多。幸好还在70年代末拍摄电视录像带保存下来，否则真是遗憾极了。

相信今后经过新一代努力创作，一定会把这戏演得更好，应该像《天鹅湖》那样，不断改进，使之成为中国民族舞剧留芳百世的经典作品之一。

在拍摄《宝莲灯》过程中，上影厂流传着一个笑话。

《宝莲灯》与音乐故事片《聂耳》同时在上海开机拍摄。《宝莲灯》在天马电影制片厂，《聂耳》在海燕电影制片厂。天马厂的摄影棚比较小，所以我们经常借用海燕厂的摄影棚，父女就有机会在拍戏的时候带妆相遇。

《宝莲灯》拍到“劈山救母”的那一场，我扮演的三圣母已是成熟的母亲，头梳高高的发髻，身穿桔红色长袍，站在西岳华山的石级上。导演正在给我说戏……

我刚酝酿情绪，悲喜交集地盼望亲人，全身心都已入戏，突然听到一个似熟非熟的声音从外面呼唤：“姐姐……”

导演被打断了，正要发脾气，猛一回头，禁不住咯咯笑了；摄影师撇开摄影机一看，也摇摇头笑了。又是一串叫声：“姐姐，姐姐……”

别的演员们全都哈哈大笑起来。

“暂停！”导演把手一甩，“休息10分钟……”

我诧异地往下面一瞥，只见一个莽撞的小伙子，梳着旧式的分头，上身着浅黄色夹克衫，下身穿蓝色工装裤，大摇大摆走过来，到我台级前大叫："姐姐，姐姐，你聋啦，不认得我啦？哈哈哈……"

"这是何方人士，胆敢闯到西岳华山阴阳界？他来干什么？"

我好不容易才从三圣母的境界脱出魂来，回到现实的人间。这不是聂耳么？是聂耳！正是他——是我爹扮演的聂耳！

我又好气又好笑地"呸"了一声，嗔道："要死了！吓我一大跳！爹地瞎叫什么，没大没小的。谁是你姐姐！"

"我聂耳现在年方十九，您三圣母都生了孩子了，怎么不是我姐姐？"

我难为情得满脸通红。闪光灯一亮，摄影机抢下了这个独特的幽默镜头。

三十五 爹爹反对我结婚

《宝莲灯》舞剧艺术片电影拍成后，反映极好，影响也大，不少人说闲话："赵青这下红了，一定会把刘德康给甩了。"

这是一种无形的压力。我想我是新中国培养的，在生活作风上一定不能像我爸爸那辈人那样让人非议。那时代把男女作风问题看得非常严重，稍有这种事不是处分就是劳改。心想领导这么培养自己，一定不能在这方面出问题。

因为一红，确实追求者不少，在上海就遇到小学男同学对我表示好感，也怕回京又遇到这类情况，怕影响不好。加上自己事业心十分强，为舞剧献身一辈子，也不想在这方面花许多精力，为了避免闲话，回京后立即同意与刘德康结婚。只有一个条件：就是学习苏联舞蹈大师乌兰诺娃，一辈子不生孩子。刘德康答应了我的条件，我俩很快向领导提出申请，快速在街道履行了结婚登记手续。这年我 23 岁，刘德康 25 岁，在当时我已算“大龄女子”了。

赵青的丈夫刘德康。

领导给我们在大栅栏内歌剧院舞美设计师住的小院内分了一间大屋。刘德康母亲把积蓄的人民币 1 000 元拿出来，我们买了家具、生活用品，还留出一部分做结婚时准备请客的花销，订在 1959 年 8 月 15 日办事。

正值大暑天，一切就绪后，我就给上海老家发了两封电报，一封是给我爹爹，一封是给我亲妈。不久，按照当时一般人的规矩，亲妈寄来人民币 50 元，爹爹寄来人民币 30 元，并由我弟弟赵矛从上海给我打了一个长途电话。赵矛在电话里问：“姐姐，你怎么突然就结婚啦?”我解释：“是啊，人早晚要结婚的。”

苗子(我弟弟的小名)结结巴巴：“我们全家，特别是爹地，都很难受，说不出的难受……”

只听他在电话里哇地哭开了，再也说不下去了，电话也就被挂断了。我顿时也大哭一场，心里不知是什么滋味。

8 月 15 日到了，那天正好全团休息，大家全到大栅栏新居来祝贺。

墙上挂着我们的结婚照和我的大头像，就因为这张独影当时摄影师还获得国庆10周年摄影大奖。一直到1989年国庆40周年时，王府井大街中国照像馆还将这照片放大好几倍在橱窗展出。

谁也无法预料在两人共同生活的道路上将会发生什么变化。

那时我们正忙国庆献礼演出，《宝莲灯》被选为献礼剧目。国庆期间不仅在天桥剧场整场公演，同时还决定把其中庆祝沉香百日二幕前半场，扩大到200余人在新盖人民大会堂举行国庆大典演出。这是多么光荣的任务，抽调了北京其他专业团体，如全总、煤矿、海政等歌舞团舞蹈演员参加我们盛大的晚会演出。结婚阶段正是我们最忙的阶段，整天排戏，每晚总要9点10点才回家。

我结婚后第三天，刚排完一天的戏，我们双双回到大栅栏自己家中，楼上舞美设计马方舟老师告诉我："赵青！你爸刚从上海飞到北京，住在新侨饭店，电话是××号，叫你无论如何多晚也要给他去电话。"

我马上给我爹爹回电话，我爹命令我马上到新侨饭店去看他，我说："太晚了，明天不行吗？"

我爹说不行。我只好坐公共汽车到新侨饭店去看他。

我爹泪汪汪地盯住我，双手哆哆嗦嗦地拿出一张纸条递在我面前。

那是阿囡小时候亲笔写给爹爹的字据："我长大不嫁人"。

我真想不到纸条真保存到今天，并且爹从我冲叔叔处取来给我看。

我爹问："怎么解释？"

我说："那时小，不懂事。"

我爹责怪我说话不算数！我说："那我已经结婚了，怎么办？"

我爹说不出什么，但不许我回去睡觉，要我住他那里。我说明天一大早还要练功排练。我爹深知拧不过我，无可奈何，只好深夜让我回家。总之，他非常不高兴，我想他内心一定很复杂，有一种失落感……

过后我爹说："只怪爹地自己，对阿囡照顾不够，北京没亲人，你必然会过早结婚。"

从小受到外婆和父亲的再三教育，我始终在私生活方面十分严肃。在女中念书，不接触男生；关于恋爱的念头，根本就没萌发过。到了北京投身舞蹈，更是全心全意扑在事业上。每天大部分时间都花费在练功房和舞台。苏联专家勉励我：立志做中国的乌兰诺娃！对我影响最大的电影《红菱艳》和《魂断蓝桥》也叫我警惕，男女私情不仅可能毁了舞蹈艺术，还可能毁了生命。

当然每个妙龄女子，尤其是杰出、善良、天真、活泼的女子，更尤其是从事文艺工作的光彩夺目的美丽女子，必然会遇到各种各样的男人的猛烈追求，甚至肆意骚扰。

进入青春期，每次我爹到北京来，在跟我亲切交谈艺术、生活之余，总是担心地问起："阿囡，恐怕又有人追求你了，谈恋爱了吗？"我总是皱着眉，摇摇头，矢口不提："没有，不想这个！"甚至鹦鹉学舌似地照搬父亲的教训："要艺术就不能要爱情！"父亲长叹一声，表面上是放心了，然而每次问谈都在女儿心中激起波澜。

我心目中理想的男子汉只有两个：一个是祖父般的周恩来，一个是我爹。上帝没有创造一个跟我年龄相仿的"周恩来第二"或"赵丹第二"，让我把全部身心，把我恍惚的梦幻和美好的情怀都献给"他"。不，"上帝"还没有造出这样的男人。

赵青与刘德康共同表演德意志民间舞。

眼看着周围的女友一个接一个地恋爱、结婚了。我在集体宿舍的单身房里，越来越孤独。在寂寞的时刻，我需要一个小窝。需要一个体贴我、保护我、遇事可以商量的伴侣。忽然我的需要却降临得如此偶然：

还是早在18岁那年。我与名人的女儿××同住一屋，她把心中秘密告诉我，说她爱上团内一青年——刘德康，现正在国外访问演出，我问她："关系明确了吗?"她说："还没有。"那时谈恋爱，要向大家公认即明确关系，这样他人就不会插足。

不久访问团回国，我们在大厅听出国汇报。一小伙子站起从人群中走过，××就指给我看"就是他"，我从来不太注意周围的男青年，经她介绍反倒注意起这小伙子。大背头，样子很帅，确实不一般。练毯子功时也特别突出，下身"漂"(即轻盈)，大家都公认他条件好，腿长，是男演员中第一个跳独舞的。他的《小司号员》大家评价很高，由华北大学来的，腰鼓、秧歌也扭得好，是男演员中的尖子。

加上刚从国外归来，装束整洁，浅蓝衬衫，浅灰西装裤，透着雅气，又懂礼貌，人也随和，我心中不由对他产生好感。甚至于把他的细长眼单眼皮看成了双眼皮大眼睛，一般鼻子看成了高鼻梁。戴上了玫瑰色的眼镜，似乎一切都非常完美。

我们正好一起学习德意志民间舞，我们俩是舞伴，那时他的手拉着我的手，搂着我的腰，我心嘣嘣地跳。

春天的花蕊正在开放，初恋的萌芽开始生长，好像这位小伙子对我也十分注意。无意中知道他的父亲是中学历史教员，新中国成立前也曾演过文明戏，是河北省安次县人，出身贫下中农，从小务农，后来过继给地主家，才得以去日本留学。"肃反"时他父亲被当做"历史反革命"被捕入狱，在牢中七年生病而故。当时我知道他家历史，可我根本不在乎。我爹也是马大哈，从不问他们家庭情况，一直到九泉下也还不知他的亲家是什么出身。

不久这小伙子向我表示爱情，我们第一次接吻我才发现他的眼睛不是双眼皮大眼睛，鼻梁也并不高。谈恋爱时他骗我说他不吸烟，谁知实际上是烟酒不断。但热恋的暖流，容不得我去仔细思考什么，很快便投入了他的怀抱。

这关系一公开出去，便伤了我同屋好友××，我猜她一生也不会原谅我。多少年后我十分后悔，不该抢去她的心上人。因为她一生的婚姻并不美满，我看她老得较快。而我与刘德康夫妻一场，也因刘德康长年有病，我在事业上又好强，两人在思想上产生了距离，几次闹"离婚"。我想若是他俩结婚，××也不会这么老，而德康也会比现在长寿。因为他是个适合过安稳日子的人，而我的颠簸确实使他折寿。想起来真有些对不起这二位。

三十六 父女双双向国庆节献礼

国庆 10 周年大庆，举国上下隆重准备盛典。电影界拿出 10 部电影作为国庆献礼片。我爹爹独占鳌头，主演两部电影《林则徐》、《聂耳》。我们的舞剧电影《宝莲灯》，也列入"十大献礼片"之一。父女俩占了 10 部中的 3 部。

我爹主演的这两部影片，光彩夺目，是 20 世纪中国电影艺术上的高峰。

《林则徐》成功之后，经常听我爹叨叨不少得意之处。

我爹说："林则徐是那个年代开眼看世界的第一个人。在禁烟抗英斗争中，他主张依靠人民的力量，发动民族战争坚决抵抗外来的敌人。他主张学习西洋，探索外国的新知识，学习外国的军事生产技术。主张发展正当的中外贸易，反对落后的封关禁海政策。是一位禁烟抗英，求实致强的历史先锋人物。扮演这样一个人物，担子很重，决不能概念化。一定要有生动鲜明性格，才可信，才符合历史的真实。

“看电影初稿本时，我并不喜欢初稿中描写的这个人物。那似乎是个四平八稳、调子晦涩的老头子。我必须寻找人物独特鲜明的性格特征。

赵丹扮演的林则徐，是极为成功的一个人物，也是赵丹的满意之作。

“我从一些林则徐的画像中找到了灵感。饱满聪慧的天庭，神采奕奕的眸子，莞尔微笑的神情。我仿佛看到了一个蔼然可亲的普通老人。对,我就从‘蔼然可亲’打开这个缺口。”

我爹告诉我他从史料关于林则徐的记载中找到了角色的“珠母”。

记载中写道:“林则徐英光四射,声如洪钟。每剧谈,隔舍数重聆之,辄了了。”

我爹说:“只有一个正直无私,胸襟开阔的人,他的眼睛才那么亮,语声朗朗,中气十足。”

记载中又写他“待人以恕,接人以诚”,这是说他体察下情,平易近人的一面。

从一些记载中我爹恍惚摸到了一件最宝贵的东西“真璞”。它像一颗精光四射的珍珠,在它照耀下,林则徐性格中的刚毅、正直、乐观、真挚、豁达、无私等特征就像一连串透明的小珍珠,众星拱月般地紧紧依附在它的周围。“真璞”就是角色的“种子”,我爹终于找到了人物性格特征的“核心”。

“定角色性格的基调,即角色的基本色彩,是不可缺少的重要工作:这场禁烟抗英斗争中有三个抵抗派核心人物:林则徐、邓廷桢、关天培,我们扮演这三个角色的演员在一起琢磨,最后确定了色调。林是朱红色;邓是棕色或墨绿之类;关天培是桔黄色,如忠心耿耿的老将黄盖,三角色互相对比烘托协调之中又突出林则徐。……我的角色创造,是因他们二位成功的创作,才获得比较丰富的色彩。”我爹爹谈自己成功之处总忘不了合作者的成功和给予他的烘托,这点是非常值得任何一位诚实的艺术家学习的。

“这个戏气势很大。这场揭开近百年来中国反封建斗争序幕的禁烟抗英斗争,要求戏的风格如长江千里,一泻而下。而林则徐一直处在斗争风暴的中心。人物的动作性很强，感情起伏的幅度很大。我决定采用中国写意画中大落笔的手法，来尝试形象的创造。

“分析了整个剧作和角色以后，我就设计如何通过几场戏，用几个大笔触点染出人物的基本特征，使形象初步树立起来。”

爹地比较详细地给我讲解了几场戏中如何刻画人物，和如何运用绘画的手法来点染人物的色彩。

首先是人物的亮相，我爹说：“上场风很重要，例如曹雪芹《红楼梦》中对王熙凤的描写，‘未见其人，先闻其声’，几句话、几个动作就概括了王熙凤的主要个性。因此林则徐的‘亮相’十分重要。

“我主要表现他的‘目光奕奕’，因此在这第一个镜头亮相时我非常注重分寸准确，动作精简，用力得当，因而自然将林则徐当时复杂心理用一双眼睛全部表达了(我在前面曾详细描写过该镜头)。

“第一笔是‘奋然而起’。”

我爹讲述他的第二点是“逸”，即林则徐到达广州与老朋友邓廷桢、关天培相见的场面：“林则徐到广州，百官集迎，仪仗煊赫一派钦差大臣的威风。这时林身穿金光耀眼的马褂，头戴鲜红珊瑚顶子的红缨帽，不无春风得意之色，真所谓‘神采威秀、顾盼风生’。‘请圣安’典礼刚行过，我就如同小时小学生一等书念完，便猴急扑向桌上抢糖吃一样，步伐急速两手平伸，如饥似渴地赶上前去见老朋友邓廷桢和关天培，把手叙旧。而不是大摇大摆，温文尔雅地迎上去。是为了突出林的热情、开达和真诚的这一面。

“第三点是‘私访’，表现林则徐体察下情、平易近人的一面。林则徐下舟伊始，首先出现在老百姓之中，脱下官服，青衣小帽扮做商人，亲身感受到老百姓的疾苦、愿望和仇恨,从而更增加了禁烟的决心,这一场我是以‘平易’出之。

“第四点是接风宴。这场戏的表演不是急急风,反其道而行,看来好像漫不经心,恰恰是用了很足的力量,去谈笑酬酢之,解决了战斗。”

我爹接着说:“所谓真刀真枪,不在于你来我往,一招一式,不在于你言我语,词锋相对,而在于从容谈笑之中,蕴藏着逼人的锋芒。这样安排可以显出林的大手笔,显出林的政治家的魄力,这一笔用得‘洒’,甚至于有点近乎‘泼’。”

我爹对于自己这场戏在宴会后,随便地拿起桔子来吃的小动作表演十分得意。他说林则徐是福建人,爱吃桔子,正表现林对乡土眷念。不仅如此,这还表现出林不拘小节、平易近人的性格。正是“从人物的洒脱”中随手拈来的性格小动作,再次衬出了这场戏的“洒”。开始桌上放的是蜡制荔枝,是我爹执意要换真的鲜桔,导演看这可表现林的爱好与特点,就同意了。后来发展成“夜读”及“民家”两场戏中茶几上也都放着桔子,我爹说:“正丰富了‘洒’字。”

我说:“爹地,戏中发怒摔茶盅、看‘制怒’之字后又冷静下来,自己向家人要抹布擦桌,拾起破碎的茶盅。这‘一怒一制’的对比表演多精彩啊,给我印象极深!”

我爹高兴地说:“这正是我设计的第五点‘爆’!这‘一怒一制’表现出林则徐为国为民忠心耿耿和疾恶如仇的性格,写出他性格的‘真璞’!恰恰由于‘真璞’才带来火爆,同样因为‘真璞’老毛病总是改不掉,这场戏才有味道、有深度。”

爹地回味着……

我又说:“我还喜欢那场清晨打太极拳的戏,好美!”

爹地问:“爹地的太极拳打得好吧! 恐怕你都没这招式,非一日之功啊! 这还是爹地小时候在南通学拳时学的,一直没忘记,一打,这感觉全来啦!”

爹地又接着说:“这场戏是林则徐紧张一天的最后一个镜头,也是暴风雨前夕的宁静。这里采用的是‘欲擒故纵法’。林则徐忙了一天,该休息了,却仍就着烛光翻看文献,审视地图。这刻画了一个有勇有谋、不知疲倦的爱国者。清晨,为了迎接新的一天的战斗,赶去疲倦,他将窗子一扇打开,推开大门,迎着灿烂的阳光,对着满园春色,打起太极拳来……调子平平稳稳的,很淡,用的是意到笔不到的手法。”

我赞叹道:“这简直是幅国画,诗味十足!”

电影《林则徐》中,赵丹扮演的林则徐在虎门炮台。

我爹不停地给我讲述后面几场精彩戏的设计与表演，很重要的一点是，他将绘画的创作规律运用到了表演创作上。看来对其他艺术品种学习，并从中汲取营养，将会为一个演员刻画角色深度与广度带来更高的升华。

在总结林则徐表演体会时，我爹找出规律，形成表演理论"赵氏体系"。我以为其中有几点是值得牢记的：

一是，角色与演员之间是"相通"的。我爹认为："赵丹是今天具体的人，林则徐是历史上具体的人，两者之间思想感情不同，但又可以有相通的东西。既要承认距离，也要承认通过深入角色的思想感情，通过想象，可以使赵丹这个具体的人，接近、通向林则徐这个具体的人，也只有承认这个'相通'，才有艺术创造可言。"

再一点，必须将生活真实与艺术加工统一起来才可达到完美。他举盖叫天先生的话说明之："真是生活，假是艺术。有假无真，艺术则失掉基础；有真无假，则不美。所以演戏要真中有假，假中有真，真假难分。"

以上精辟的见解是对后人表演艺术事业极重要的指导。

三十七 不朽的《聂耳》

我爹向国庆献礼的另一部重头片就是《聂耳》，塑造了一个与林则徐截然不同的形象。同一演员在同一时期刻画两个截然不同形象，而且取得了社会一致公认与好评，这不能不说明我爹非凡的天才、勤奋的探索及超人的演技，否则达不到如此表演的高度。

我爹拍摄《聂耳》的时候，我也正在上海拍摄电影《宝莲灯》。爷儿俩经常有交流表演体会的机会。那时我爹已是四十多岁，可扮演的聂耳是个 19 岁的年轻人，所以那阶段我爹好像突然变年轻了，活像一个朝气蓬勃的年轻小伙子。我爹为了演好这角色，不仅内心下功夫，在外形上也下大力量，每天坚持跑步、蹦跳，加快行止节奏。有意识从外形到内心改变自己的神形心态，有时我都不感到他是我爹，而觉得他像我同年的知心朋友一样。淘气、活泼，性格开朗，这些本来就是我爹性格中主要的一面，这阶段就更得到发挥了。

赵丹总爱讲他与聂耳的故事，这是他扮演的聂耳。

一有空儿爹爹除了指导我拍戏就是给我讲他跟聂耳当年的小故事：

"我和聂耳真是相见恨晚，他出国前一年半或两年的光景我俩才相识。相处时间虽短，却成了莫逆之交。在和他认识前，总有人讲聂耳不少有趣的故事，说他勇敢、热情、开朗、随和……并预言：'你俩性格很相像，如果在一起，准会成为好朋友。'

"果然有一次在扬子饭店一朋友房间，刚开完左翼剧联小组会，听到有人敲门，我打开门一看，一个年龄和我相仿的小伙子，喘着气，圆圆的、通红的脸蛋上流着汗，宽宽的肩膀，短硕的身材，神采焕发。别人讲述的形象突然像闪电一样闯进我脑海。我禁不住大喊出来：'聂子！''阿丹！'小伙子一下拉住我的手，紧紧抱住我。

"'人家总在我面前说你……说你……'我恨不得把心里话全倒出来。

"'别说了！知道了！'他大声打断我的话，跟着捶了我一拳，这一拳差点没让我摔一跤。

"从此就开始了我们的莫逆之交。"

我说："爹地，你形容这场景完全可以拍成电影镜头了。"

"是啊，为演好聂子，我把和他所有相见的场面一个一个地回忆起来……

"不过聂子比我优点多，他不仅热情而且还冷静，有时我热情泛滥起来开了闸似的收不住，倒是他经常提醒我，敲桌子：'停，阿丹停，你又抢别人的话了！让人家讲完了再讲好吗！'他能很冷静地在一旁听着。

"抢工作，也是聂子的优点。他不知道疲倦，不论什么工作都抢着去做。拍戏的时候，不仅当配角，还帮忙抬机搬片子，演出时在后台帮搭布景，搬道具，帮搞音响效果。就是干他本行时，也一会儿指挥，一会儿在乐队中拉二胡，一会儿又参加合唱，既是组织者，又是录音师，而且干起来总那么认真、愉快。

"聂子对我当时拍戏还帮了一把。那时我刚到明星公司不久，拍电影《女儿经》，是沈西岑导演，我演一个失业的知识分子，又患肺病，贫病交迫，家中无米为炊，老婆（夏佩珍饰）成天埋怨，精神异常痛苦。有一天女儿(陈娟娟饰,当时才七八岁)在我腿上玩,老婆看见了,不让女儿与我玩,怕传染肺病。我在这种时刻受极大刺激,万念俱灰,决心自杀。这时要拍一个长镜头,表现我笑着与女儿告别,恋恋不舍地扫了屋里一眼,然后独自走出门去……

"当时拍长镜头是显示演员本领,能演长镜头是演员引以为荣的事。这正是显示我的时候。为了'显示'反而感情出不来,场上灯开了又关,关了又开,导演动员全场耐心等待我的感情,越耐心我则越心焦,反而紧张起来。这时是聂子帮了我,他在一旁拉起小提琴,琴声是那样动人。没拉两三句,我的感情就像淙淙流水似的来了。聂子看到火候了,给导演示眼色,导演马上令开灯、开机。聂子拉着提琴,提琴跟着摄影机,摄影机跟着我,说不出是琴声诱导我的情感还是我的情感在指挥他的旋律。长长的镜头就这么顺利地拍完了,聂子的琴声也录进了影片,成了这段戏的配音。片子放出后,这段戏成了全剧的高潮。感谢聂子的琴声,这片子是我与聂子成功合作电影片段与友谊的永久记载。

"聂子有一颗透明的心,永远是一个大孩子:在上海霞飞路,吕班路口有个卖报女孩名叫小毛头,跟聂子很熟,老远就叫'聂子'!聂子有时帮她卖报,我们也跟着卖,过不久,这女孩哼起《卖报歌》。你说聂子像不像个大孩子?他的心永远是纯洁的。

"聂子还是个好演员,表演既认真又谦虚。《扬子江暴风雨》由聂子作曲并演其中主角,那天我在前面演完戏又赶着在台下给《扬子江暴风雨》合唱,指挥领唱的是张曙,我们边合唱边有意识看聂子的表演。当他演到抱起死去的孩子(当时是田汉长子田海男扮演)时,我流泪了!想不到他还是个好演员。演完卸妆,聂子立刻跑来征求我的意见。他的表演我够满意的了，只是觉得帽子挡了脸部灯光，表演感染力受影响，建议他在某处摘下帽子。聂子当时就让我帮他排练，我们就处理了什么地方取下帽子。后来再演出时，效果果然更好了。聂子真虚心，他从不偷懒，不取巧。

“聂子在当时音乐战线斗争，主要是反对反动的黄色音乐。聂子还遭受学院派轻视，那些人笑话他不懂和声，只会简谱，没写作技巧。他对这些意见采取分析的态度，一方面不同意艺术至上倾向，一方面也要求艺术技巧提高，后来他经组织同意决定到国外去深造。

“他离开祖国那天，是我和袁牧之、郑君里几个人在码头相送。船远远离开江岸，我从望远镜里看到他在擦眼泪。离开了伙伴，离开了多难的祖国，他流泪了！这是我第一次见到他流泪，也是仅有的一次！

“突然听到他的噩耗时，我不相信！这是谣言！我亲眼看着他活活泼泼地离开我们，大踏步走向蓝天和碧海交融的远方，他怎么会死！怎么能死！一直到参加聂耳追悼会的时候我都不让自己流泪，我一直顽固地相信聂子有一天会突然出现在我们面前！

赵丹扮演的聂耳在谱写《义勇军进行曲》。

“直到现在，组织上决定让我来演聂耳，站在天安门前听《义勇军进行曲》时，一个明确的意念才闯进我的心坎：聂子是死了！正这个时候，一个新的、更高大的聂子的形象在我的心中矗立起来，他比原来的形象更像聂子。因为他更鲜明、更饱满、更美好。这是人民的聂耳的形象，新的聂子回来了！这一死一生，在我心中经历了复杂的深刻的交替过程。

“我仿佛感到他的呼吸、听到他的笑声、触摸到他那双年轻的大手的持抱，他具有这样强烈的生命力和巨大的吸引力，聂子活在我的心里。”

我爹怀着对聂子强烈的感情，去创造他心中聂子的银幕形象。这是一个大艺术家刻画另一个大艺术家而发自肺腑的心声。它回荡在我的脑海中，至今还在回荡着！

不枉爹爹对聂子的一片真情，他果然把聂耳演活了，让聂耳再生了！

如片中有一场戏：为了纪念“九一八”，聂耳、苏平等在北平公演，却遇到反动派当局禁演。这场戏是由我爹当年在上海演戏被禁的生活实感移植过来的，把当时聂耳的动作与我爹他们的动作概括成一个。

我爹说：“这场戏是我的亲身经历，戏中聂耳抑制不住满腔愤怒，紧握拳头向墙柱猛击的设计，就是来自当时一个同志张容的动作；苏平在台上抗议禁演的一段台词，正是当时徐韬在禁演时登台发出的沉痛呼声；片中观众的怒吼口号确是当时观众悲愤激昂的如实记录，最后我们也正是在一些观众保护下，带着妆冲出戏场。这种生活实感的移植，构成了这场戏的戏剧情景、人物情绪、语言和动作，也使这场戏更深刻，更具有感染力。”

由于我爹对聂子的熟悉和深刻理解，我爹在拍《聂耳》这部片子过程中经常出现“即兴创作”，即产生“下意识动作”。而这种“即兴创作”对一个艺术家来说是不多的，也是艺术家所追求的“得心应手”自由王国的创作境界。获得这种境界对艺术家来说是多么可喜和可贵的呀！

我爹举例说明：“在拍创作《码头工人之歌》歌曲写作过程时就出现了这样的境界；聂耳坐在桌前写着，忽然感到写不下去，丢开笔……下面该做什么？休息，坐下？不，这不是聂耳的性格。他是好动的，那么出了汗，擦了汗，毛巾放哪儿？往肩上搭，这一搭，‘下意识动作’来了，我想起二十多岁的聂耳在台上扮演《扬子江暴风雨》里老王的形象。一下掉进规定情境，码头工人肩上压着重担，微弓着背，脸上痛苦……‘音乐从这儿起’我和导演同时喊出这句话，聂耳心里音乐燃起，我挪动沉重的步伐，向前一步一步迈着，这时镜头由中景推向近景。随着乐声的高扬，一股激情的巨流奔腾而来。这个镜头就这样一气呵成地拍了下来。

“像这样的情况还不少，例如聂耳在阁楼天窗上做早操，在雪天晒台上拉琴抡动手臂的动作，还有我打着鼓跳的黑人舞，都是将我自己与聂子融为一体而产生的即兴动作……”

爹爹讲述时兴奋的眼神，正如同影片中聂耳谱写《义勇军进行曲》时，红光照射着的眼神。这双眼睛闪出的光芒，在我回忆中经常涌现。

三十八 周恩来给我爹起外号

“十大建筑”之一的人民大会堂屹立起来了，“国庆大典”也是人民大会堂新建后的首场演出。参加这盛大演出的将近上千人，除了我们舞剧《宝莲灯》第二场外，还有《天鹅湖》第二幕，百人中央乐团大合唱。国庆前夕，我们舞剧团、全总、煤矿、海政、舞校等歌舞团二百余名舞蹈演员，热火朝天地在一起紧张地排练，纪律严，效率高，布景也拉大几倍，相当气派。

搭了二层楼庭院一角，我在二楼出现，众星捧月一样上场。毛泽东主席、刘少奇主席、朱德总司令、周恩来总理、邓小平总书记等党和国家领导人全部出席，还特邀各友好国家的领袖人物前来观看，展现建国10年的巨大成就，要求一点差错也不能出。

“双绸”表演时博得全场上万人的一片暴风雨般的掌声。

散戏后我卸了妆，跑到大会堂二楼。忽然遇到阳翰笙伯伯，他叫住了我：“赵青！你怎么跳得这么好，这么从容？”我缩了缩脖嘻嘻一笑，只叫他一声“阳翰笙伯伯”，不好意思地一溜烟就跑掉了。这是当天见到的第一位观众。从他的话知道了我演出很成功，心中也十分得意和欣慰。

赵青主演的舞剧《小刀会》。

10 月 2 日晚在大会堂宴会厅，周总理宴请国庆“十大献礼片”的主创人员与在京的演员，我也被邀参加了献礼片的宴会。我的座位安排在周总理一桌，起初坐在总理的斜对面。周总理让他右边的崔嵬伯伯(《杨门女将》导演)与我换个位置，这样我就挨着总理身边坐下。同桌的还有杨丽坤(《五朵金花》女主角)等。

周总理神采奕奕，频频敬酒，茅台一杯接一杯。我不会喝酒，总理说他替我干，我暗自数了数，一晚上总理大概干了有十五大杯。席间总理总爱跟我说话，总理先说：“谢谢你，昨天你们演得很成功！”

我不好意思地笑了笑，总理又问我：“你知道这二百多人的大《宝莲灯》的演出，是谁的主意？”

我说：“我不知道。”

总理像个孩子一样高兴地指着自己的鼻子说：“是我呀！”

我也开心地笑了，真是万万也想不到是总理亲自出的主意。

总理接着说：“是文化部让我去看你们拍的《宝莲灯》电影，我想舞剧怎么拍电影呢？一看果然拍得不错，其中沉香过百日这场戏好热闹，舞蹈也丰富，我就点这场戏参加国庆盛大的演出。大会堂舞台大，几十个演员太少，加到二百多个演员。芭蕾舞《天鹅湖》第二幕也加到上百人。果然好看，有气派！我想外国有《天鹅湖》，我们中国有《宝莲灯》，这证明我们国家短短 10 年取得了巨大成就啊……”说罢又开怀痛饮一杯！

我理解周总理说“外国有《天鹅湖》，中国有《宝莲灯》”是对我们年轻中国舞剧事业寄予的希望和鼓励，《天鹅湖》芭蕾舞已有二百余年历史，是举世闻名的传世之作，而《宝莲灯》也应该不断提高、加工、重排，力争成为举世闻名的传世之作。

周总理在繁忙的公务之余，喜欢跳交谊舞。因为他的工作非常劳累，一天只睡几个小时，有时只能在小车上睡觉打盹，而跳舞是一种积极休息。听着音乐，松弛脑筋，交谊舞又是轻微运动，同时又广交各界朋友，了解情况。我们舞剧团经常承担这陪舞的任务，有时一星期达到两三次之多。许多党和国家领导人和我是在这场合中认识的：朱老总、陈老总、贺老总、叶帅等，有的还成了好朋友。

与周总理更是熟悉，只要我去，总理第一个舞总是邀请我跳。周总理的交谊舞跳得很规范，合着拍子迈步，并有些小小来回颠动。他特别喜欢广东音乐《步步高》，每次都要点这首曲子伴舞。一边跳，一边交谈，关心我的各个方面。

周恩来总理和赵丹、夏衍(右一)在一起交谈。

有回我告诉总理我想把《长绸舞》变成飞天，下面用人托举，并放烟雾，我在空中飞舞。不知为什么总理特别不喜欢我们用托举，他说中国人在古时候男女授受不亲，怎么可以托举呢？他让我不要搞这个，后来连《小刀会》中弓舞女战士站在男战士腿上的动作都让去掉。

对总理的意见我们思想上并没搞通，有时我没大没小的还和他争论，不管什么想法都跟他讲，他都十分关切地注意听取，我感觉我们之间就跟祖父孙女之间一样亲，毫无拘束。

舞会通常安排在中南海怀仁堂、北京饭店（老楼）或是三座门俱乐部，大会堂盖成后又经常在大会堂内（如新疆厅）举办。

有一次我爹到了北京，在大会堂新疆厅和总理一起跳舞。我突然接到电话通知说周总理叫我马上去大会堂跳舞，并派周总理警卫员开了总理的小轿车到天桥剧场接我。舞会早已开始，一对对正翩翩起舞，周总理见我到来马上迎接，指着一边说："你看！谁来了？"我一看是我爹，张瑞芳、秦怡两位阿姨也都来了。我一个个打招呼，总理说："你还不快和你爸跳个舞。"

周总理却坐在一旁，笑眯眯地看着我们父女俩翩翩起舞。

晚会上，我爹向周总理诉苦，说是"棍子爷们"老要整他，抓住他一两句话无限上纲，揪辫子、打棍子、戴帽子，批得人人灰溜溜的真没劲！

为这个，张瑞芳阿姨总是劝告我爹："管住你的嘴巴别走火！"我爹戏称她"政委"。不过还幸亏这"政委"经常在他身边关心提醒他，否则还不知他要闯出什么祸！我爹提起瑞芳阿姨还是感到可亲和发自内心的感激。

就这样有时他还是管不住他的这张嘴巴，他激动地对周恩来说：

“总理呀，请你给我一张免斗牌！请棍子老爷们不要再斗我，我是个艺术家，不是什么政治家。请关照他们别用政治家的标准来要求我，请用艺术家的标准来要求我呀！让我心情舒畅一些，发挥我的特长，好好为国为民，拍它几十部杰出的影片！请你一定要给我一张免斗牌呀！”

我爹向周总理提出这要求后又嘀咕，问我：“会不会有事？”

我问：“什么免斗牌？”

我爹说：“在唐朝，唐明皇就发给诗人李太白一张免斗牌，李白在宫中就可随意说话吟诗。李白也怕宫中有人将他随便说的话上纲变成把柄，我要免斗牌也是这种原因。”

我听后安慰我爹：“我想不会有什么事，不过你还是少说为妙。”

当时是没什么，可“文革”中却为这免斗牌一事，把我爹斗得死去活来。

1961 年广州会议为知识分子“脱帽加冕”是我爹最高兴的时候，后来就不行了。但我爹在周总理面前，却永远像个大孩子，坦荡荡一片赤子之心，什么话都敢讲。他自称“童言无忌”，其时早已四十多岁，过了“不惑之年”啦。

周总理还喜欢请我爹一起吃饭，他甚至给我爹起了一个外号——因为我爹特别馋，胃口又好，吃到最后总把满桌的残羹剩菜一扫而光。周总理看我爹那吃相，开玩笑叫他“赵光腚”，并且开心地说：“跟阿丹一起吃饭最好，不浪费，有多少吃多少！”我爹自己也承认他是个“赵光腚”。

有一年中秋节，邓颖超生病在家，周总理特请我爹和几位阿姨同到中南海西花厅他自己家里，同桌吃螃蟹。席间我爹笑话连篇，洋相百出，引得邓颖超和大家开怀大笑。在这样一个持蟹对菊，赏心悦目，充满诗情画意的月白风清之夜，我爹竟然敢说："总理呀，你知道我是艺术家，不是弄臣！艺术家有良心，不会拍马屁；弄臣尽拍马屁，可没良心哪！"

说得周总理哈哈大笑："好！我最欣赏阿丹这个豪放不羁的个性！"

岂不知后来我爹就为这个"豪放不羁的个性"被江青一伙迫害得死去活来。尽管死去活来，却依然"九死而不悔"！

后来白杨阿姨回忆道："阿丹为人奔放、洒脱，性格坦率、诙谐，出言机智、幽默，有时令人捧腹不已，给人们以感染、以欢乐，有时又多痛快淋漓，往往一针见血，赤诚相见，实是老朋友中一大瑰宝！"

三十九 1960年父女先后赴欧洲访问

我爹真正出国还数1960年，随中国电影代表团前往捷克斯洛伐克参加卡罗维·发利国际电影节。我爹异常兴奋，从里到外制装准备，戴顶法兰西帽，身着浅米色风衣，好不帅气！

我爹私下跟我发牢骚："到现在还不如我女儿出国出得多。"

我安慰他："我们出国多，是歌舞演出的职业特点。其实出国太多了也没意思，在外待久了还想家呢！"

我爹知道我在宽慰他，拍拍我的脑袋点头笑了。

我爹这回在国际电影节上可风光了！他获得了极大荣誉，电影《聂耳》获得了传记片奖，我爹扮演《聂耳》的剧照被放大许多倍到处挂着。国际影星、世界各地朋友纷纷向我爹祝贺。我爹被列入国际影星的行列，是中国电影演员中数第一的代表人物。颁奖时我爹亲自登台领奖，这是国际电影界对他的承认。

赵丹出演的《聂耳》在卡罗维·发利国际电影节上，荣获传记片奖。

我爹捧着奖杯载誉归来，祖国人民和同行们也为此纷纷祝贺他。艺术创作受到海内外的喜爱与欢迎是我爹最大的欣慰。

他也学我在捷克斯洛伐克买了些小礼物送给家人，其中最珍贵的礼物是国际正流行的鸭舌小呢帽。他自己戴一顶深灰色的，送我一顶浅灰色的，非常漂亮，也是爹爹对女儿的一片心意，我一直舍不得戴。

有一回我戴着小帽去火车站送我爹爹的挚友，火车快开时，她女儿跳下火车从我头上抢去了这顶小呢帽，说给她母亲带去。火车已开，我也无法抢回，心想也好，反正是我爹的挚友，那就留在她身边作为永久的纪念吧。

1960 年我也没闲着。一天，我爹的患难之交朱今明叔叔突然给我来电话："我们北影正在拍一部彩色艺术纪录片，取名为《丹凤朝阳》，记录建国 10 年以来优秀的舞蹈、音乐、歌曲。周总理关照一定要拍你一段独舞，你准备一下好吗？"

这下可把我难住了。当时我还没有独舞，只好硬着头皮编吧。我看敦煌壁画上有香音女神的飞天，手持鲜花，翱翔在天空，将五色缤纷鲜花散向人间，这意境多美。前有梅兰芳先生的《天女散花》，我这后人何不搞一个散花的"飞天"呢！音乐就用作曲家刘行为戴爱莲先生谱曲的双人舞《飞天》音乐，我觉得很有味道，仙气很浓。我一个人跳独舞，音乐长度不用这么长，就删去其中一段变奏，五分钟正适合独舞要求。

两根长绸先束成两把鲜花，遨游在天空之间时再抖开双绸，舞出千变万化的图形，如同向人间散花一样，散去美好的音乐，散去芬芳的香味。意境的构思大体定下来之后，我每日在教室对着大镜子创作，自编自舞。这是我第一个自编自演的独舞，在这基础上不断修改加工，成为后来舞遍世界的《飞天长绸舞》。

北影厂为拍摄这独舞可下了不少功夫，导演兼摄影朱今明、副导演陈怀皑，服装是我院设计师穆义清，根据敦煌壁画设计浅米黄色衣裤绿色长绸。那时思想不解放，还不敢像现在这样用透明的色彩缤纷的装束。

摄影棚全部搭上了玻璃地板，因为朱今明叔叔曾到苏联学过摄影，他说这是从莫斯科学来的。

我半卧在高台上手持一双用长绸束成的花球，喷上烟雾随着音乐起舞，如同翱翔在天空。逐渐我由高台斜坡走下，在云海中观看人间，抖开双绸由舒展进入快拍高潮，两根数丈长绸挥舞变幻各种造型图案，以示飞天向人间纷散花香，然后缓缓飞向另一方。

诗情画意的独舞《飞天》终于拍摄成了，放映样片时，导演、摄影等都非常满意。

尤其是北影厂化妆师孙鸿魁老师十分得意，他说他给我化妆的皮肤质感十分好，嫩到一捅就要破的程度。后来他给外人讲化妆课时，都拿我的化妆样片当示范。

同年全国妇联邀请我参加中国妇女代表团前往丹麦哥本哈根出席世界妇女代表大会，团长由冯玉祥夫人李德全担任，副团长是龚普生和郭健二位。代表团成员有阿沛·阿旺晋美的夫人、黄甘英等总共十一二人，搞艺术的除了我还有一位上海歌剧院的年轻歌唱家，带我们是为了准备在联欢场合演出的。

正好我带上了自编自演的《飞天》独舞。服装又重新设计，白色短上身，藕荷的大纱裙，仍是浅绿色长绸，上面粘了不少亮片，比起电影好看多了。因为不是飞天式服装，所以就改名为《长绸舞》。

代表团中我是最年轻的一个，周岁二十三，如花似玉，去哪儿都为代表团增添光彩，博得许多国家妇女代表的喜爱。开会期间，经常由我唱起云南民间小调《绣荷包》。虽音不高可音色甜甜的还颇受欢迎。

赵青随中国妇女代表团出席世界妇女代表大会。这是她在哥本哈根“鱼美人”塑像前。

我们前往丹麦哥本哈根，又途经瑞士伯尔尼，仍在城市旅馆歇脚，这已是我第三次来到玫瑰花国瑞士了。

哥本哈根这城市也非常美，已值春末夏初季节，气候宜人，在市中心海边也有一座“美人鱼”的塑像，比华沙“美人鱼”大许多。如童话《海的女儿》那样悠静，望着远方的大海。在海上我们又坐着小艇乘风破浪飞游一番，海风将我的长发吹起，大姐们开玩笑说：“海上又出现了一尊中国式美人鱼的塑像。”

会议结束的那一天，举行各国妇女代表团盛大晚会。偌大的剧场，舞台相当可观，拥有上万名观众，人山人海，十分拥挤。

我拿出我全部的技艺和魅力，在舞台舒展双臂抖出长绸，飘飘欲仙，临空飞舞。那天追光特别明亮，漆黑的太空中，巨形炭精灯的光柱追随着我，我犹如在宇宙间环舞一样。这种陶醉之感，使我经历了一次人生极大的美的享受。舞间，观众不断鼓掌，直至舞毕，雷鸣般的掌声经久不息，多次谢幕，简直到了下不来台的程度。代表团大姐们个个争着拥抱我、亲吻我，夸我为中国妇女争了荣光。

第二天哥本哈根报纸上一权威记者写出评论：“中国舞蹈家赵青，手持数丈长的彩绸，在舞台光柱照耀下，舞出千变万化的花样，剧场的观众为之倾倒，这简直是人间奇迹！”

我深感艺术魅力是连结世界人们心灵的纽带。我经常在世界舞台上感受到完美的成功，这是我精神上最大的安慰与满足。

我感受到了我爹爹在取得艺术成就时说的心里话：“艺术家还要什么呢？就是要观众热爱你创造的艺术，这也是最高的追求了。”

四十 总理“将”了我爹的“军”

“天有不测风云，人有旦夕祸福。”残酷的舞蹈艺术使我丈夫的健康早早地被损害了。两年舞校强体力劳动，使刘德康腰部受了损伤，可因为他是最佳学生之一，外宾来参观舞校时，刘德康都吃止痛片上场表演。来到歌剧院后，止痛片更是没少吃。

他排练新舞剧《雷峰塔》，白蛇由剧院老演员于颖、孙玳璋两位轮流扮演，青蛇是林阿梅（现已去台湾）。几人试排，剧中双人舞有不少托举动作。两位白蛇由于基本功稍差及体重较沉，使托举者负担很大。刘德康一人与两人练，超负荷量的练习，大量服止痛片，使他终于在1960年赴深圳演出时病倒了。

当时深圳还是个小县城，四周是稻田，市中心只有一个简陋的小剧场。为了做好港澳统战工作，我们演出的意义十分重大。

刘德康由于长期服用止痛片，引起药物中毒，突然病倒。经化验，血色素才4克，血小板极少（当时还未查出药物中毒），医生下令禁演。他被急送回北京，住在友谊医院，整天输血输液，吃药打针，紧急抢救治疗。

那时我们已经搬到天桥剧场对面一个小院中。团长和几位主要演员的家住在一个四合院内。我们住在不到9平方米的小东房，只有一个小后天窗，水泥地阴暗潮湿，终日不见阳光。

每当曙色熹微，天桥剧场看门老大爷还没起床，大门还锁着时，我就一腾身翻过院墙，到剧场后台的练功大厅或者在空荡荡的天桥剧场的舞台上打开工作灯，拼命练功。白天排练，晚上演出，吃饭在天桥剧场后台小饭厅，终日不回屋，小屋只是夜晚短暂睡眠的地方，更何况刘德康终日在医院，哪里像个家。

从小被娇养惯了，只有阿婆、爷爷、奶奶、爹爹、雪珍娘娘照顾我，我哪会照顾他人。刘德康住院我连个好菜也不会烧，更谈不上去送什么好吃的，照应他什么，只是在探视时间去看望他。

还是当时与他同时住院的世界跳高冠军、山东老乡郑凤荣不时关照他，常买个炒肝尖送给刘德康吃。医院传出说郑凤荣与刘德康两人谈恋爱，其实郑凤荣正与她爱人处在热恋阶段，刘德康只不过打掩护而已。

刘德康一直到血色素升到 8 克才出院回家。他的血液病并没痊愈，疾病隐患还埋在他身体中。从此他变成了另一个人，再也不像以前那样追求进取，只求保身、保命，安逸过日子，唯一的爱好还是钓鱼。我一个健康的人体会不到病魔缠身的滋味，因此开始对他不满，两人各做各的，思想感情疏远了。

1961 年舞剧团接受赴苏联、波兰访问演出的任务，演出舞剧《宝莲灯》、《小刀会》、《雷峰塔》。前两部舞剧全由我主演。本来刘德康主演后两部舞剧，由于他的病，《小刀会》由陈华扮演潘启祥，《雷峰塔》由沈迪才扮演许仙。

1961 年，赵青、刘德康夫妇出访苏联、波兰，这是他俩在列宁格勒“阿芙乐尔号”前。

那时国家正值困难时期，团长张世葳为了让刘德康早日康复，特决定刘德康也随团出访，争取一个较好的吃住环境。这决定如同救命一样，刘德康如留国内是很难维持现状的。

我们团随周总理率领的代表团出访。我们的任务是通过艺术文化交流，表达中国人民对苏联人民的友谊，中苏两国的人民是要世代友好下去的。

《宝莲灯》在苏联演出的节目单。

我已是第四次到莫斯科了。正式公演在丹钦柯音乐剧院，而首场开幕式则在莫斯科大剧院举行，演出《宝莲灯》。届时有苏联领导人赫鲁晓夫、米高扬等前来观看。演出事关重大，只能成功不能失败。

为演好首场，白天在大剧院排练。我有幸亲眼看到乌兰诺娃和大剧院一些著名老演员练功。那时乌兰诺娃已有五十多岁，她是我心目中崇拜的偶像，能见到她，能和她合影是我一生中最大的幸福。

没两天我在大剧院观看她主演的舞剧《罗密欧与朱丽叶》，简直令人神往得五体投地。太完美了！她的身材已不如年轻人那样，年纪也大了，腿只抬到45度。但她每一动作，每一手势，每一表情完全把朱丽叶刻画得传真入神：

少女的羞涩，照穿衣镜时下意识摸到自己发育的乳房，恍然意识到自己已经长大的感觉与表情。她无忧无虑，可一旦见到罗密欧后一下跌入情网的神态。她与罗密欧在花园、月夜陶醉在爱情中的双人舞。她与罗密欧在善良神甫主持下秘密举行婚礼，庄严神圣的舞步与感觉。她与罗密欧在她卧室相聚最后一夜难舍难分的双人舞，天亮了罗密欧打开窗帘，她又上前关上窗帘，简单的动作把朱丽叶不愿罗密欧离去的心情表达得这么准确。当得知父亲逼她嫁人，她去投奔神甫求救时，在大幕前披着黑斗篷来回飞奔，一只手在前面伸着、抓着，如同朱丽叶为即将失去的爱情在呼唤、在求救、在与生命抗争……直到最后她发现罗密欧为她自尽，她毅然殉情而死。

一个为爱情牺牲一切的艺术形象，活生生地展现在我的眼前。这是我一生中看过的最感人肺腑的一部舞剧。

我一生就是在追求成为一个能这样刻画角色的舞剧演员，我要像乌兰诺娃那样，能在舞剧舞台上刻画出如此激动人心的完美艺术形象。

今天，我能站在乌兰诺娃表演过的舞台上演出中国古代妇女的优美形象，这是一种什么心情？进入“莫斯科大剧院”这个剧院演出的，必须是世界最高水平的演员。而今天我也步入这剧院，在世界最高水平的舞台上演出我们中国的民族舞剧，我是中国第一次登上这舞台演出第一部中国民族舞剧的女主角。兴奋、激动、自豪的感觉全都涌上心头。

白天大家都上街参观游玩，只有我一个人留在大使馆练习。晚上是首场演出，我自知任务重大。这不是个人的成败，而是代表中国的荣誉。我精心做好从形体到内心的一切准备。

下午进入大剧院后台，可大剧院的管理人员却不肯开化妆间。为此团长提出声明：若开演前两小时内不开化妆间，我们将罢演这场开幕式。在大使馆出面交涉下，大剧院的管理人员不得不打开化妆间，这样我们才正式进入演出准备。

这种气氛，更激励了全团必须在今晚的演出中打个胜仗的决心。各部门兢兢业业，勇敢步入舞台这个“战场”。大幕拉开了，一切都非常顺利，非常成功地进行着……

这场开幕式，我表演得十分成功，也不知是哪种力量，我“当众孤独”地进入剧中情境。我感到自己是那么优美、自如，为爱情为自由奋斗献身，强烈的艺术魅力感染着在座的每一位观众。直到大幕落下，场内经久不息的暴风雨般的掌声，才把我从华山脚下拉回到大剧院的现场。

我抬头看右边二楼包厢内，由刘晓大使陪同的苏联领导人赫鲁晓夫等正站立向台上演员鼓掌。再一扫金碧辉煌的观众席，站立着广大的苏联观众，热情地为我们成功的演出报以热烈掌声。一束束鲜花，大小花篮纷纷送上舞台。

在大剧院的休息厅我们放了不少观众留言簿，苏联观众写下了对舞剧《宝莲灯》的赞美及对中国人民表达友谊的美好语言。

开幕式后我们在丹钦柯音乐剧院正式公演，三部舞剧轮流上演，场场爆满。剧场内外满是让我们签名和围观的观众，气氛十分热烈。

在莫斯科逗留的几天内，我们也开始了民间性的友好往来活动。首先我们几个舞校毕业的学生：我、汪曙云、刘德康、梁惠敏、孙天禄五人，前往我们的老师依莲娜·奥丽格珊娜家探望。我万万没想到她却住在一大间地下室内，与上了年纪的母亲共住。与丈夫早已离婚。听说由于战争原因，苏联男少女多也是造成离婚的因素。我心中不由得十分同情这位可怜的老师。在中国她享受着最上等待遇，可在她自己的祖国过得还不如一般老百姓，真让人感慨万分。她希望再次前往中国，看来暂时已不太可能了。

中苏关系开始破裂后，凡对中国友好的专家境遇都开始恶化。第一个给我国排演《天鹅湖》和编导《鱼美人》的苏联专家古雪夫，听说由大剧院分到外地剧院工作。给我排"滑冰舞"的编导专家查普林，也调离舞剧团到话剧院工作。这一切好不凄惨！

艺术家与政治有何关连？可艺术家的命运每每随着政治风云起伏变化。

接下来的日子里我们又去访问了一个好朋友的家——丹钦柯音乐剧院来我国表演《天鹅湖》中第三幕"玛祖卡舞"的领舞演员伊尔库茨佐娃的家。她的丈夫是个画家、广告设计师。夫妇二人住在楼房公寓内，一卧室一客厅一走廊等于我国的二居室，房间很小，可十分温馨。他们没孩子，二人相亲相爱。对我们中国人民万分友好，在客厅内摆下了苏联红茶和各色小点心，我们高高兴兴地玩了一个晚上。没带翻译，比比划划大家都互相懂了对方的意思。人多屋小又挤又热闹，虽是严冬大家的心却同这小屋一般温暖如春。

这天对我来说非常有意义，这位苏联广告设计大师送了我两幅他亲手设计的电影广告画的照片：一张是《林则徐》中我爹扮演林则徐的大头像；另一张是我扮演三圣母在电影《宝莲灯》中的形象，这张倒很像我，左边垂挂宝莲神灯，下方立着我的神像，我一手在头上高举，一手在胸前，两手兰花三指，双眼下垂很似神台上的塑像。对于他的艺术创作和他的友好我深表谢意。

第二站来到了列宁格勒，这里我是第一次来。参观了冬宫，上了"阿芙乐尔号"巡洋舰，游览了市中的涅瓦河……一切都比在电影里看到的镜头还要美。这座城市保留着白俄时期的建筑与雕塑，很有风味。

我们在列宁格勒大剧院演出，同样受到列宁格勒人民的欢迎。

这里中国留学生特别多。每天他们拥挤在剧场休息大厅，等待我们卸妆，当我们走入大厅离开剧场时争取看一眼我们这些来自祖国的亲人们。只有钢琴家刘诗昆特殊，由我院副院长牧虹的爱人钟伟（也在苏留学）亲自带领到后台化妆间看望我们。一连好几天，天天来探望。

后来钢琴家殷承宗告诉我，当时他也一直挤在休息室天天远远地望着我们，只因无特殊关系，无法挤上前来握手。

由于中苏关系的紧张，留学生对祖国格外思念，对祖国来的亲人也感到格外亲切。

我们在列宁格勒演出时，莫斯科召开了苏共"二十二大"。周总理代表中国在莫斯科讲台上发表著名的"不要让亲者痛、仇者快……"的重要讲话。

会后周总理亲自打长途给我团团长说："天气变化，注意冷暖，问全团同志们好！"团长向全团传达周总理的讲话，大家都异常激动。列宁格勒的严冬确实很寒冷，可周总理的讲话如同一把火点燃了我们每个人的心，温暖着我们每个人的身……一定要把戏演好，为中苏人民的友谊做好工作。

在苏联紧张的访问演出结束后，来到波兰华沙和波兹南两个大城市演出。我再次见到了中国驻波兰大使王炳南及夫人，感到格外的亲切。真是做到了朝夕相伴——不演出时就到使馆玩。

王炳南大使特意带我们参观游览了不少波兰的名胜古迹。虽然我已是第三回来波兰，可真有许多地方没玩过。

记忆最深的是来到一小城市，观看世界著名钢琴家肖邦的故居，参观了肖邦当年演奏过的钢琴，还在他家爬满长青藤的窗前照相留影。

波兰人口不多，环境幽静，人民热情好客。红彤彤水汪汪的大樱桃，至今想起来还要流口水。

出访苏、波而归，周恩来总理为我团接风。在中南海紫光阁，摆开宴席，欢迎全体出国人员。外交部长陈毅元帅偕同夫人张茜前来助兴。我万万没想到爹地赵丹也应邀坐在周总理身边作陪。

总理说："正在国家困难时期，谈不上是什么宴席，吃不上大鱼大肉，但特批的小小一点鱼肉还是有的。"

"为招待外交战线的文化使者，为你们出访打了大胜仗干杯！"总理高举茅台一饮而尽。我爹照例是"馋鬼"，连吃带喝一点也不逊色。

大家无拘无束，谈起在国外种种趣闻，席间不断发出阵阵欢笑。总理说："看来神话舞剧也有政治意义，人民从中看出什么是善，什么是恶。今后《宝莲灯》可以多派出国演出，启发人民向恶势力斗争。"

酒酣耳热之际，总理问我："扮演刘彦昌的是谁？"

我给总理介绍了傅兆先，总理偷偷问我："他是你爱人吗？"我说："不是。"

总理又问："扮演沉香的是谁？"我又介绍了陈云富，总理再次问我："他是你爱人吗？"我说："不是。"

总理实在憋不住了："听说你爱人是《宝莲灯》的男主角，那你爱人到底是谁？"

我当场给总理介绍刘德康，总理与刘德康握握手。我解释刘德康原来是沉香的扮演者，只因患血液病所以不演出了，总理很关心地说："要好好治疗。"我们团长马上说："为了照顾他的身体，这次也随团出国了。"总理说："好，好，好！"

总理笑眯眯侧过身问："阿丹，听说你反对女儿恋爱呀？有这回事吗？"

"总理消息这么灵通？是谁告诉你的？"我爹尴尬地苦笑，同时看我一眼。

"渠道么，多得很哟！有的是'包打听'！"陈老总眨眨眼睛，风趣地插话。

我爹一字一顿地说："搞舞蹈，是该做些牺牲的！"

周总理点点头，可回过头又将我爹一"军"："阿丹！你也是大艺术家，怎么只准自己20岁就谈恋爱，结婚，不准女儿有这权利呢！"

引得满屋哄堂大笑。

总理这一"军"，"将"得好。从此爹爹对我的婚姻再也没提过什么意见。

四十一 父女俩爱看好莱坞电影

1961年周恩来总理、陈毅元帅在广州会议上公开为知识分子摘帽子,极"左"势力暂时退居幕后,文化知识界开始出现了活跃的气氛。"双百"方针的春风又再度吹回了大地,关闭十余年的美国好莱坞影片开禁,能在北京、上海等大城市以内部参考片方式放映。

那时我爹来北京开会或办事,或是1962年我去上海养病期间,只要有放好莱坞电影的场合,父女俩总互相叫着去看内部参考片。

记得新中国成立前爹爹就经常带我去上海大光明、美琪、国泰等大戏院看好莱坞电影。那时我还小,只记得美国电影明星名字或五彩缤纷的各种镜头,对爹爹讲什么表演道理还根本不懂也记不得。

这回长大了,自己又从事艺术表演工作,因此爷儿俩再度看好莱坞影片时情况则大大不同了。父女俩探讨、研究,对于爹爹看影片后的讲解我也能有较深刻体会。

好莱坞电影中我爹最推崇的要数卓别林了,我爹说:"人类历史上,伟大人物是屈指可数的,不论政治家、科学家、艺术家都如此。造就一个大艺术家需要数十年,而卓别林就是百年不遇的一位伟大喜剧艺术家。他的喜剧都含着泪,每部影片都让你在笑声中不知不觉地接受一个人生的哲理。这是一位多么了不起的喜剧家,我们当年拍《马路天使》,就是在追随他这种风格,揭露人生,笑中含泪。"

我爹又介绍说:"卓别林很苦的。从小在马戏团工作,演小丑,他必须十八般武艺都得会。这为他后来拍喜剧片带来许多好处。看他滑冰舞蹈表演得多自如,简直是高超技艺。他不仅自编自导自演还自己作曲，简直是天才。他条件并不好，头大个子小。可他充分发挥自己的特点，一撇小胡子，一双奇特的大皮靴，八字脚走路，一根拐杖，一顶高礼帽，一张白脸，两条倒挂眉，一双小黑眼圈，构成了他自己鲜明的特点，任何人也抄袭不了的喜剧特点。每个戏都一个打扮，却演出各种不同人物、不同事件，不同的心理，引出各种笑话，看后没人不捧腹大笑。这种幽默，没有一定素质、修养是达不到这么高境界的。”

我爹说：“伟大人物都有幽默感，这是高深修养的结晶。我在生活各方面也要培养自己有这种幽默感才是。”

想想我爹一生也确实是这种笑中含泪的人物，他也同样是一世纪中难得的一位大艺术家。

在看好莱坞电影时，我爹总要给我分析电影明星的表演与演技。他说：“演员有两种类型，一种是本色演员，一种是性格演员。

“电影《鸳梦重温》中男主角考尔门就是本色演员。他怎么演也是他自己的本色，镜头面前这么自然，简直不像在演戏，这确实是好演员。

“但我更佩服性格演员。一个角色一个样，完全变成了另一个人。这种演员更了不起。我就追求做这第二类型的演员，难度更大功夫更深。

“却尔斯劳顿就是代表。你看在电影《巴黎圣母院》中，他演的钟楼怪人，外表奇丑无比，甚至于有点怕人，但心地多么善良。他一个眼神，一举一动，都带出对爱斯美拉达深切的爱。无时无刻不在保护她，可又由于他的丑，配不上爱斯美拉达，总是离她远远的，生怕吓着她。他自卑，他正义，他的反抗、复杂心理演得多好！

“可他在《悲惨世界》中又扮演坏蛋，一直迫害冉阿让，他可不是脸谱化表演。我们有些演员演坏蛋一看就是坏透的样子，这是脸谱化、公式化的表演。其实人是复杂、多面化的，并不能从外表就判断出他的好坏，真实生活就是这样。却尔斯劳顿扮演的警官外表很平和、谨慎，而实际上他做的事却这么诡计多端，阴险毒辣，看后没有一个不恨他的。这才是好演员。

“还有一部片子你没看过，我印象极深。他扮演一个革命者，最后赴刑场。一般我们一上刑场就雄赳赳气昂昂。他不，他十分平静，上刑场时他从怀中抱出一只小猫，不断抚摸小猫，和小猫窃窃私语。到此时，我不得不为他落下眼泪，这么一个热爱生活的善良人，却遭到如此冤屈。这种对角色心理的刻画多么感人，这才是一位天才的演员。我心中一直向他学习，要做这样的性格演员，演一个像一个。”

我爹一生扮演的角色确实演一个像一个，各有各的特点，各有各的异彩，我深知他为此下了多大的功夫啊！

我爹还夸劳伦斯·奥立维尔。我爹说他把莎士比亚风格吃透了，他演的《王子复仇记》充满着莎士比亚的诗情画意，因此任何一个演员也演不过他。

在好莱坞女明星中我爹首先赞赏的是嘉宝。电影《瑞典女王》中最后一个长镜头，是电影界众口皆夸的。嘉宝两眼凝视着前方，久久的，毫无杂念，把角色当时全部复杂内心都展现在银幕上，这可是了不起的演技啊！

嘉宝的《茶花女》也与众不同，气质高雅、纯洁。对爱情的渴望与牺牲，对残酷现实的痛苦忍受，这种复杂内心也被她表现得淋漓尽致。

我说：“我喜欢费雯丽，她那《魂断蓝桥》中的纯情少女，还有《乱世佳人》那种任性、不可驾驭的性格，演得多好！”

我爹同意地说：“她是个才华出众，拥有无限魅力的演员。”

我爹在谈到英格丽·褒曼时不仅夸她《圣女贞德》的表演攀上了巅峰，还特别夸她那种肯吃苦的精神。

“有些演员真不肯吃苦。冬天穿短衫怕冷，夏天拍冬天戏穿大皮袄也不愿意，脖子、耳朵、手、胳膊不化妆，让剃头也不干。怕苦就不要干我们这一行！可英格丽·褒曼，我看她在40年代演电影《战地钟声》中有一场戏，她演一妻子，要陪着丈夫坚守阵地，丈夫叫她撤，把她拉上马去，可她宁可摔死也不肯让马将她带走。演员真是将全身的力量——从形体到声音都豁出去了。人家演员多么真挚啊！这是多么不容易的啊！看得出来，这样的艺术家才是将艺术当做自己的生命，把艺术看得比生命还重要的身体力行者！这种精神是值得我们中国演员好好学习的。”

爷儿俩对好莱坞电影的评论，你一句我一句可说个没完。

电影《红菱艳》，父女俩不知看过多少遍。我爹和我心中都想：什么时候我们中国也能拍成一部这样带故事情节有高度艺术性的舞蹈片。

20世纪60年代前半期有一天我爹跟我说：“我有个构思，咱们父女俩拍部电影。我演一个钢琴家，是瞎子。你演舞蹈家，这钢琴家终日为这舞蹈家伴奏，二人相爱了……可后来是一场大悲剧。一定动人，请夏衍来写电影剧本。”我一直等着有这么一天，可很快“十年浩劫”来临，这构思也随着“十年动乱”和父亲的早逝变成了终生的遗憾。

四十二 没有一个家是属于我的

在莫斯科、华沙等地巡回演出任务太重，疲劳过度，回国后练功量又过大，不久我突然感到自己右膝盖持续肿痛。到友谊医院外科看，诊断不明，各种理疗方法都试过了，一直不见效。病情逐渐严重到上下楼梯都感剧疼，心中万分苦恼。

没人照顾我；相反，病歪歪住友谊医院的丈夫却等着我去照顾。我经常拖着疲惫的身体，一瘸一拐地来往于宿舍——剧场——医院三点之间。

当时正值国家经济严重困难时期，天灾人祸，供应紧张。大家健康状况都不大好，营养不良，肝炎、浮肿病流行。我更不愿意向单位领导提出个人的要求……

1962 年新年，我爹和张瑞芳阿姨他们又来北京出差。周恩来总理约请我们在北京饭店聚会。

灯火辉煌的大厅里，奏起了周总理所喜欢的《步步高》乐曲，但我总觉得不合时宜，怎么也打不起精神。

周总理走近了，笑眯眯地想邀请我跳第一轮，我难过地说："总理，现在我不能跳舞，不能演出了……"

"为什么？有什么困难，我来解决！"

"我的右腿膝盖坏了，老治不好……"

"瞧赵青这孩子，真能忍，也不早说！"瑞芳阿姨关切地建议，"上海广慈医院有个伤科名医魏指薪，干脆接赵青到上海去治疗吧！不能再耽误了……"

周总理焦急地直问:“赵青的膝盖怎么弄坏的,究竟怎么回事儿?”

我爹多嘴:“赵青住房条件太差。水泥地,又潮又阴暗,可能是受寒,风湿……”

周总理一听,脸色陡地就变了。他弯腰抚摸着我的右膝盖,我疼得咬紧嘴唇也忍不住地呻吟,直出冷汗,顿时泪流满面。

他目光严峻,当场叫秘书马上把文化部夏衍副部长、徐午羽副部长和在场的其他有关领导找来。当着我们舞剧团不少演员的面很严厉地说了番话:“梅兰芳大师去年刚六十多岁就不幸去世了,我们心中都万分悲痛,可我们对活着的艺术家却如此不关心……”当即下令去查看我的住房是否水泥地,并令我去上海魏指薪医生处治疗,请上海市政府给予特殊照顾。

没两天,周巍峙局长亲自到小院查看我住的水泥地房间,情况属实,报告了总理。当即令我先搬往天桥剧场二楼走廊拐角处一大房间住。

到1964年我们舞剧演员全部住上了在虎坊路新盖的两幢地板地的楼房,连芭蕾舞剧团演员也全部住上了地板地的新房。当时管基建的我院任副院长告诉我:“这是周总理特为舞蹈演员批的,调拨大会堂宴会厅剩下的地板给舞蹈演员使用。”

舞剧团生活秘书李雨通知我:“这地板地房是因你引起的,因此领导决定让你第一个挑房。”我从来是在生活上先人后己。当时我们已把刘德康母亲接来。我只要了一大间一小间的套房,小间还没地板,就这样我也感恩了。

没料到“文革”中我又生了两个儿子,一家五口人,反成房屋困难户了。这是后话。对于周总理的关怀，我们舞蹈演员们一生一世也不会忘记的。

遵照周总理的指示，我院马上安排我去上海治病的日程，并同时安排刘德康一起去上海中山医院内科病房住院治疗。

离开老家12年，有人开玩笑说我是天仙又下凡来，但不知我深心的难言之苦！

在上海住到哪儿去呢？我爹一个家，我亲妈是另一个家。两个家都增加了那么多成员，虽然都友好，但又都陌生，两个家都不是我自己的。

我爹这时已经搬到襄阳南路，户口本上十口人：赵丹，黄宗英，六个子女（苗子、黄宗英的三个、领养周璇的两个儿子），黄阿婆，还有保姆。

杜宣（我叫他桂伯伯）户口本上也十口人：他们和七个子女，还有一个保姆。

我外婆家现在又抚养着我姨、舅他们的五个子女。

我到底能入哪个家门？

我只有暗中哭泣。幼年常梦见自己在云间高飞，现在我飞起来了，飞回了故乡，带着我惨伤、疼痛的腿，但竟没有一根属于自己的树枝可以安心地栖息。

我爹家、外婆家都实在太拥挤，再也安不下一张床给我用。比较起来，靠近上海歌剧院常熟路上杜宣的家，还算宽敞。杜宣原名桂苍凌，所以我叫他"桂伯伯"。他们协商的结果，是让我暂住桂家三层的小房间里。

当时居民食品都凭票定量供应，我每月只有半斤油、半斤糖、两斤肉，此外通过上海市政府“特别批准”我一点补助营养：两三斤鱼和鸡蛋。

广慈医院魏指薪大夫开的药方里有牛蹄筋，今天看来很普通的东西，当时也要“特批”……

我亲妈成天为我跑这些特批营养品，平时又带我上广慈医院，又熬药治腿，还管理身边七个没长大的弟妹们，忙得不可开交。

就连刘德康住中山医院治病，也全由她和我阿婆两人轮流上医院看护，送鸡汤。因为我腿不好，没法常去医院照顾，全由我阿婆和亲妈代替了。善良的心灵，将爱与心血全部浇灌在我们身上。

我爹始终对女儿怀着负疚的心情。

当时宗英妈妈早已不拍电影，也不编剧本了，就想改行当记者，搞报告文学，老在外地访问、写作。经常是来无影去无踪，难得回家。我爹地非常孤单，抽空就陪我，给我讲笑话。

他安慰女儿说：“阿囡，你回到上海就好了，安心治疗吧！瞧，你现在有两个家，比别人加倍。你是双料儿，两家都宝贝你、心疼你，两个家都和你自己的一样……”

不说则已，越说越伤女儿的心。我再也忍不住，哭起来，捶打着他的胸口喊着：

“不对！爹地，这两个家都不是我的，不是我自己的，我从来没有一个完整的家！没有过！你们两边都各有自己的家，我的家在哪儿？我只要一个真正属于我自己的家……”

我爹也哭了。

他哽咽不成声：“阿囡，你说要怎么样，爹地全听你的。是不是我马上和黄宗英离婚，和你亲妈复婚，咱们重建原来的家？好不好？只要你说一句话，爹地现在马上就去做……”

我哭够了，也清醒了：自己不是无理取闹吗！强人所难，不可能的事，怎么能去想它？

我看我爹双肩还在抽搐着，哭个不停，后悔不该引爹地伤心，马上道歉用白手绢替他抹干泪水，轻轻地说：“我再也不提这事了。我也不是这个意思。咱们爷儿俩，都把全部精力投入到艺术上去吧！”

从此这种伤心事我再也没提过，可这隐痛却一直深深埋在我的心底。

我的亲妈妈看我住在她身边养病，也格外高兴。她要弥补从前对不起女儿的过错似的，不仅关注我的治疗，饮食起居，还经常主动找我谈心。

有一回我拿憋在心中多年的问题问我妈：“为什么当时你要离开我爹？”

她想了想，慢吞吞地回答我：“阿丹要把我锁在象牙塔上，像金丝笼里的金丝雀一样。可你桂伯伯就不同了，他领我走向革命事业的光明大道……”

从理智上我早已谅解了我的亲妈妈，但在感情上我总也无法谅解，无法与她亲近起来，总有距离。

有时我还很不礼貌地讽刺她：“妈，你在革命事业上做了什么贡献？十几年间一连生了七个孩子，真成了‘英雄母亲’啦！”

我这样说不尊重母亲的话，可我妈却忍受着不吭声。后来想起很后悔，真不该刺激我妈。我那时根本无法去体会她这颗受伤的心啊！

就这样，我亲妈还是无时无刻地不在关心我。

有一天我从街上回来，我亲妈突然说："外面传说你爸生活作风不正派，在三轮车上搂个年轻女孩又亲又抱的。"

我一听哈哈大笑："那就是我呀！有什么？他是我爹，我是他女儿。"

我妈说："我猜就是你。不过还是叫你爸在公开场合注意点儿，人家怎么知道他抱的是他女儿！舌头底下能压死人的！尤其是你爸，众目睽睽的大明星，什么事不添油加醋？弄得满城风雨，影响不好！"

我知亲妈一片好心，也不再争辩什么。后来我把亲妈的意见转告给我爹，我爹听后也哈哈大笑，不以为然："阿囡，你长再大，什么时候在爹的眼里，都是爹的女儿。"

我和爹地，不仅是父女，还是朋友、是知己，真是无话不说。

有一回他又胡思乱想地说："阿囡，爹爹世上最爱的就是你了！我俩要不是父女该多好，我俩谈恋爱一定是最好的。可惜啊，我们是父女！"

我说："爹地，你又胡说八道什么！"

其实我心中何尝不想找一个像我爹爹那样的丈夫，可世上到哪儿去找啊？所以我对我亲妈能舍得离开我爹，和后来宗英妈妈只顾自己事业不守着我爹，我都无法理解。我真不知她们在想什么，没有比我爹更好的男子了，她们还不满意？

四十三 我爹劝我多读书

养病期间，是个非常好的学习机会。

我读了苏联舞蹈大师乌兰诺娃的传记，其中就有这方面记载：有一次她得病了，必须休养。她住在一对话剧演员夫妇家中。在郊区，每日在大自然中绿阴下散步，湖上划船，壁炉边夜谈。这对儿话剧演员夫妇给她讲了许多关于如何刻画角色的学问，从那以后，乌兰诺娃突然开了窍。当她重登舞台表演时，再也不是单纯动胳膊动腿，而是开始生活在角色中，刻画出有血有肉的灵魂。她再扮演《天鹅湖》中奥杰塔时，她感受到奥杰塔心灵的颤抖，对爱情的渴望，她感到她两个胳膊有了生命。她的心，她的一举一动都生活在角色中！她具有了无穷艺术魅力，从此她登上了艺术家的宝座。我想我也应借养病机会，在艺术修养上也来个突飞猛进的变化。

我爹当时正和于蓝、于是之等人组成电影《鲁迅传》创作组，集中在瑞金一路150号电影局招待所。我马上就去看望他们。

我一进门便惊讶地叫出声来："鲁迅先生！"

只看见活脱脱一个再生的鲁迅！他蓄着特别的胡子，穿着长袍，布鞋，眼皮下垂，文静地半躺在藤椅上。眼睛一睁大，我才认出了——这"再生的鲁迅"正是我爹！

墙上挂着鲁迅的名言："横眉冷对千夫指，俯首甘为孺子牛。"书案上、椅子上四周围散放着许多书籍，有线装的、精装的，横排的、竖排的，琳琅满目。

爹说："阿囡，书到用时方恨少哇！一有空就要多读书！"

赵丹筹备拍《鲁迅传》时的试装照。赵青一见他便惊讶地叫出声来：“鲁迅先生！”

我爹一生中不止一次地开导我:“不要光用脚丫跳舞,还必须提高各方面的修养,尤其要多读书!这些文化的积累,不知不觉会带到你的艺术创作中,这也是别人无法取代和赛过你的。”

爹爹给我立个规矩:在上海养病期间,唐诗宋词每日必背诵一首。先读古今中外的名著,除了《红楼梦》、《三国演义》、《水浒传》必读以外,更要看托尔斯泰、雨果、罗曼·罗兰等人的一系列世界名著。

遵照爹地的旨意,我又如上学时一样,每日给自己排日程,几点到几点治疗,几点到几点背诗、读书、听音乐,一天排得满满的。

正好桂伯伯家的书屋藏书丰富,古今中外应有尽有。这正是我读书的最好条件,我如饥似渴地真成了蛀书虫。桂伯伯看我成天这么苦读,十分称赞我:“读书是很苦的,成天能这么坐得住读书,必须有毅力才行。”是的,为了成大艺术家我确实不惜工本,对自己十分严格!从书中我果然获益不浅,并尝到了甜头:

唐诗宋词果然蕴涵着丰富的艺术性,诗中有画、有舞、有音乐、有人物,读诗词丰富了我在创作上的许多想象。

古典名著有的早已读过,如《红楼梦》、《西厢记》、《水浒传》、《西游记》等。但这回读后感觉理解更深刻,印象也更深,各个人物栩栩如生,活跃在眼前。

《三国演义》我是第一回读。因为我从小就不爱看打仗的书,这回一读觉得里面学问可大了。我从这书中找到了毛泽东主席制定不少战略战术思想的根据和影子,“古为今用”确实有效啊!

博览的世界名著更是不少,其中有两本书对我影响极大:

一本是《邓肯女士自传》。因为我亲妈老在我耳边说,这本书对年轻时代的她们起了很大作用，所以我格外用心地读这本书。我受到很大启发：邓肯女士的贡献在于对旧传统束缚的冲破，从而起了很大历史推动作用。她告诉我：人活着，只有对人类做出贡献，这才称之为伟大，艺术家也不例外。

另外一本书是法国大作家罗曼·罗兰的代表作《约翰·克利斯朵夫》。作者笔下主人公遭遇如此悲惨、坎坷，而他的个人奋斗，顽强的意志力却这样强烈地震撼着我。他成了我一生艺术奋斗道路上的精神偶像。当时就发誓要以这种毅力攀登艺术高峰，可以说至今我还是以这种精神在十分艰难的道路上攀啊攀啊……

那阶段的苦读书，为我一生文学修养打下了坚实的基础，并影响着我一生的创作道路。

我在 20 世纪 80 年代举办几台晚会时，不少作品是以文学名著为依据而改编的，其中有白居易的长诗《琵琶行》、老舍的《骆驼祥子》、曹雪芹的《红楼梦》、曹植的《洛神赋》等等。

这些都不是一时一事的冲动所能，而是源于长年日以继夜的积累。果真如我爹所说，那是“取之不尽，用之不竭的创作源泉”。从此也养成喜读书的好习惯，果真是“开卷有益”啊！确实是“别人无法取代和超越的”。

以上心得我经常和我爹交谈，我爹万分高兴：“不仅多读书，对其他姐妹艺术也要好好用心学习。最近我听评弹对我们表演就有很大帮助。评弹讲述人物时，总把人物内心的潜台词也说出来，比如我听《西厢记》，张生骑一匹大白马前往庙里探望崔莺莺，就连这匹白马也有潜台词。白马看主人下马向前叩门寻找崔莺莺，白马心想：这下可好，这一探寻时间不会少，我也乘此机会吃点青草，好好地歇息歇息！多妙啊，所以没事听听评弹也会对你表演有帮助的！”

赵丹等人与齐白石在一起。

我爹表演的技艺每每是从画画中得到启示，而且被他运用得如此自如，给他带来了成功。因为他深有感受，所以他有时不经我同意，自己就带我上门拜画家为老师。

有一回在北京带我上李可染大师家，一边观赏大师画画，一边就与李可染说："我女儿拜你为师，以后你就收下这徒弟。"李老当然满口答应。

我一看墙上李老的画，除了水中的水牛与牧童很吸引我外，其他画都是山中的小房屋，黑墨占了画面的三分之二，黑压压的一大片，我既不懂也不十分喜欢。又因为我每日练功占去了绝大部分时间，根本没时间练画，所以只去过一次，就再也没登李可染大师之门。后来我爹知道我根本没去学画，把我骂了一顿。

"这是位了不起的大师，黑墨正是他的特色与独创！"

我爹见我根本没学画的意思，也拿我没办法。

1982年我举办"赵青舞蹈作品晚会"，请大画家黄永玉为我设计说明书封面。黄永玉一见我登门就开口说："我等了你已经五年了！你爸生前说让我收你为徒弟，可左等右等也不来。今天你终于登门了。"

我心想从未听爹爹给我讲过要拜黄永玉为师啊？我爹这个贵人多忘事，自己说过却忘了转告给我。但是，从中我理解了父亲一颗急欲女儿学画之心。

四十四 父女共创"蝴蝶梦"

有一夜，窗外传来了悦耳的《梁祝小提琴协奏曲》音乐。曲调这么熟悉！小时候在上海读中学时就迷上越剧，范瑞娟、傅全香主演的《梁山伯与祝英台》不知看过多少遍，我甚至于还会唱上几段，尤其对越剧的小生更为倾慕，因为是女扮男装，比男演员更具魅力。如范瑞娟的梁山伯，演得惟妙惟肖，地道的书呆子痴情种，真让人为他与祝英台所受致命打击而哭泣！我觉得世上再也没有比这更美的爱情悲剧了！《梁祝》深深埋在我心头。

赵青自编自演《梁祝》。

听着《梁祝》协奏曲，两个人物栩栩如生地在我脑海中浮现。小提琴、大提琴交错演奏的主旋律，饱含深切爱情的乐曲打动着我的心弦。

我听啊听啊，半睡半醒，似梦非梦。脑海中闪现《庄子》的名言：不知是我变成了蝴蝶，还是蝴蝶变成了我。像是吮吸月光，虫化为蛹；吸进花香，蛹又破茧而出，展翅临风，翱翔在自由天地之间！终于，枕上的我变成蝴蝶，酝酿着新的情爱境界；音乐中的蝴蝶又变成了我，翩翩起舞。一部新的舞剧作品，就此孕育在我心中。

为了创作好小舞剧《梁祝》，我必须更进一步加深对音乐的理解。

大舅叶纯之，是上海音乐学院作曲系教授。新中国成立前去了香港，为上百部香港电影谱曲，在港澳已有相当的地位与名望。新中国成立后，经杜宣规劝，为了爱国回归大陆，进入上海音乐学院任教。可在极"左"思潮迫害下，他不仅没得以发挥音乐天才，相反屡受冤枉，场场运动都挨整。只因他从香港来，怀疑他有历史问题。

大舅叶纯之有一段时间下农村劳动，在干活时不慎弄瞎了一只眼。为了怕阿婆伤心，装了一只假眼。这事故一直没敢让阿婆知道，阿婆至死也不知她心爱的长子早已瞎了一只眼。多惨的遭遇！

直到粉碎"四人帮"后，我大舅才真正翻了身。他又返回香港，任香港音专校长。这些年写了不少成功的作品，如电影《火烧圆明园》、《垂帘听政》的插曲，上海芭蕾舞剧《雷雨》的音乐，香港舞蹈团的《玉卿嫂》和《周璇传》的音乐等。我和他还有一部大舞剧音乐的合作，由于种种原因，只开了头；我相信在条件成熟情况下，我与大舅的合作总有一天会成功的。

当时大舅告诉我，《梁祝》作曲之一陈钢正是他的学生，他愿介绍我认识陈钢。大舅与陈钢联系上了，并且约好一天下午由大舅亲自带着我去陈钢家面谈，我真是非常高兴。

我印象中的作曲家不同于正常人，认为他们脾气长相一定是怪怪的。实际上陈钢是个极正常的人，中等个，戴一副眼镜，一张普通的脸，更有大学生的味道。当时他已毕业在校任教了。人较拘谨，在他老师面前，好像还松弛些，毫无保留地向我讲述了他们创作《梁祝小提琴协奏曲》的经过。

主旋律是由何占豪从越剧曲调中选出创作的，管弦乐、配器部分是由陈钢创作的。陈钢一段一段地边演奏钢琴，边给我讲解。

他说小提琴代表爱情主旋律也代表祝英台主旋律，大提琴代表梁山伯的主旋律，两个乐器经常交织在一起倾诉他们坚贞的爱情。

他演奏第一段抒情部分，讲述梁祝三年同窗结下的友情。中间有一段华彩音乐转换为快板，是两人春游及十八相送；一大段慢板是定情；急转直下是抗婚，思念，哭坟过渡到化蝶。全曲段落分明，跌宕起伏很大，有层次，有很强的感染力。

我如获至宝地感受到音乐的灵魂，并把它带到了我的创作中，以至后来在舞台上的表演中。

与此同时我形成了新舞剧的构思与创作灵感。我把这一切感受统统告诉我爹。

爹地如同孩童一样兴奋地与我共同投入了创作。

当时我爹的电影《鲁迅传》的拍摄计划，由于导演陈鲤庭突然病倒而暂时停顿下来。他们正处在煎熬的等待之中。爹地一听我这创作，一下把别的苦恼全丢在脑后，喜形于色地和我构思起来，出了许多精彩的主意。

首先我们将小舞剧分成了七段：同窗、春游、定情、抗婚、思念、哭坟、化蝶。

在短短的 24 分钟舞蹈内充分把《梁祝》恋史表达了，人物也洗炼、集中，更有代表性，这在那个历史时期还是首创。

没有一部全本舞剧有这么短，也没有一个双人舞有这么长，这完全是对过去创作的突破。这种表现手法在我国舞剧史上应该说是崭新的一个尝试。

我爹在一旁直给我叫好！

我与爹地探讨着，我说梁山伯是个书呆子，读书怎么舞法呢？我爹说："读书怎么不能舞？过去京剧里有的是。"我爹边说边手之舞之足之蹈之："迈方步，这么看，上看，下看，左看，右看，有的是舞姿。一方面表现梁山伯读书时憨态可掬，一方面让祝英台女扮男装在一旁挑逗，正好形成反差。这样人物关系不就一下子出来了吗！"

果真我就按父亲建议编了"同窗"这场戏，刻画出梁山伯与祝英台不同性格心理。

第二段春游，我又提问："古时候书生怎么春游法？"

我爹又建议："古画上有骑竹马玩，何不骑竹马，你追我赶，寓意'青梅竹马'多好！"

后来在编舞中试过骑竹马动作，不好看，我又改为两人扑蝴蝶玩，这样和最后的"化蝶"有呼应。扑蝴蝶的动作也多，动作也美。爹地赞同我的设想。

爹地提醒我："在创作的时候，要有贯串动作，前后呼应，十分重要。还要把握好两个人物的不同性格特点。舞蹈语汇创作不只限于京剧，只要能表现人物心理，什么动作都可化来用。一个目的：真正表现人物的内心。阿囡啊！你要好好用心！"

爹地真是行家，他点到了创作的要点，我苦思冥想终于找到了这些。

我用一副挂在祝英台腰间的蝴蝶玉佩做小道具来贯串全剧：祝英台同窗时偷偷爱恋梁山伯时拿出这一副玉佩。定情时祝英台将一只玉佩赠予梁山伯。两人离别后思念,天各一方,各拿玉佩在互相思念。最后两人又如一对玉佩一样化做蝴蝶双双飞舞。这是多么好的贯串线,而且东方舞蹈手持道具是主要特点,这个创意我自己比较得意。

关于两个人物不同性格,我从始至终紧紧把握。

梁山伯憨厚,同窗三年祝英台是女子他毫无察觉。祝英台暗示他,他也如同呆头鹅,傻得可爱。可当他明白祝英台是女子后,却又如此痴情,直到殉情而死。我紧紧抓住这一"憨"、一"痴",来刻画梁山伯这形象。

而祝英台不然,大胆开放好强。在封建社会,女扮男装求学是了不得的大事。她又敢于背叛封建礼教,私订终身,以身殉情。因此在创造这角色时,我紧紧抓住了一"勇"、一"贞",即"勇敢钟情"、"坚贞不屈"。

在舞蹈语汇上,我也大胆创造与突破。首先立足于中国古典舞基础上,这点不容有任何动摇,因为我表现的是古代的中国人。我主要以古典舞中水袖舞为基调。

为了更好表现出两个人物内心,我在地位调度和动作幅度上采用芭蕾舞与现代舞的手法,有高、有低、有托举、有地面,只要是能表现人物内心的动作,我均拿来化为所用。例如"抗婚"、"化蝶"更多采用芭蕾舞双人舞的手法,而"哭坟"既沿袭了古典舞蹈语汇,又采用了现代舞大幅度起伏的表现手法。总之,我已无法分辨哪些是什么种类的舞蹈,一切早已有机融会,化为梁山伯与祝英台两个人物的舞蹈语汇了。

在定了结构、人物性格、贯串动作、舞蹈语汇的基调与表现手法后,我就开始投入具体舞蹈动作与场面设计。

四十五 梁祝哀史

为了有健康的身体和心情从事创作，我加快了治疗进度。不仅请名医魏指薪开药方熬药敷患处，自己又找到陕西北路一家盲人推拿门诊处，一位王大夫给我推拿。用蒸得滚烫的中草药包，直接将药气打入膝盖、大腿。这样我的患处日复一日逐渐好转，我可以较轻松地来回走动，去从事我的创作了。

感谢上海歌剧舞剧院领导允许我每日下午占用他们大教室进行创作，并借给我一个很大的“钟声牌”旧式录音机，来回搬上搬下；那儿有一面大镜子，我创作的天地足够了。这时有一个青年大学生常来帮助我搬录音机、搬桌椅，并陪伴我编舞。他就是田汉老介绍认识的陈明远，他也在广慈医院由魏指薪大夫诊治颈椎劳损。他为我写了长诗《飞天》，这就是舞和诗的姻缘吧。

正值困难时期，歌舞剧院也没什么演出。除上午练功外，教室是空的，任我在明远陪伴下自由自在地编舞。真是再也没有这么好的条件了。

我每晚在小屋听音乐构思。下午来到教室，对着大镜子比划，验证我脑中创作的动作。一会儿扮演梁山伯，一会儿扮演祝英台。要不知底细的人路过这里，还以为我是神经病呢，但我是多么入戏尽兴啊！创作的时刻也是灵魂最净化的时刻，一丝杂念也没有，全部进入想象的崇高境界中。

我走火入魔一样。只要是编舞创作，或在台上演出，我就一无烦恼，人也变得纯真无邪。这是我最愉快、最美好、最自我陶醉的时刻。

在创作期间，我亲妈哭着告诉我，中山医院抽取小刘的骨髓检查，发现癌细胞，并发了病危通知。这晴天霹雳般的噩耗，使我以亲身体验，编成了“哭坟”这场戏。

后来亲妈又告慰我说，医院误诊，不是癌。小刘因长期服止痛药片中毒，导致患再生障阻性贫血，还不至于有生命危险，这下才让我放下心来。

幸亏我的亲妈四处求医，终于救了小刘一条命。给他采用中西医合诊，服用大量鲜王浆，使其造血功能终于恢复，直至出院。

在此阶段我的心情也好多了，转入最后“化蝶”的编舞阶段。从小就爱看蝴蝶，尤其是身披五彩缤纷花衣的蝴蝶，更是惹人喜爱。可如今真将蝴蝶再现在舞台上飞舞，倒成为难题了。

我爹说：“为什么不到公园去看一看，蝴蝶到底是怎么飞舞的？仔细观察蝴蝶双飞的各种天然神态，以造化为师。”

我爹传授我这个诀窍：“师法造化，悟出心源。意料之外，情理之中！”

爹的指点，使我豁然开窍。

我多次到离家很近的衡山公园观看，回京后又曾到陶然亭公园观察。我还特意到中国自然博物馆，参观蝴蝶标本展览。

造化就是我师。蝴蝶双双对对形影不离，你追我随绕圈飞舞，一雌一雄缠绵悱恻，依恋不舍。我将这自然中看到的蝴蝶空中环舞，你追我随飞舞，用在“化蝶”的舞步与队形中。从而也理解了人们把《梁祝》化为蝴蝶的真正含义了。蝴蝶成双成对，和谐美满，永不分离，这就是历代人民对忠贞爱情的歌颂与比喻。

从中更理解了我爹对我的点化：由自身内心的体验，领悟艺术的奥秘，将可意会不可言传的情感，用微妙的形体动作表现出来。这是舞剧胜过话剧对白、歌剧唱腔的独到之长处。我用造化给予的领悟，编成这段“化蝶”，从而给这部小舞剧画上了一个完美的休止符。

以上编舞阶段历时有两个月之久。完成后，在一个星期六的夜晚，我把爹地请到了上海歌剧舞剧院的大教室，让他坐在一张简陋的长板凳上。灯火通明，又大又笨重的“钟声牌”录音机内，放出《梁祝》美妙的音乐。我边舞边讲，把我创作的全部构思与设计动作，连说带比划地表演了一遍。

整整24分钟，我爹一动也不动，聚精会神，观看我这一人扮演两个人物的、自说自话的表演。我爹是《梁祝》第一个观众，也是我创作的合伙人。舞毕后，我爹欣喜若狂地跳起来，紧紧地抱着我：“我的好女儿啊，祝你成功！”

受到我爹的夸奖更是信心百倍，决心回京排练演出，参加全国舞蹈会演。

我爹当即坐下和我一起研究舞美设计。要以少胜多，采取现代派的象征手法，舞美也应是写意，现代派，不要实。在台后上角可挂三根布条，打上不同色光就有不同的寓意。“同窗”时可打上绿色，如同柳枝；“抗婚”时打上暗光可做帷幔；“化蝶”时打上彩色光，如同云彩；“哭坟”、“思念”用黑底幕，以追光追着人物，这样能突出人物，也烘托气氛。

我爹在服装上也提出具体建议：“化蝶”时服装要仙气十足，除了美丽的翅膀外，在胳膊、膝盖、手腕、脚脖，以至头上都要系上小飘带，舞起来时使之随身飘动，这样更有仙气和美感。

爹爹的各种建议，都如“画龙点睛”一样，使我这初创的小舞剧，在艺术上攀上了一个高峰。

回家后我又把我爹关于舞美的建议，转告了我亲妈。我亲妈没两天就把她所在的上海戏剧学院的舞美系毕业班的同学找来，按照我爹的构思，画了三条布带各种不同色光的气氛图。

我带着这舞美设计图，和我小笔记本上写画的场记、动作，匆匆赶回北京，摩拳擦掌地进入排练。

刘德康在亲妈、阿婆精心照料下，经过中西医综合治疗，终于从生命死亡线上回来了。

这时北京已步入初秋。我动员刘德康重上舞台，表演梁山伯，使我们能再度在舞剧舞台上比翼双飞。对小刘来说，刚病愈，一口气要表演24分钟舞剧，是极不容易之事。但他坚持下来，从不叫累，好强的性格支撑他胜利地完成了这次任务。

回京后，只差一个月就要参加全国舞蹈会演。因为我自编自演，没有导演，就特请老演员孙天禄帮助一旁指导，团长张世葳也亲自坐镇。

感谢孙天禄给我们的“化蝶”出了不少好点子。舞美设计也到现场，赶紧制作，量体裁衣。布景灯光，就按上海戏剧学院舞美系毕业生设计图制作。服装仍和《宝莲灯》服装设计师穆义清合作，基本按古典舞服装设计。祝英台以粉红色为基调，梁山伯以浅蓝色为基调，一直贯串到“化蝶”；只中间祝英台思念、哭坟两场戏换了一身白素衣裙。色彩对比，前后统一。

在开场“同窗”、“春游”两场戏中，梁、祝两人在长袍外各加一件呢绒长背心。这在当时是一创新，而将呢绒用在舞台服装上这还是第一次。又轻，又透明，颇有书生潇洒的风味。

“化蝶”服装是紧身散腿裤，听取了我爹意见，在胳膊、膝盖处扎上小飘带，舞起来确实有飘飘然的感觉。以后由于换装来不及，小飘带逐渐去掉了。由于当时创作思想不够大胆，“化蝶”的两个翅膀较小，如同小蛾子一样，对这点我一直不满意。

舞剧是综合艺术，不仅音乐好、编舞好、表演好，舞美同样占很大比重。只有各部门均力求十全十美，才可达到艺术完美的境界。

这次演出是成功的，给人们留下了深刻印象。

在我排《梁祝》同时，我团老演员于颖也编排了一个《梁祝》，由我的同学梁惠敏扮演梁山伯。当时正是“广州会议”后，艺术上提倡“双百”方针，团长张世葳对两个《梁祝》都支持。安排两个《梁祝》在同一晚上演出，于颖的《梁祝》在前半场压轴，我们的《梁祝》在后半场压轴，等于同台打擂。我信心百倍。

规定排练期间互不观摩，以免抄袭雷同，一切台上见。

到了演出那天，我习惯早早进入角色，怕干扰，也就没去台边观看于颖的《梁祝》。只听旁人给介绍，他们的《梁祝》是“实”的，像越剧表演。有其他人物——祝英台父亲、娶亲的马文才，连花轿也上台。这种“实”的表现与音乐“虚”的结构，不相吻合。后来她这《梁祝》再也没人提过，而我这《梁祝》却轰动了艺坛，久演不衰。

我在台上表演，首先按以往的规矩，先进入规定情境。在舞台上相信自己就是祝英台，融化在动听美妙的音乐中，与人物同呼吸共行动，演得真切。到“思念”那场戏时，我泪水止不住流在双颊；“哭坟”那场戏到了全剧高潮；“化蝶”时自己无限陶醉，幸福。演毕观众报以雷鸣般的掌声。

北影摄影大师朱今明，耳闻我表演成功，第二天特意从北太平庄拉一大车北影厂的人，到天桥剧场观看我的表演。看后到后台鼓励我说：“我们的阿囡成熟了，阿丹要看见了不知该多高兴呢！”

这次会演后，各界人士在王府井文联茶座二楼举行研讨会，许多艺术家发言赞扬了我这个《梁祝》。

尤其是美学家王朝闻的发言给我印象极深，他说：“我先声明，不是因为赵青是我好朋友赵丹的女儿，我在这里赞扬她，这和私人交情毫无关系。赵青表演《梁祝》精彩得很……尤其她‘哭坟’那段表演，她趴在地上三摇头，那种哭天喊地无人应的绝望三摇头，到了令人叫绝的程度……”

我们舞剧院的艺术指导、南国诗人，也是我爹当年的老师塞克，在公开场合上发表讲话：“我已经好久没看到这么感人肺腑的表演了，像《梁祝》舞剧里面赵青这种惊天动地的情感，能把剧场的顶盖都掀开了……”

《梁祝》成功的表演，传到了周恩来总理那里。

那时中央电视台刚建不久，刚刚开始试验黑白片的实况转播。总理的侄媳邓在军是中央电视台导演，她找到我，要现场直播《梁祝》。这样总理也可从电视上直接看到我的《梁祝》，我当然非常高兴！

自那以后我与邓在军导演多次合作。她是位十分认真，在艺术上精益求精的导演。

那天实况转播。待我们化好妆到现场演播厅时，邓导早已指挥各方面准备就绪。背景全部用黑色做底，这样可更突出两个人物。开机后，随着音乐，一气呵成表演完。当时也没录像带记录，跳成什么样我也看不到，只知自己尽力了。邓在军也非常满意。

中央电视台刚开始试验直播的时候，赵青、刘德康在录制棚表演《梁祝》。

中央台主持人陈铎，当时还是位普通工作人员，在一旁给我们拍了不少实况照片。直到20世纪90年代，我们同是全国政协委员时，他才把收藏多年的60年代《梁祝》照片赠送给我。

后来我见到了周总理，总理说他看了我的《梁祝》实况转播，并夸奖："跳得不错嘿！"

我和爹爹是第一个将《梁祝小提琴协奏曲》编为小舞剧的成功者。父女双双共创"蝴蝶梦"，在中国舞蹈史上乃是一段佳话。

四十六　历史的遗憾——《鲁迅传》

还是在1961年春，我为将《孔雀公主》改编成舞剧，下到云南西双版纳采风一段时间。得知一个好消息，我爹接到了上影厂的在电影《鲁迅传》中扮演鲁迅的任务。我爹是多么惊喜啊！

这是他多年梦寐以求渴望创作的角色，今天终于有实现的机会了，他更加努力做好创作这伟大人物的一切准备工作。

他深知不论从外形到内心都与鲁迅有许多差距。但他有信心，不仅形似更要神似，要把这角色刻画好，为中国电影史再加一块珍宝。

他蓄起胡子，削发为短寸头，穿长袍，登布鞋，一举一动模仿着鲁迅。更重要的，是将他心灵尽快地接近鲁迅。

他翻阅大量有关鲁迅及他那个时期的历史资料、鲁迅的著作以及有关鲁迅的一切。日以继夜地积累着、探索着，多少心血灌注在塑造鲁迅这个伟大人物上。

《鲁迅传》创作组阵容是很可观的，几乎集中了上海文学电影界的权威，由于伶担任顾问，还有陈白尘、叶以群、柯灵、杜宣、唐弢和导演陈鲤庭。为了获得创作的第一手材料，这几位文学艺术家还不辞辛苦，追溯鲁迅当年历史的足迹，进行资料的收集、采访，为《鲁迅传》的电影剧本创作打下了坚实的基础。

《鲁迅传》的演员阵容也是最强的。由我爹赵丹扮演鲁迅、于蓝扮演许广平、孙道临扮演瞿秋白、蓝马扮演李大钊、于是之扮演范爱农，此外还有谢添、卫禹平、石羽、白穆、韩非等著名演员在剧中扮演各种角色。这里有不少是我爹多年的至交好友，有的新交也成了好朋友。

那两年不论在上海或在北京他们之间都来往频繁。有一阶段全集中在上海瑞金1路150号电影招待所，一起终日切磋探讨研究《鲁迅传》电影，和其中各角色之间人物关系。这是一个创作气氛极其浓厚、给人以必胜信心的电影创作集体。

导演陈鲤庭(右二)和许广平扮演者于蓝(中)、鲁迅扮演者赵丹探讨《鲁迅传》。

周恩来总理在中南海接见《鲁迅传》创作组成员陈鲤庭、柯灵，并明确指出:“鲁迅的一生经历了清朝、北洋军阀政府、国民党政府三个朝代。通过影片的拍摄，以鲁迅为中心，把三个朝代的历史资料收集起来，是十分重的工作。《鲁迅传》上集要写到袁世凯。对袁世凯我不熟悉，但北京有熟悉袁的老人，可以访问。下集中如果出现蒋介石，我可以向你们提供资料。两次国共合作，我和蒋的来往不少，对蒋比较熟悉。不要因为他们是‘人民公敌’就不敢碰。暴露旧的东西，挖出‘封资’的老根子，这样不会割断历史，可以教育后代。”

几年内，周总理对《鲁迅传》影片的拍摄，一直予以关注。

1961 年 5 月 1 日晚，毛泽东主席在上海接见了几位艺术家，其中我爹也是被接见人之一。毛主席接见我爹已不只一次了……

我爹见到毛主席时,迟迟疑疑向毛主席走去。主席身穿淡灰色中山装,红光满面,精神焕发地向我爹迎来,热情地握住我爹的手,并风趣地笑着向我爹说:"上次是剃了光头,这次要留长头发的。"

我爹的紧张感顿时解除,出神地聆听毛主席的教诲。

这一晚我爹回家后一遍又一遍地读着《鲁迅传》的剧本。并拿出画笔,铺开宣纸,泼墨挥笔,画了一幅《巍巍高山不老松》的画,以寄心中激情。

当夜我爹激动得无法入睡,随即给远在北京电影学院导演系学习的赵矛,写了一封信:

亲爱的苗儿:

我好久没有写信给你了,你的学习,身体如何?实在挂念!

我今天特别兴奋——其实,昨晚就一直兴奋到现在。我再一次见到了我们敬爱的伟大领袖毛主席了。

告诉你这件大喜事,想你必定会以我们文艺界为荣,而更致力于品学的追求,更好地锻炼自己,做一个党和毛主席的好儿孙、好学生也!愿我们共勉共策!

苗儿,我这次见毛主席已经是第三次了。前两次正是《林则徐》、《聂耳》的筹摄工作期间,这次又正巧是《鲁迅传》筹摄工作时期。每一次见到他老人家,看到他的慈祥的笑容,受到他老人家的殷切关怀,我总感到莫大的鼓舞,获得更坚强的工作信心和创造力量,这次也一样!每次见到主席以后,我觉得自己只有把工作做好,才能不辜负他老人家的关怀,不辜负党和人民的期望……

写毕，已是5月2日凌晨2时半了，我爹这时才睡下，进入电影《鲁迅传》即将成功的美梦中。

1963年，上海市委突然提出极“左”口号“大写十三年”。由于鲁迅不是出生在“十三年”间，因此只好宣告这个摄制组解散。

大家分头去搞“十三年”。我爹这时也不得已剃去蓄起的胡须，脱下长袍布鞋，离开瑞金1路150号二楼工作间，背着搞不通的思想包袱，勉勉强强来到福建林区，去拍摄歌颂“十三年”的电影《青山恋》了。

就在此时，还是我们敬爱的周恩来总理，在关怀着《鲁迅传》摄制组。

周总理正在上海开会，本想找我爹聊聊，可找不到我爹，就于1963年4月25日上午给张瑞芳阿姨打去了电话，关心地问：“赵丹到哪里去了？”

张瑞芳回答：“他到福州和徐韬、艾明之、钱千里一起改编一个现代戏，是写林垦区的……”

总理说：“听说他心里有别扭，关于创作方面。”

“那是现代题材问题，他过去注意不够，现在突然去抓。现在大家都在忙抓‘十三年’的现代题材。”

总理问：“《鲁迅传》还搞不搞啦？”

瑞芳阿姨如实报告：“导演陈鲤庭还在医院里，赵丹是在思想里暂时把它丢开了，生产计划中也没有安排。”

总理惋惜地谆谆嘱咐道：“也不要把它全部丢了，已经下了许多功夫。”

我爹的脑海中从未将《鲁迅传》丢开过，对这片子他无时无刻不在思念着、渴望着,直到他离开人世间的最后一刹那!

我爹万万也想不到,他这颗诚挚的心灵却再一次被人间世俗所玷污,再一次被魔鬼们缚绑着、戏谑着。

1964年,上海文艺界开展了一场"四清"运动。张春桥亲自跑到上海电影制片厂抓点,在全厂大会上声色俱厉地叫嚷:"《鲁迅传》摄制组是一个烂掉了的组,《鲁迅传》支部是一个烂掉了的支部!"

顿时《鲁迅传》摄制组成了资产阶级复辟的典型,而剧中扮演鲁迅的赵丹,莫明其妙变成被批判的对象,一份份耸人听闻的黑材料,列数着赵丹所谓的"罪行"。

我爹再一次陷入莫名其妙的痛苦中,我爹不明白,扮演鲁迅的形象,究竟犯有什么罪行?我爹的心被痛苦啮咬着,面对荒唐的谬论,向谁鸣不平?无辜受屈向谁倾诉?他彷徨!他恼恨!他要呐喊!

四十七 相思红豆未了情

真正的爱情是珍贵的、美好的,也是永恒的……

还是在1962年入秋的一个晚上,我爹兴致勃勃来到我北京家的小屋,两眼放着异样的神采,笑眯眯地从外衣兜里拿出一个厚厚的信封,内装着他刚从照相馆取回、一律放大的六吋剧照和生活照。

我以为他要做宣传资料用:"放那么多?"

我爹小声说:"送人的。"

我没再往下问,只一张一张仔细端详,几乎全是人头照,尤其扮演聂耳的照片特别多,妆化得、光打得如同一个年轻的小伙子,我情不自禁说:"真漂亮,太帅了。"

我爹是个憋不住的人,老老实实向我吐了真情:"我谈恋爱了!"

"是谁?"

"是南国的名优……"

我爹一说我即刻明白了,她那清秀的脸庞,圆润委婉的嗓音,动人的扮相,顿时出现在我的眼前。完全是两个行当,怎么会跑在一起呢?我问:"什么时候认识的?"

"早认识了,开会、看戏经常遇到。"

我爹介绍道:"她出身很苦,从小跟着师傅学戏。后来成了师父的二房,生了三个孩子,一女两男。两人差二十几岁,根本没爱情,只有师徒感恩之情。现在她与师傅已离婚了,孤身一人。她文学水平很高,自己写台本唱词,还会吟诗,性格也好,爽朗,真挚,很会体贴人……"

爱情的喜悦把我爹带回了青春年华,为他抚慰着多少年感情留下的伤痕,他沉浸在人生最幸福的时刻。

女儿只要爹爹能幸福,不论什么情况我都会举双手支持,只有女儿太能理解我爹爹这份苦心啦!

自从我亲娘跟了他人与我爹离婚后,我爹人生道路上受到许多打击,尤其在感情上,留下很深的刀痕。这是无法弥补、无法挽回的裂缝。

他渴望着追求着世上真正的爱情,他多么希望有一个理解他、忠于他、终生相伴的伴侣、一个温馨的新家。

第二个母亲黄宗英开始时是给了他这一切。可随时间和年代的变化,生性好强的宗英妈妈为了自己的事业,下生活,采访,写作,已不容他们卿卿我我终日相伴在一起。家变成旅馆一样,两人终年天南地北，逐渐产生了隔阂。

我爹不止一次地在我面前埋怨："早知道你宗英妈妈这么到处奔波，真不如娶个家庭妇女当老婆，回家有人端茶端水，问寒问暖的。"

或是经常告诫我："唉，人一生老天不会什么都给你的！有了事业就没爱情，有了爱情就没事业，两样只有其一，我大概是一生没有爱情的命！"

更糟糕的是我爹猜忌特别大，可能与他和我亲妈妈这段生活遭遇挫折有关。他总是有鼻有眼瞎猜宗英妈妈变心了，但只是查无实据，事出有因而已。这些都影响他正常的感情生活，使他经常陷入孤独痛苦之中。

我爹是鼎鼎大名的电影明星，长得又帅，人们都以为他拈花惹草，其实不然。是有不少影迷或女友对他有好感，有的还情书连篇。"文革"前我爹曾放我处他人写给他的情书一捆，由于"十年浩劫"，我怕抄家又增加我爹"罪名"，一把火早已将其化为了灰烬。

但我知那些全都是过眼的烟云，水上浮萍而已，没什么真正的。而这回却是认真的、是严肃的，也想努力去实现……

一个秋高气爽的星期天，爹地带着我，与正在北京电影学院读书的赵矛，三人去探望这位住在远郊区疗养的阿姨。车子开至颐和园的后山脚下，踏着秋风落下的残叶，走着曲折的小道，来到树阴中隐蔽的疗养地——灰砖红门绿梁的小四合院。

她早已在那里恭候着我们。满脸春风似的笑容，喜迎着我们一家。她也是一家。一个酷似她只比她大一圈儿的女儿，也正在中国戏校上学，和一个瘦长脸腼腆的小儿子。两家人相识了，如此和谐，好像早就该是一家人似的，这么熟悉，这么随便。

老实说，我也爱上了这位美丽动人的阿姨。亲切、真诚、爽朗，她那开怀大笑十分有感染力。也不知怎么的，我发现这个阿姨性格才真与我相像，从此我和她、和她的女儿真成了好朋友。

从此我爹的恋爱处在天各一方、两地相思的煎熬中。正如唐代大诗人王维所写：“红豆生南国，春来发几枝，愿君多采撷，此物最相思！”

我便成了他们爱情的纽带和传情达意者了。当时通讯条件不如现在这么方便，打长途电话、打电报除非有急事，一般人很少用这通讯手段。可我爹一到北京就通知她联络地点。

她就经常给我爹打电报、打长途以寄深情，“鱼雁传书”的中继站就在我这里。

我爹开玩笑地跟我说：“她的恋爱方式真受不了，不是长途电话就是电报，该花费多少钱啊！你看，又来份电报！”

他想想又开心地说：“要是真能跟她在一起，真是我的福气啊！不知老天给不给我。”

我爹心中秘密搁不住，也曾老实向上海的赵冲叔叔叙说：“我爱她，她对我真好！有时我去看她，一进门就倒上茶水，送来热乎乎的毛巾，并替我拿来拖鞋换鞋。这种体贴劲儿我从来没有享受过。我要是真跟她在一起是我的福气，不知我有没有这份福气！”

我深知我爹爹这份爱情的真诚、可贵，是我鼓励他努力去争取，不要再维持那没有爱情的婚姻。应该有权去追求自己真正的幸福，也不能负有情人的一片痴情。

我爹顾虑重重，他顾虑弟妹们接受不了，他又顾虑影响太大，舆论受不了。他又说周总理一定不会同意，我说："干脆你就找周总理，把你心里话都跟他说，看他是什么意见。"

我爹就如同小孩一样，全听我这不懂事女儿的主意，这时我真变成"姐姐"了。

可惜，不识时务！此时正值上影厂"四清"运动，是"文革"来临的前夕，是一切都对我爹十分不利的状况。爷儿俩冲昏头脑，一意孤行。

我爹果然按我的意见亲自去找了周总理，也果然如我爹预料的那样，总理不同意我爹离婚。

这时远在北京的她，正与前辈艺术大师田汉在一饭店共餐。突然接到我爹从上海发来的电报，上写："阮玲玉拍不成了。"

读电报后，她当即晕倒在地……

这是我爹后来告诉我的。这是双关语电报，一确实要筹拍电影《阮玲玉》，二是告诉她我爹的婚离不成了，这对她打击极大。

"我对不起她！唉，你爹没有这份福气啊！"

后来我也不止一次地听到她说："做不到的事情不要去做，追求不到的事不要去追求……"

情爱、真心、思念，双双埋入了心底。

随即而来的"十年浩劫"中，一个挨斗入狱，一个在南国挂牌、剃头、扫地。一晃十二年啊！爱国的赤子之心支撑着他们，使他们都顽强地挺过来了。

1980 年我爹由于拍不成电影积郁成疾，患了不治之症，躺在北京医院的病床上。她与她的爱女闻讯赶到北京。她多么想直奔病床，再最后看我爹一眼，但她克制住了，让她的爱女给我来了一个电话。

电话中说:“姐姐,我和我妈都赶到了北京。知道阿丹叔叔的情况。本来想去亲自看望他,后来我妈说,不看了,目前他一定全变样了。让我妈心中永远保留着他那美好的形象……”

她泣不成声地将电话挂了。

当时我的心都快碎了。我跑到爹爹病床边,在我爹爹的耳边,轻轻地将上面的话向他重复了一遍,我爹紧紧地拉住我的手,两行热泪夺眶而出……

此时此刻我真说不出是什么心情。这是远在天边的相恋之人,生离死别前的心声。我爹心中是悔?是怨?是爱?……这“未了情”也随着他事业上的种种遗憾而飞向了天国。

四十八 并驾齐驱东渡日本

1963年,父女俩在同一年先后同去一个国家——日本。父女俩为此好不兴奋!

爹地、秦怡阿姨等随同中国电影代表团东渡日本。从此日本人民与我爹结下了深深的友情。在日本,爹爹结识了他终生的患难之友、日本老演员松三善山、高峰秀子夫妇,这是对善良的夫妇。在我爹“十年浩劫”遭迫害正处死亡线上挣扎的时刻,是他们惦念着我父亲,公开为我爹鸣不平,也是他们“十年浩劫”后,最早从远方飞来探望我爹。他们的关心、友情,使我爹临终时还念念不忘,希望将他的骨灰一部分,能葬在日本聂耳墓地的边上。

日本电影界的友情也给他留下了深刻的印象:他见到了日本电影

大导演黑泽明，演员高仓健，也与栗原小卷、真由美等女演员从此交上了好朋友。

赵丹与秦怡(右三)、司徒慧敏(右二)等出访日本时在一起。

日本人民对我爹天才的作品《林则徐》、《聂耳》，以及他20世纪30年代的《马路天使》、《十字街头》，予以极高评价，日本观众称他为“世界巨星”之一。

日本电影界还愿意和我爹合作拍电影。

我从我爹带回的在日本的照片上看到：他与秦怡阿姨穿着日本和服，活脱像一对日本漂亮的男女。他不仅内心与日本朋友相通，就是外形也和日本人近似。此次东渡后，我爹的心紧紧地与日本朋友的心，联系在一起了。

在同一年我也有幸参加中国艺术团，东渡访问日本。当时听周巍峙局长告诉我：“这次访日演出是周恩来总理指定你去的。”

中国艺术团团长是对外友协副会长林林。

主要演员有歌剧《洪湖赤卫队》的女主角王玉珍、东北民间歌唱家郭颂、中央乐团被大家称“琵琶精”的刘德海、广东二胡演奏家刘天一、江苏省评弹演员杨乃珍，民族乐队、舞蹈演员主要由武汉市歌舞剧院出任。其中有我的同窗好友刘凤及高盛麟的儿子高小麟，以及中央民族歌舞团藏族舞蹈家欧米加参，阵容是相当强的。

赵丹与秦怡在日本时穿着日本的和服，像一对日本的男女。

我除了表演《长绸舞》外，还与高小麟合作表演《版纳月夜》，此外我又把从云南西双版纳学来的傣族舞，编了独舞《孔雀鼓舞》。

全团总共三十余人，合作非常愉快。

出国前集中在北京东四旅馆住宿，练功排练就在附近的中国演出公司小剧场内。我们几个舞蹈演员都很能吃苦，成天不是练功就是排练，整日泡在汗水中。现在像我们当年这么自觉下苦功敬业的年轻人，可能已很少见了。功夫不负有心人，我们在舞台上表演的技艺，达到了相当高水平，从而征服了国际舞台，为祖国争得了荣誉。

出国前在人民大会堂内小礼堂，由周恩来总理亲自审查节目。演出完毕集中在休息室听取周总理的意见。其中有一段话，周总理是对我说的："赵青！我看了你多少遍《长绸舞》的表演，今天是跳得最好的一场！以前你表演的时候感情总是一下就出来，今天的表演有了层次，有了中国古代妇女的含蓄味道，逐渐才把感情放开。这样非常好，我夸了你，你可千万别骄傲啊！"

这次出访日本正值九、十月，共两个月，由日本全国勤劳者音乐协会邀请和接待。我们团到东京的当天晚上，由日共领袖设宴招待。说实话，我并不爱吃地地道道的日本饭，酱油汤、生鱼我接受不了。倒是日本的鸡素烧，及糯米制作的日本甜点心，很合我的口味。

我们的演出特别受欢迎，婀娜多姿的《长绸舞》尤其让日本观众惊叹！我们成功的演出，征服了所到之处的日本观众，通过艺术交流，两国人民的心更加贴近了。

白天我们不是参观，就是访问交流联欢，日本也同样给我留下了深刻的印象。

首先，日本对民族文化遗产的重视与保护，是特别值得我们国家学习的。在日本我看到了我国唐代艺术传统。在东京我们参观了日本皇宫，在皇宫内仍然有着我国唐代传到日本的雅乐团，雅乐演奏所用全部是:磬、钟、古琴、古筝、琵琶、二胡、月琴、笙、管、箫等中国民族乐器,演奏的乐曲也典雅清新,演奏者全着我国唐式的五色和服,只头上戴着高高黑色纱帽,古色古香,别有一番宫廷风味。可惜这么好的雅乐,在我国却早已失传了。

在日本我们观看了大型古典歌舞伎的演出,《寺小屋》、《保名》两剧,女人全部由男演员扮演。他们演的故事几乎全是日本传统故事,演员同样有韵律有节奏地夸张表演,很似我国的京剧。他们的化妆也是日本古典画中看到的,白脸底夸张的描眉画眼,服装是里外许多层高贵绸缎制作的日本和服,完全保留日本古典风格。

赵青赴日演出的宣传照。

日本艺术家的生存比我国艺术家要困难得多。我曾去参观日本花柳德兵卫舞蹈团,这是花柳德兵卫夫妇经营的。他们平时只养少数主要演员,到演出时才招聘一些其他演员,维持经常性的演出极不容易。

花柳德兵卫曾派人去中国学习舞剧《宝莲灯》,回日本后举行公演,盛况空前。

他们把演出剧照拿给我看,果然很像我院演出的《宝莲灯》,只是日本化了。三圣母化妆与服饰很像日本古典式妇女，可能这样更适合日本人的口味。

临走时花柳德兵卫夫人还送了我一幅精致的和服料子，让我回中国后找日中友协主席西园寺公一的夫人帮我制作。回国后，由于忙也没去打扰这位夫人。衣料至今仍藏在我的箱底，她对我的友情也同样埋在了我的心底。

在日本我们走了十几个大小城市：东京、横滨、新居浜、新泻、京都、大阪、名古屋、北九州、福冈、熊本、青森等地，一路都坐着日本电气化高速火车，只有进北海道才坐了船。

日本著名的鬼谷川温泉让我尝试了一次日本的生活方式。我们来到那离城市很远很僻静的小山庄——鬼谷川温泉。听说周总理也曾来此洗过温泉。到达时已是日落西山了，下榻后每人更换一身早为客人准备好的和服，我们之间相看，个个都成了日本人，因为我们同是黄皮肤、黑眉、黑眼、黑头发，个子也不高，引得大家捧腹哈哈大笑。

那个夜晚做了一回地地道道的日本人。

在日本式榻榻米铺地的大餐厅内，盘腿席地而坐。地道的日本饭菜，一道一道地上桌。席间，有浓妆打扮的日本歌舞伎，为我们表演日本的传统舞蹈及器乐演奏。

三弦有力的弹拨、小钹鼓敲击的一种特殊的鼓声，加上沙哑的歌喉，特别有日本风味。日本古典舞蹈纸扇子舞也是千姿百态。

那天晚上我们又吃又喝，还跟着击掌唱歌，最后干脆起立，与日本歌舞伎一起跳着日本土风舞。在那气氛下，我们几乎忘了自己是中国人还是日本人了。

宴会后又进入自己卧室去洗温泉浴。我们女士们一个也不敢到公共温泉浴池去洗澡，因为听说日本男女是合洗一个澡池。只有男士们在公共浴池洗，大概他们恨不得能遇上一位日本妇女也在洗浴呢！可惜他们还没这眼福。

这一夜过得实在是惬意！

第二天清晨，太阳从东方山谷间升起，美丽的日出，凉爽的空气，令人心醉！

这里正在富士山的附近，白雪皑皑的山峰，绿葱葱的山座，蓝色天空的背景下，白色云带如同腰带装点着富士山，真似天上仙境一般！

此行有幸去参观了一直在坚持演进步话剧的前进座。团长和全体团员列队盛情欢迎我们的光临。当他们知道我是中国电影大师赵丹的女儿后，更是格外热情。团长说他认识我爹，并讲了许多夸奖我爹的美好语言。

前进座也曾多次去中国访问演出，他们不能忘却中国朋友对他们的盛情接待和在中国逗留的美好时刻。他们似乎想把在中国得到的这份盛情，又交还给我们。虽然这团经济状况很困难，可他们仍送我们每人一匹白纱，上刻有前进座标志——一枝羽毛做的箭头，是用藏蓝色印制的。回国后我用它做成帘子，挂在窗上和书架上，以表示对他们的纪念。

昔日脑海中对日本只有当年侵略我国凶杀者的恶魔形象。经过这次访问，头脑中全被善良友好的日本人民形象所占据。我想人类历史不论过去、现在和将来，法西斯、刽子手似的魔鬼总是极少数，而世界各国人民之间永远是友好的。

出访日本后，艺术团又来到了我国的香港。我曾先后去香港公演过四次，这回是首次。

香港如同新中国成立前的旧上海一样，霓虹灯广告通宵达旦，车水马龙，十分繁华。

香港满街讲广东话，我亲妈是广东人，小时候在阿婆家也会讲广东话，在艺术团内我变成了仅有的粤语翻译了。

在香港，见到不少我小时候在旧上海拍电影时认识的电影界人士。我看到仍拄着两根拐棍的大导演朱石麟、衣冠楚楚戴领结的大导演李萍倩，他们好像变化不大，仍像我小时候见到的那样。当年我曾是他们指挥下的“小演员”，今日一跃为“大演员”，令他们刮目相看，对我非常尊敬。香港当时红极一时电影明星夏梦、鲍方、石慧等，出席在我们新华社为艺术团举办的欢迎和欢送的宴会上，又友好又礼貌，以表达他们对祖国内地的一片深情。

我们的演出是在当时香港仅有的明星大戏院，受到极大欢迎，尤其是我的独舞《长绸舞》。两根数丈长的绸带，千变万化，让香港观众惊叹不已。

香港《大公报》与《文汇报》特别会宣传，我的大人头照片，如同来访国家总统一样，整版面地登载在头一版。这使我自己也吃惊。

整版整版的报纸，介绍我们艺术团的名演员及节目演出状况，声势造得很大。当然我们也是名副其实的中国第一流艺术家。

在香港我见到了过去和我同事过的同行们，如曾在我国工作过的印尼华侨颜木兰等人。后来几次去香港看到的同行就越来越多了。

他们和我们在内地从事文艺工作的同行全然不同，为了挣钱维持生活，每日的工作非常艰辛。基本是办班，教业余舞蹈爱好者学舞蹈。当时香港政府还没有办专业艺术团体，可以说那儿还是块“文化沙漠”。在那环境下要坚持搞真艺术是极不容易之事。

演出回来后，政府为了表彰我们出国取得的成绩，让我们入境后先到广州休息做小结。

由中南局广东省委书记陶铸同志给我们设宴接风——广东盛行的狗肉宴，全部是狗身各部位制作出的各式烹、烧、煮、炒、烤的美味菜肴。我是平生第一次吃狗肉。坐在陶铸书记身边，在他的开导下才放开胆子吃。

陶铸同志向全团解释道：“国家还处在困难时期，不能宴请你们多种多样的美味，狗肉宴在当今就是最好的宴席了。”

陶铸书记和周总理一样和蔼亲切，知识渊博，又爱好艺术，很快我们就无忧无虑地和他亲热地攀谈起来，心中油然升起对他的爱戴之情。

陶铸书记为让大家休息好，安排全团到广州附近丛化温泉休养一个星期，这是再美不过了。我们几个舞蹈演员，每夜在丛化温泉的小河上荡起小舟，边弹边唱边赏月，好不悠哉！

陶铸同志是我们国家领导人之一，“文革”中被迫害而死，我们为失去这样一位好领导而痛惜！

我爹曾在 1961 年“广州会议”上见到过陶铸同志。他那爽朗的性格，爱惜人才、关心他人的浩瀚心胸，同样给我爹留下了极深印象。

“十年浩劫”后，陶斯亮告诉我，我爹为了表示对陶铸同志的崇敬爱戴，以寄哀思，用豪笔书写了一个铿锵有力的巨大的“陶”字。

我与陶斯亮结下了真挚的友情。

四十九 也搞现代戏

回国后，正赶上大搞现代戏的浪潮，上海也大讲“大写十三年”。我爹在这种极“左”空气下，不得不放下他准备多年的《鲁迅传》。

我爹开玩笑地跟我说：“阿囡，说起来真伤心透了。《鲁迅传》几上几下，最后来个干净彻底——散摊。三年心血，付诸东流！”

“什么道理？总有个说头。”

“道理？上海市委指令大写建国以来的‘十三年’么！这鲁迅老夫子要是别死得那么早，熬到‘十三年’再死就好了！谁让他死在‘十三年’以前的十三年呢？”（鲁迅死于1936年，离1949年正好13年）

“嘻，嘻嘻！”

“笑什么？话又说回来，鲁老夫子要是活到‘十三年’，肯定是个大右派！跑不了，还是右派头子！我辈只能算是小鬼罢了……”

“爹地又来劲啦，这种玩笑开不得！”

“不过是咱们爷儿俩逗乐，反正阿囡不会揭发我。”

当时，在“大写十三年”的极“左”口号下，将“百花齐放”的盎然春光，刹那间变为肃杀的严寒，万马欢腾的局面变成万马齐喑。

我爹就是在这种沉重的压迫下，昏昏然、噩噩然到福建林区去搞了《青山恋》的。

我爹回忆道：“不用说，我们带这许多条条框框、种种‘禁区’，下到现实生活中去，是决不可能在作品中如实地反映出建设林区的人们的精神面貌和存在的问题的。因为我们这个戏的主题思想是经过上海市委通过了的，作为图解主题思想的主要人物，也是经过市委而确定了的。所以尽管在实际生活中碰到了许多生动有趣的人和事，但是由于怕犯歪曲无产阶级人物形象的错误，所以只能将此活生生的素材，抛弃不用，不敢越雷池一步。

赵丹在沉重的压力下，昏昏然地到林区拍了《青山恋》。这是他与祝希娟在剧中的剧照。

“实际上我们是‘按图索骥’或‘削足适履’地在凭主观意志与概念生搬硬套。尤其是当我们与建设林区的人们相处熟了以后，理解到他们的风风雨雨，忧忧患患，苦苦乐乐，知道了他们心底的愿望与追求，特别是看到一批批怀着一颗赤诚的红心，响应毛主席‘上山下乡’的号召，奔赴林区的知识青年——他们是何等殷切地希望我们能在银幕上如实地反映他们的志向，反映他们在生活上、工作上的种种困难和问题，以及带有普遍性的种种矛盾。

“可是我们为了要表示自己坚定的‘无产阶级立场’，为了遵循‘不干预生活，只能歌颂咱们社会主义的优越性……’只好硬着头皮，对真实的一切采取熟视无睹，充耳不闻的态度，实际是昧着良心，一味地粉饰太平。

“我有时想，这种只报喜不报忧，只能歌颂，不许批评的生活态度，长此以往，养成习惯，社会还怎么前进呢？这种主观主义唯意志论的创作方法，只能导致艺术上的虚假、枯萎、凋零。

“这不仅是方法上的错误，而首先是政治上的堕落，是灵魂上的腐朽。这哪儿是一个真正的作为人民的代言人的艺术家、灵魂工程师应干的事呀！我暗自感到羞惭、痛苦！”

当时我也被卷入了大搞现代戏的浪潮中。

本来领导决定我继续带着《长绸舞》出访英、法等西欧国家。我向当时的文化部副部长徐乎羽表示我不出国，要响应中央号召深入生活搞现代戏。后来果然同意了我的要求，由两位刚从舞校调来的高材生代替我赴西欧出访。

我果然与几个合作者背着行李深入生活去了。

其实我对现代戏的构思早在前两年就酝酿了。我在历史博物馆观看东北抗日联军《八女投江》一幅油画，为她们在敌人面前“宁愿站着死不愿跪着生”的情操所感动。

1962 年我们剧院赴云南参加德宏自治州成立 10 年大庆演出时，我就与搭档张国瑜在一起编剧了。每晚别人演出完早已入梦乡时，我与张国瑜就躲在室外讨论编写剧本。

张国瑜也是上海人，比我大两岁，颇有编导天才，尤其更擅长编排集体舞大场面。我又想演戏，一导一演，互相取长补短。这是我与她合作的第一部大舞剧。后来我们又合作了大舞剧《剑》。

1964年正是大搞现代戏的气氛。我们提出创作意图，经领导批准，组成创作集体。来到哈尔滨，一直下到“八女投江”的乌苏里江沿岸。

创作组成员除我、张国瑜外，还有刘德康。作曲有二人，长辈是刘洙，曾写过《苏武牧羊》民乐合奏曲，外号叫“老和尚”（在“文革”中病故）；另一年轻人叫方智训，中国音乐学院毕业，在民乐队演奏洋琴，很聪敏，会作曲，我们都叫他“小和尚”（“文革”中也因婚姻问题自杀身亡）。

五个人嘻嘻哈哈在东北走了一遭，吃冻梨、冻柿子、酸菜粉炖肉。

可把我们几个南方人冻坏了。那时已是严冬，到达乌苏里江边已是摄氏零下40度，幸亏当地老乡照顾，才没冻伤手脚。我们在大森林中还坐过狗拉的雪橇，过了一次东北人在大风雪天度日的瘾。

一路采访着仍在世的抗联战士，他们当年抗日时英勇战斗的故事，令人感动不已。

回到北京，为了演好舞剧《八女颂》，由我带队，除了张国瑜、刘德康、方智训外，还有七位精选的扮演“八女”的女演员，来到高碑店连队当兵，体验战士的生活。早起跑步列队练兵，平时摸爬滚打，打靶练习，唱革命歌曲，过着与战士一样的军事训练生活。

部队为了让我们感受实战生活，专门为我们组织了一次实战演习。我们的连长怕我们跟不上趟，偷偷地通知我们：“当晚不要睡觉，把行李打好，等信号一发，集合号一吹响，马上到操场上集合。”按连长的意思，我们早早偷偷地把行李打好，只待集合号吹响。到了半夜，果真紧急集合号吹响，我们一个也没落地跑到大操场列队集合，出发急行军。一路上轰炸声、炮弹声不断，照明弹一个一个往空中发，真亲临战场一样。一会儿下战壕防弹，一会匍匐前进。这段体验果然用在舞台上，演员们将作战真实感全部活灵活现地表现出来。我们八个女战士表演战士，气质是成功的，也很真实感人。

在连队当兵这阶段正是全国学雷锋活动高潮。我是领队，热情极高，早上6点起床后，一天不让大家休息。我们用午休时间主动为战士做好事，给战士洗衣，缝补衣裳，晚上还在大礼堂给战士表演节目，一个个精疲力尽。尤其平时睡惯午觉的舞蹈演员，午休一取消，上眼皮打下眼皮，瞌睡虫总来打扰。有一回军长陪我们看电影，电影上放的是鱼网，我们一位女演员潘小菊睁开瞌睡的眼说："这是什么？不是面条吗！"惹得在座者哄堂大笑，军长在旁，弄得我直不好意思。

其实我这带头人也支撑不住了。有一回午后，军长给我们讲军史，我面对军长坐着，两眼直打架，一边还支撑着笑嘻嘻地说："是！是！"其实我什么也听不进去，瞌睡虫早已找到了我的头上，简直洋相百出。

我们大部分是女兵，穿男兵衣服又肥又大，走起列队步伐十分可笑，大有卓别林喜剧味道。头一天大家互相看着，笑得快坐地上了。后来还是连长绷着脸的严厉批评，使我们这才严肃习惯起来。

我们结业时连队还让我们实弹打靶，除了"小和尚"不及格外，大家分数都很高。我打个满分。连队为我们举行结业典礼，给个个都戴上大红花，授予该团的荣誉列兵称号。并写了一封表扬信，由连长亲自送我们回京上交领导。

前后一个多月时间，短短的当兵生活全部用在了舞台上。日夜奋战，终于创作排练出四幕大型舞剧《八女颂》。我们到郊区五道口俱乐部连演 15 场，周围大专学校师生及高级知识分子，对我们的新创作给予极大鼓励。场场爆满，观众情绪激昂。

赵青主演的大型舞剧《八女颂》。这部戏到郊区连演了 15 场，观众情绪激昂。

与此同时中央芭蕾舞团正在排《红色娘子军》，听说由江青亲自过问。等我们演到最后一场时，突然这位煞星江青来看我们演出。演出结束后还到后台看望大家，见了我还假惺惺地表示亲热："你小时候我还抱过你呢！参加过你的'红蛋派对'，我在你们家一楼还住过。外婆好吗？"

过后，她却对我们院团的领导下指示说："中国民族舞剧不适合搞大戏，只能搞小的，舞剧还是让芭蕾舞搞，剧中只有'大姑娘美'有些看头……"

只因她这一段话，就把民族舞剧《八女颂》打入了冷宫。领导再也不敢让我们公开去演什么舞剧了，大家心情十分抑郁。岂不知这就是江青亵渎“双百”方针，残害广大文艺工作者的前奏。

另一面周总理正在抓《东方红》大歌舞，把我们调去参加《东方红》大歌舞拍摄电影的工作。我前后出场好几次，比较突出的是红军过雪山一场戏，我担任“五彩云霞”中的彝族领舞姑娘。

《东方红》大歌舞班子根本不管江青那一套，这是周总理亲自抓的，大歌舞创作班子仍坚持搞中国民族舞剧。

根据海政话剧团演出话剧《赤道战鼓》改编成民族舞剧的《刚果河在怒吼》中，我扮演剧中女主角之一小蓓莉，十几岁的小姑娘。我演的几场戏全由我参加编舞。其中六场“越狱”，有一段小蓓莉举红旗的独舞，很是精彩，连续斜线八个倒踢紫金冠，赢得全场观众一片掌声，这在当时是高难度的动作。

紧接着我们被派往新疆，参加新疆自治区成立 10 周年的大庆活动。来到乌鲁木齐——当年的迪化，刽子手盛世才关押我父亲五年的地方，我内心说不出是什么滋味，可新疆人民对我们十分欢迎，尤其知道我是赵丹的女儿，对我格外亲热。

在乌鲁木齐人民剧场公演大舞剧《刚果河在怒吼》。

后来我们化整为零深入新疆各个区去慰问演出。我被分往阿克苏地区，还是我的《长绸舞》到处受欢迎。

葡萄架下、美丽的新疆大地毯上，摆满了哈密瓜、杏干、马奶子葡萄、西瓜等。能歌善舞的新疆朋友，弹起冬不拉，踏着手鼓击打的动听节奏，跳着新疆舞。可能我高鼻梁深眼窝的关系，新疆人都把我称为“维吾尔族姑娘”，这是我在“文革”前的最后一次巡回演出。那时才 28

岁啊！正是艺术上趋向成熟的时候，万万预料不到灭顶之灾即将来临。

五十 看我爹拍最后一部电影

我从国外归来不久，一天，我爹兴冲冲地给我来电话："阿囡，我来北京了，是北影汪洋伯伯和于蓝阿姨邀请我来北影厂拍电影，小说《红岩》改编的电影《烈火中永生》。"

我一听，说"太棒了"！因为小说《红岩》正风靡全国，我也是该书的读者之一，一口气读完这部小说，为许云峰、江姐等英雄人物而感动。

"爹地，你是演许云峰吗？"

"是啊！我已在重庆拍了一段戏啦！我住北影招待所，抓空快来！"

挂了电话，我当天就赶到北影招待所看我爹。

我爹有一肚子的话要跟我说："在上海，把我憋屈坏了。揪辫子、打棍子、戴帽子、牵强附会、无限上纲这一套又来了。幸亏北影汪洋、水华、于蓝、朱今明他们想着我，让我来拍这部片子。真是把我从苦海中拉上岸了。"

我一听汪洋伯伯、今明叔叔都是"南通帮"，于蓝阿姨与我爹在筹拍《鲁迅传》时相处一段，水华伯伯导演《革命家庭》印象极深，都是我爹的好朋友。

我说："干脆调北影厂来吧！这儿都是你的好朋友，我们也挨得近点。"

爹说："好是好，我当然愿意，可是没这么简单。爹地还是先把这部片子拍好再说！唉！不讲这些，给你讲点高兴的事，爹地这回前一段的戏拍得可好啦!”

“快讲! 快讲!”

“他们摄制组早成立了。我下得比较晚,一接到通知,我就直奔重庆外景地了。我是坐船穿过三峡来到重庆的。一路上我想起当年和你妈抗日宣传入川的情境,悲欢离合,酸甜苦辣又翻江倒海似的浮在眼前。这回忆可能对刻画许云峰角色大有好处吧!”

我说:“爹地,我还没正式看过你拍戏呢!”

赵丹在《烈火中永生》中成功地塑造了许云峰的形象。

我爹说:“过一两天景搭好,马上就拍,只要你有空,尽管来!”

“一言为定。”

“一言为定!”

我高高兴兴回头把家转,因为明天一大早还要练功,当晚不能住我爹那儿了。

没两天我就直接到了北影厂摄影棚,我爹通知我下午1点半开拍,我准时到场。

摄影棚内正处在拍摄前乱哄哄的准备之中。我爹一看我来了高兴坏了,马上领我到摄影机旁,介绍给水华导演,并见过摄影师朱今明叔叔。

朱今明夫人赵沅阿姨大叫:“公主来啦,这下可把阿丹乐坏了!”因为大家知道我爹宠我，我从小又乖又好看，他们几位影圈老人总叫我“公主”。

我爹给我搬了把椅子，放在摄影机和导演身边，叫我乖乖地坐那儿看拍戏。并介绍今天拍的戏是许云峰被捕镜头：甫志高出卖革命，带领特务到茶楼抓许云峰，许云峰为了掩护老李同志（甫志高不认识），牺牲自己，从容下楼被捕。今天就拍我爹下茶楼被捕的镜头。

这一个镜头可不简单，一会儿对光，一会儿对地位，来回试镜头。我爹一遍又一遍地下楼。

准备过程中，我爹一会儿到机器旁看我一遍，一会儿又来一遍儿，生怕把我冷落了。我直劝他别来回跑，别管我。后来我爹跟我说：“今天感觉不好，因为你来了，我总也进不了戏，现在开始不理你了，我上去准备啦！”我说：“本来也没叫你理我，我只是旁边看看嘛。”我爹也乐了，他上了茶楼再也没下来。等了半天，终于正式开拍，场内一片肃静。光全部打好，机器开动。我爹一步一步沉着下楼，两眼炯炯有神，神圣不可侵犯，胸有成竹，毫不畏惧地走下楼来。相反，这帮小特务及甫志高在楼下却畏惧狼狈退缩。我爹把许云峰当时的思想感情表达得准确无疑，演毕水华导演十分满意地喊“停”。

一个短短的镜头，足足折腾一个下午。心想拍电影这碗饭是不好吃，也更理解了我爹为什么坚决不让我拍电影的原因。

我爹马上又恢复了他自己那“乐天派”，没大没小的样儿。爷儿俩在北影厂共进晚餐。看他那样儿我真心疼，一再关照他好好吃，好好睡。我爹说：“放心！你爹地嘴馋，北影厂尽给我做好吃的，不过我每顿饭要吃一小盘大蒜，才下饭过瘾呢！”嘻嘻哈哈告别了我爹。

《烈火中永生》赵丹扮演的许云峰与于蓝扮演的江姐在就义时的情形。

我万万没料到这是我最后一次看我爹拍片子，也更没料到这是我爹一生中拍的最后一部影片。

爹地后来告诉我，我看他拍的那镜头，谢添也夸奖呢！“奇怪啦！为什么几次下楼梯的戏，总是最够味儿的戏。《马路天使》里的周璇下楼梯，一步一步随着歌声的节奏……一辈子也忘不了，你的许云峰的下楼梯也最有味儿……也忘不了，我下次也一定下个楼梯。”

我开心地说：“谢添叔叔(其实他比我爹大一岁，本应叫伯伯，我爹却让我叫他‘叔叔’)最会开玩笑，尽胡说八道！”

我爹说：“他讲得有理。周璇下楼在乐曲节奏中，所以有魅力。你爹也有节奏，一层一层视死如归的情感节奏，也叫韵律吧！老实说我演这个镜头一点也不费力。”

我爹想了想那天我看他拍片的情境，又点着我的鼻子说：“当然要注意力集中。”我也心领神会地笑啦。

我爹第二次来京补镜头时跟我讲了一件事，这还是于蓝阿姨向他叙述的。

“片子拍完，后期制作完毕，正准备正式公演时，突然江青‘光临’北影厂，要审查影片，由汪洋、水华、于蓝等陪同。看了一会儿，这江青突然发出一阵狂笑，并尖叫说：‘这部电影真是糟透，坏透啦！’离座挥手说：‘停，停！’放映只好暂停，大家十分紧张，有一种不安的预感。江青招呼随从警卫员说：‘我太累了，给我把药拿来！’她服完药后，稍闭目养神，又下令放映，一挥手说：‘继续放吧！’影片终于放完了。

“江青一言不发，在屋里踱来踱去，眉头紧锁。突然站住，极不满地发泄道：‘这部影片实在是糟透了，坏透了！’气愤地说：‘阿丹这种气质，怎么能演好这样一个角色?'又对于蓝说:'你,也不行! 哪里像是一个无产阶级的英雄人物,最多只不过像个小学教师,哼,简直像个少奶奶!'最后江青给这部片子下了结论说:'电影不像是桌椅板凳,不是话剧,可以随便修改。好吧,这部电影就不用改了,就这样拿出去,让群众批判好了!'之后拂袖扬长而去了……在场的人全懵了,谁又敢顶撞这'大人物'呢?

"幸亏,隔了不久,周恩来总理到北影厂,也来审查这部影片。周总理和大家十分亲热,看完影片,一边慰问大家,一边讲:'我有个建议,供你们参考,最好加一场就义的戏。影片的意义应该在这里体现出来。因为,重庆已经临近解放了,就最后那么一小块地方,这真是最后的斗争啊! 我们就有这样的共产党员,为了最后的斗争,最后的胜利而牺牲了。革命的胜利,是多么来之不易啊!'

"总理的话,如同阳光一样,顿时驱散了积郁在大家心头的阴云。呶,这不是又把我请过来了吗? 前两天在香山补拍了这就义镜头,周总理的意见如同'画龙点睛',把这影片主题更突出了。"

不久,这部影片公开放映,社会上反响极强。人民欢迎它,观众喜爱它,从这些有血有肉英雄形象身上,受到一次震撼人心的爱国主义教育。对我也如此,小说中江姐、许云峰等人物通过我爹他们银幕形象的再创造,更深深地镌刻在我的心头。

五十一 大会堂山东厅风波

1954 年以后,全国人民代表大会第一、二、三届人大代表名单里,都有我爹的名字。到了1964年冬天,我也成为第三届全国人大代表。

只是我被列入了河南省人民代表的名单。我心里很奇怪,我应该也和我爹一样按籍贯是山东省选出的人民代表,或按出生地,也应是上海市选出的人民代表,怎么给安在河南省呢?我也无处去问,糊里糊涂,总之感到这是上级领导对我的信任。尤其是与我爹一样,同是全国人大代表,为此感到无上光荣。

我爹得知女儿也是人大代表,好像比他自己当选还兴奋,开会期间,领着我到处见老朋友。白杨阿姨和我爹并驾齐驱是历届人大代表,我爹领着我见她,十分炫耀。

还专门让我到他们山东代表团住地,见山东省人大代表。我记得有演吕剧《吕二嫂改嫁》的女主角郎秀芬,还有我的老朋友、世界跳高冠军郑凤荣等人。

父女同当人大代表,一时在全国人大代表会议上传为佳话。

1965年这年"四清"运动正在文艺工作者队伍中展开。在三届二次全国人大会议期间,我发现我爹时常面带忧色,举止拘束,碰到熟人开玩笑也有点勉强,不像过去那样爽朗了。他更不敢跟我搂搂抱抱,只有眼神还是那么亲热调皮。

我平时晚上演出活动很多,各代表团又分住在各个宾馆,我和我爹见面机会并不多。只是在全体会时抓空见面,说些悄悄话。

一次在人民大会堂休息厅,我爹叫我坐得挨近点儿,在我耳朵旁边轻轻地说:"阿囡,昨晚江青和康生在大会堂的山东厅,专门把我和崔嵬找去谈话……"

"江青?还有康生?从来不搭界的人,他们找你有什么可谈的?"

“就是呀，我也好生奇怪！何况，对待我们两个态度大不一样。江青、康生认崔嵬是山东老乡，倒是很客气、很友好。我想我也是山东老乡啊，不料江青、康生狠狠训了我一通，明显地拉一个、打一个。让我马上联想到，我演的《武训传》是反面教材，崔嵬的《宋景诗》乃依靠对象也……”我爹的幽默劲又来了，只是带着苦笑。

“训你什么呢？”

“训得可厉害啦！劈头给我们宣讲毛主席的最新批示，然后康生就骂开了：‘赵丹！你人在上海、为什么胆敢不听上海市委柯老（柯庆施）的话？反而只爱听中央某人的话？’江青说：‘我30年代在上海电影界的朋友，现在就只剩下你和郑君里了。我这是先君子后小人，先给你们打招呼，回去必须坚决听上海市委的话！’阿囡，你猜，他们讲的‘中央某人’是谁呀？”

“我脑子可没那么复杂，不懂政治术语的奥妙。”

“我也搞不懂。中央这些年的文艺政策是周总理指示，夏公、田老、阳翰老他们具体执行，多少年来我一直听总理的。前几年广州会议给我们脱下‘反动分子’的大帽子，奖予‘人民知识分子’的荣誉，脱帽加冕，群情振奋，我们当然听总理的！我倒要问问，为什么上海市委胆敢跟中央领导相对抗……

“我跟上海市委是一直顶撞的。上影厂‘四清’运动整了我不少材料。一天我直接闯进了张春桥的办公室，当面责问：‘你整我的那份材料调查了吗？核实了吗？’张春桥躲躲闪闪地说：‘那……那不过是一份内部材料，送给中央参考的。’我不管那一套，指着张春桥鼻子厉声责问：‘内部材料就可以胡说八道吗！你这是诬陷！你竟然还把假材料送

报中央,你这是欺骗中央,你要负责的!’

“正好不久春节宴会,张春桥顺着一个个圆桌,装模作样地来与文艺界人士碰杯祝贺。我一见张春桥冲我走来,‘啪’的一声将酒杯重重放在台面上,坐下,扭过头,连正眼也不瞧他一眼,张春桥讨个没趣,只好自行走开……

“会不会这个小心眼的张春桥,把这情况向江青、康生汇报了?否则为什么说我不听上海市委的话呢?对我这么厉害!”

又一天,在大会堂父女俩又相见,我爹环顾周围,非常敏感地告诉我:“我看出点苗头来了,看来他们这回是要整到周总理头上了!”

我大吃一惊,这是在1965年初,那是谁也不敢想,就是想了也不敢说的话!到了“十年浩劫”期间,历史证实了我爹的不祥预见。

我赶紧驱散我爹这个可怕的预见:“爹地,别瞎琢磨了,咱们还是一门心思搞艺术吧!”

“艺术?眼看又搞不成啦!上影厂开展‘四清’运动,揭了我许多材料……”

“爹地,你刚拍完《烈火中永生》,电影拍得好好的,又揭你什么材料?”

“揭发我回山东老家,乡亲们夹道欢迎,上纲是地主还乡团回来了!揭发我爱吃狗肉,有一回下乡我看见一条狗说这狗很肥,老乡把狗宰了,炖了请我吃。上纲说我是资产阶级生活方式……”

“那今后专吃素菜,不就是无产阶级生活方式啦!”

“你还开玩笑呢,最要命的一条是揭发我向周总理要免斗牌。唉,免不了啦!我知道,整出的这些阶级斗争材料,都送到了总理办公桌上,跟批判《武训传》那次差不多。总理真为难哪! 怪不得这次总理见到我,也不那么热火了。总理准是受那些材料影响了……"

大有"山雨欲来风满楼"的架势,这一切都预示着灭顶之灾即将来临。只是现实比所预料的来得更急骤,更残酷罢了。

五十二 "混世魔王"

1966年初,为了改造文艺队伍,中央各文艺团体分期分批下农村参加"四清"。我来到河北省邢台县一个极穷的小村,下去宣传"四清"、"二十三条",与老乡同吃同住同劳动。当时农村非常苦,只有逢年过节才可吃上细米白面,平时都是棒子面等粗粮,喝稀的,有时将榆树叶和棒子面掺和在一起吃。由于在城市住惯了,偶尔吃粗粮和榆树叶,反而觉得很好吃。老乡为我们腾出一偏房,我们自己打扫干净。

但跳蚤虱子总躲不开,可能我血甜,跳蚤、虱子专咬我。为了防咬,浑身上下洒666粉,却仍逃不出这场"劫难",直至浑身咬烂为止。可和我同去的女同志,她抽烟却不遭咬,我们的男同志梁惠敏也不遭咬。心想这就是改造,只好忍受,经受考验。

当时在农村大搞"四清"运动,今天回头看,这就是"文革"的前奏。在农村大搞群众斗干部,干部斗干部,挨门挨户动员群众,揭发大队干部"四不清",一下把大队干部不分青红皂白一律停职检查。人人过关,也有个别人乘机夺大队的权。

平时根本不搞生产,老乡穷得无法糊口。"四清"运动也是打击一大片的开始。全国再这么搞法,占人口大多数的农村,将会穷到不可收拾的地步。

当我们“四清”搞到一半时，“五一六”通知发表了，毛主席对文艺界的“两个批示”发表了。报上长篇累牍的社论连续发表：文艺界一条又粗又黑又长黑线，从30年代开始到今天，又点了周扬、夏衍、阳翰笙、田汉“四条汉子”的大名，点了北京市委“三家村”吴晗、邓拓、廖沫沙……

霎时天空布满乌云。我马上预感到我爹这回完蛋了，因为从30年代起他就追随“四条汉子”，直至新中国成立后。而我个人演的戏几乎全是才子佳人大毒草。原来以为自己所作所为，是拥护社会主义为人民服务的，这一下全变成反党反社会主义的毒根毒苗了。我同样预感到全变了，全完了。

从小受共产党的教育，对毛主席根本不可能有一丝一毫的怀疑。只好觉得自己错了，跟“黑线”跟错了。只好按报上宣传的政策，与“黑线”划清界限。自己排了一下位置，介乎敌我矛盾与人民内部矛盾之间。战战兢兢地度日，战战兢兢地等待群众的揪斗。

当时一个长途电话，要求下去“四清”的全体干部回北京参加运动。我们一天之内，先集中到邢台县，再由邢台县坐一辆大轿车返回北京，到达剧院所在地——虎坊路南华东街2号大院门口。

天已漆黑将近七八点钟了。一下车，“革命群众”叫我们车上每个人手上拿面小三角旗，上面全是“文化大革命”有关口号。不许进家门，而是列队进入剧院舞蹈大厅。

大厅早已布置好，贴满标语口号，铺天盖地地揭发文艺黑线的大字报。最大横幅是“打倒走资派李刚、刘郁民……”等标语，名字上全部打上了红笔画的大×。（李刚当时是院长兼党委书记，曾在延安鲁艺学音乐，是年轻有为有魄力的领导。刘郁民 30 年代曾与我爹同过事，当时名叫刘芒，后辗转延安，是主管歌剧的副院长。）

其声势浩大，平生第一次见人斗人的场面，胆都快吓破了。

坐定后，由当时部队派来的干部秦健敏（是个不了解情况的人，只会盲目坚决执行当时上级的指示）宣布开会。然后一个个从李刚开始，被点名上台站着，马上脖子上给挂一块“打倒×××”打红×的大牌子，并勒令低头。拉一个人上来，下面就配合几个人站起来揭发其罪行、批判发言。

造反派大多数是些刚来剧院不久的、根本不知情的年轻人，可我奇怪的是其中也有几个是老同志，难道他们没演才子佳人的戏吗？有的还曾是主角，后来我才悟过来，他们自认为在剧院不被重用。与我这号人相比，没有上面的重用，加上我还有这么个“黑线”父亲。他们完全从自私自利的投机政治出发，才会在运动中这么卖劲地冲锋在前。

点了院长们的名字，就点各团团长的名，舞剧团团长张世葳当然首当其冲；之后是创作室的干部，有梁克祥（作曲家，后来舞剧《剑》的作曲）等；最后是歌唱家郭兰英。再下面就该是我了，我已经做好充分的思想准备，可不知怎么的，却到此结束再也没往下揪。可能也以示区别，我才幸免未被揪出，不过已经有十几名被揪出了。

当场宣布这些人作为“牛鬼蛇神”，明日开始在院内扫地劳动，写揭发交待材料，实行群众专政。

对我算客气，命令我马上到食堂下面地下室，看大字报。这地下室挂的全是舞剧团的大字报，除了张世葳团长，第二号就是我的名字，只是上面没打红×。我一看其中两篇揭发我的最长的大字报，一篇署名是刘德康，一篇是我的好友署名，我的心都快凉了！万万没想到是自己最亲近的人揭发我！渐渐我想通了，原谅了他们，也完全理解了他们，因为在这种情况下，是迫不得已。不划清界限，日子是没法过的。

群众大字报内容无限上纲。揭发的是什么“白专”道路，演才子佳人，炮制大毒草，追求资产阶级，画蓝眼圈等；帽子一大堆“修正主义苗子”、“三名三高”、“黑线上的毒瓜”，并勒令揭发交待“黑线”关系，为此只好在会议上不断自我检查批判。甚至在批斗院内走资派大会上，还要上台揭发黑线，划清界限，联系自我，无限上纲上线。每日里无时无刻不在担心，什么时候该轮到我：抄家、挨斗，被揪出，真是胆战心惊地度日啊！

当时社会上大体育馆、大专院校，院内的大会小会，各种揪斗人的场面真是触目惊心呀！看到“资产阶级分子”、“三反分子”被揪斗的血淋淋场景，我马上联想到我爹。他这回肯定也是饱受“革命群众”的拳打脚踢，挂牌游街，剃阴阳头，喷气式，双膝跪地，变相刑罚……“打翻在地，再踏上一只脚，永世不得翻身”！

果然，街头的《革命造反报》、《电影界红卫兵报》以全版篇幅刊载了《混世魔王赵丹》、《赵丹反毛泽东思想罪行录》等长篇批判文章。电视台播放批斗赵丹、白杨等“牛鬼蛇神”的实况，老百姓争看昔日大明星，今日“阶下囚”！

我暗中找来《革命造反报》读着：“混世魔王赵丹，是封资修的孝子贤孙，反党、反社会主义、反毛泽东思想的急先锋；30 年代追随‘四条汉子’炮制了几十部反动的资产阶级的黑电影、黑话剧；40 年代从反动军阀监狱里活着出来，就是大叛徒、大内奸；50 年代初又炮制极端反动的

《武训传》和《我们夫妇之间》。建国 17 年来，专为古人、死人统治银幕，胆敢与无产阶级的革命文艺路线分庭抗礼。党中央 1966 年 66 号文件指出：文艺界有一条又长又粗又深又黑反毛泽东思想的黑线。赵丹则是其黑线上的黑魔王、黑干将，罪大滔天，十恶不赦！”

1966 年 10 月 9 日，子夜时分，我爹所住的上海湖南路 8 号 3 层，被一批口戴大口罩，臂别“红卫兵”袖章的十几个造反派，撕下海燕厂造反派的封条大肆抄家。唯一引起他们兴趣的是信件、照片、杂志……甚至于连钢琴的空腔，镜框的里芯都一一打开，完全是训练有素，富有经验的抄家能手，一直到东方露出鱼肚白，才提着几大包查抄的物品，下楼去了。

后来才知这批人是空军特种部队造反派，奉江青亲命，目的是要追回江青与他第三个丈夫唐纳的一些信件、照片和有关资料。

同一天，郑君里、顾而已家也被同样抄了家。

这蛇蝎一样的女人，妄想一笔抹去她肮脏的过去，下毒手害死了多少好人啊！

当年红极一时的电影明星和导演们：郑君里、顾而已、应云卫、舒绣文等人因批斗而惨死，上官云珠跳楼自尽，徐韬身投钱塘江自沉的噩耗，相继传来。

这时正当全国红卫兵大串联。我的堂弟（叔叔赵冲的长子）赵羽和我爹的养子周伟先后到北京，在我家住过一阵子。我从他们口中得知我爹惨遭迫害的情况：我爹被揪斗得十分厉害，不仅在厂里斗，还经常在社会上示众揪斗，有时一天要被揪斗七八场。不少人是看电影明星出洋相。

只有周民一个人是“保爹派”。谁贴我爹的标语，周民夜深人静时就去门口撕下来。我爹劝他：“民民，你年轻，要为自己前途着想啊！”

周民说：“我不怕。爸爸，你是无辜的，我相信你是个好人！”

在那种气氛下，周民能这么想是很不容易的，我听后深为感动。就是“文革”后我爹也亲自向我夸过周民。因此我爹对周民是格外的喜爱，连我对他也是十分尊重。

赵羽还跟我讲述赵冲叔叔、王秀云婶婶厚待我爹的事。后来我去上海也亲耳听叔叔婶婶讲过，我爹出狱后也曾不止一次地跟我叙述过：

赵丹与弟妹王秀云(右二)、弟弟赵冲(右三)在一起。

一天，我爹被斗完后，已是黄昏时分。不敢回家，肚子饿，在小摊上买了几个生梨吃了。天下起雨，肚子忽然疼痛。正好走到赵冲叔叔家附近(愚园路镇宁路口)，不得已敲了我叔叔家的窗口。叔叔婶婶一看是我爹，马上开门叫我爹快进屋。一看他淋得一身湿，马上倒热水让他洗脸更衣。由于晚饭早已吃过，只好下荷包蛋热汤面充饥。

我爹边吃边说：“咳，天天从早到晚挨不尽的揪斗，一场紧着一场，

你的近况、你的话都转达啦。你爹非常感动，他会意地点点头，做了个问候手势。虽然不能说什么，但心里都明白啦！”

她又说：“你爹看来很坚强，死不认罪！身体嘛，还能支持下去，但是揪斗他的‘造反派’天天不断，太多了！有的是慕名来看看大明星什么样子的。他的态度又不屈服，还要跟人辩论呢。免不了吃许多大苦头哟！”

我听后心口痛极了：爹地，女儿无日无夜不在想你，咱们今生还能见面吗？

“四人帮”死不放过我爹。在1967年12月8日，我爹跟白杨阿姨等人一起正式被宣布逮捕，手铐脚镣，锒铛入狱。这一关又是五年多。比新疆监狱还多关三个月。盛世才的新疆独裁时期，他还不是共产党员，却硬把他当共产党员抓进监狱；而现在“四人帮”的专制独裁时期，他更不是国民党，却硬把他当做叛徒、国民党抓进监狱！岂非天下大笑话，真是人间奇冤啊！在狱中是死是活？杳无音信！

五十三 周总理一番话，我又拾起练舞鞋

残酷的现实，使我对前途失去了信心。以前搞的艺术全是“黑”的、“错”的？没想到一片真心却变成了“反动”。太可怕啦，前途莫测。我太爱自己的事业了，血液里、脉搏里跳动着全是舞蹈艺术。从此不进教室，不动舞鞋，不听音乐，不看电视，不进剧场，不接触任何艺术，我怕一触到艺术，我艺术的琴弦就要被拨动。我完全成了个家庭妇女，学会做饭，做衣服，开始破坏了我与刘德康结婚时立下的不生孩子的誓言，一

连生了两个儿子，1967 年一个，1969 年一个。体重已由 92 斤长到 128 斤，人们都在背后议论我“赵青不可能再跳舞了”！我也不想跳了，从此断了这念头。“文革”开始我才 29 岁，正是在艺术上日趋成熟的黄金年龄，可这严酷的现实把我的一切全都毁灭了。

当时全国只有八个样板戏，江青看上的人，才能够参加样板团。样板戏，样板人，吃样板饭、穿样板衣。上千万文艺工作者是没有资格搞艺术的，仅仅这八个样板团才有权利搞艺术；就是样板团内也不是太平之地，样板团人同样战战兢兢过日子，稍不合江青意，就立即被打成“反革命”下放劳动。这已不亚于封建专制时代了，当时耀武扬威的只有江青看上并重用的文化部部长于会泳，副部长刘庆棠、钱浩亮等人。

赵青、刘德康在“文革”中生育了两个儿子。这是他们和大儿子小立(右二)、小儿子彤彤(右四)在一起。

刘庆棠与刘德康是莫逆之交，二人一起出国，一起学舞，就是分到两个团后还经常来往。“文革”初期刘庆棠在大院推煤扫地劳动时，刘德康还偷偷唤他到我家休息、喝茶、抽烟，互相安慰。可不久他摇身一变成了江青的大干将，神气活现说话如圣旨一般，听说芭蕾舞团年轻女演员没有一个不让他玷污的。作风腐败，霸道，简直成了“山大王”！而我们自知是人下人，尽量躲远远的，不招惹为妙，走街上若迎头碰上也马上低头绕道而行。

本来我们与芭蕾舞团是同在一个大院住，可两个团却天壤之别。可能刘庆棠怕看我们这些“黑人”，下令砌围墙将两个院隔开，各走各的门，这样才可真正区别开来。

1970 年周总理号召不是样板团的文艺团体，下部队农场劳动，企图把这批文艺工作者保存下来。

我们剧院被分配到张家口蔚县部队农场。说是农场实际是兵营，住的是部队营房，种的是分配给部队的农田，全由部队干部管理我们。

舞剧团编为一个连，在一片营房里，全部人员分成三个排。生活实行“军事化”，男女分开住，都是集体宿舍的大通铺。

我被分配在三排七小组，每个组都有几个“五一六”，几个群众。我所在组，有“‘五一六’头目”，有“一般‘五一六’”，有我这个“三名三高”的黑线人物，加上几个“砸三旧”一派的革命群众。半天劳动半天搞运动，过着十分压抑的日子。

1970 年，大队人马先下放劳动。由于我刚生完孩子，又怀孕打胎留家休假，晚去半个月。

一天，清晨 7 点多，门口有急促的敲门声。一问是工宣队，我迅速把门打开，将工宣队员请进屋坐。我心中七上八下，不知又要发生什么事情。

这位约有四十余岁的同志坐定后，自我介绍是北京二毛厂工人，姓庄，是派来进驻我院的工宣队成员。非常友好地告诉我，昨夜 2 点多，周总理接见了工宣队全体成员，会上问起剧院一些老同志，其中问到了你，说："赵青还能跳舞吗？你们在政治上要多关心她！"

我一听，顿时一股暖流流进了我的心房。我热泪盈眶，马上意识到自己目前的错误，不该丢掉自己的舞蹈专业，不该自暴自弃。我想自己这一切都是属于国家和人民的，我没有权利将国家和人民给予我的舞蹈丢弃。

我要捡起来，功夫丢了是可以练回来的，体重沉了是可以练轻的。随时做好准备，等待着国家和人民需要我的那一天。

我就这样，心中揣着周总理的这番关怀的话，以非凡毅力带上练功鞋、练功服，下放到了张家口部队农场。

我全部心血都放在了恢复基本功上。天不亮，早起在住宿房檐下扶着土窗，练习扶把动作；到村口大土路上，迎着东方欲出的太阳，做各种前进大跳动作；跑到宽阔打谷场上练习圈转、大幅度原地转、串翻身等大技巧动作，一点一点地恢复。不管刮风下雪，烈暑冬寒，风雨无阻，一年 365 天一天不停地练。就是傍晚吃过晚饭后那一点自由活动时间，也偷偷进入大饭厅摸黑进行原地旋转、翻身技巧练习。我如同走火入魔一样。别人笑话我"大肚诺娃"，因为生过孩子，肚皮脂肪过多，很难看，我不生气。有人说我是"黑线回潮"，我也不害怕，因为这是我唯一的寄托、唯一的希望。

在我的带动下，听说周总理也有过指示，部队连长、排长也同意大家练功。在篮球场上用木杆搭起把杆，在早晨下地劳动前，允许大家集体练功一小时。我除了这一小时外，比别人要多练许多。

我有一种逆反心理。说我"反党反社会主义"，可我在劳动中表现是最好的，我才是真正热爱人民、热爱社会主义的人。

在四五月，塞外天气格外寒冷，稻田里还有冰碴，我在例假中却不顾一切下冰碴地插秧。背稻子时一背就一百多斤，走在我后面，根本看不出稻子前面还有个人。割稻也是我最快，打谷场上也不示弱，掏大粪时第一个跳下粪坑……我心想今后真当农妇也是一把好手，到哪儿也不示弱。

但内心又是自相矛盾的，经常自悲自叹，看着天上飞的小鸟，常想自己还不如一只小鸟自由呢！

我们猪圈养着不少猪。其中有一头最小的白猪，大家都叫它“巴克夏”，特别好玩，似乎通人性。女同志路过那儿，总把从县里买的饼干、糖块给它吃。一叫“巴克夏”，它就摇头摆尾跑过来以示亲热。一年后养大了，过年大师傅宰了它吃，我们女同志没一个人动筷子的。我心想自己还不如一头小“巴克夏”，养肥了还可供大家美餐一顿，自己至今对人民还有什么用处啊？这种伤心自叹心理经常出现。

我常想我还没被专政就这个模样，我远在狱中的亲爹他的内心又该如何承受得了啊！

我经常背着人高声大唱《白毛女》最后一段歌词：“我盼啊盼啊！我盼东方出红日……”

五十四 我爹的命真苦

下放期间，一年有 12 天假期。第一次放假我与小刘坐火车来到久别的上海。我们两人一身破旧干部服，小刘肩背两个大包，身前背两个大西瓜，身后背一口袋大米，手中又拿一大网兜，内装许多蜜饯、茯苓饼、蜜枣等北京特产；我两手又提着大包小包。我们一出火车站，站在上海大马路电车站候车时，互相对看了一下，简直可笑之极，活脱一对乡下佬进城的样子！又想起当年刚出国来到海外大城市的傻样子，真是事过境迁，感叹不已。

在上海我们住在冲叔叔婶婶家，大家挤一挤倒也十分温暖。

又到阿婆家探望老人和孩子，一切都好，总算放心。

到了宗英妈妈家，她又下乡写作去了。只见到雪珍娘娘，向我诉了半天苦。家中没钱，全由她支撑这一家大小生活，确实非常不容易。

我爹一个月才发 15 元工资，每月往监狱送去 7 元，根本没字条，也不让看望。什么情况都不知道，十分可怜！

雪珍娘娘，后来还有叔叔婶婶都向我讲述妹妹赵桔到狱中探望我爹的情况。赵桔要远离上海前往黑龙江插队落户（弟弟们一个个都因为爹爹的问题，先后插队到内蒙古、江西等地），向有关方面提出请求，离家前要到狱中探望我爹一次，终于被批准下来。

但有几条要求：一不准哭泣，二不准谈运动的事，只准宣传政策，讲有利于赵丹交待揭发的话。接见时间只有半小时，我妹妹全部答应了下来。

那天赵桔早早到那里。在一间房内，只放一张乒乓球桌，旁边零乱地放着木凳与长凳。赵桔坐在一头，焦急地等待着爹爹的到来。过了好久，一辆汽车驶到门口，车门打开，赵丹在工宣队押送下走进门来。赵桔一看爹爹全变样了，又瘦又老，焦黄的脸，满脸胡碴子，两眼可怕地凹下去。赵桔多么想大声哭喊着扑向爹爹，不能！她以极大的克制力克制住自己，酸涩的苦水往肚里咽，轻轻地喊了一声“爹爹”，默默地在我爹对面坐下来。

我爹一直低着头，不敢正视我妹。赵桔说一句话，我爹就点头哈腰一下。我妹心中明白必须演好这场戏。我妹机械地来回宣讲政策，好不心酸啊！我妹后来告诉我说：“爹爹一个个问到家中的每一个人，还问到了在北京的你。”

眼看时间快到了。我爹抖抖索索地从口袋里取出一纸包，打开纸包一看，装着几块已经烊化的水果糖递给赵桔，嘶哑着嗓子说：“你要远行了，爹爹没什么东西送你，这几颗糖，就算是爹爹送你的礼物吧！”赵桔哪肯要这几颗糖！在那种条件下，能存下这几颗糖是多不容易，也是爹爹唯一可自慰的一丝甜味。对我爹是多么珍贵啊！赵桔说：“爹爹，我在外面能买到的。这几颗糖，你留着自己吃吧！”爹爹执意不肯：“带回去，给弟弟们分着吃吧！”天啊，这是深陷囹圄的父亲，对子女们的一颗爱心啊！

时间已到，在工宣队押送下，我爹一步一回头看着我妹，含泪登上汽车。我妹一看一包糖仍放在桌上。我妹抓起糖，再也无法克制自己，连喊带哭跑步猛追出去，汽车早已远远离去。

赵桔手托这包糖，呆呆地含悲而去，回到家中一一叙述。家中大人和弟弟们，面对这包糖个个泣不成声……

我听后心想，哪个好编导、好演员也导不出、演不出这么一出活生生辛酸的戏啊！这全是人为冤枉造成的。当时，这种戏不只出现在我们这一家啊！而是千家万户啊！我祈祷着，但愿这种灭顶之灾永远绝后吧，但愿人类再也不要人为地制造灾难吧！

1972年冬，我又再次回上海探亲，孩子们又长大了一岁，只是我爹还在监狱中待着，仍是杳无音信。

一天宗英妈妈要约我和冲叔叔谈话，就定在了冲叔叔家。宗英妈妈很郑重其事，只跟我和冲叔叔谈，这样我们三人进了冲叔叔卧室，把门关紧。三人坐上了床，我坐床尾，宗英妈妈挨我坐床尾边，冲叔叔坐床头——一次极严肃的谈话。

宗英妈妈开门见山地说："听说你爹爹就要从提篮桥监狱假释出来了。"

我一听爹地快出来了，高兴得心快跳出来了，可往下听不对劲儿了。

"在他放出来前，我要向你们赵家人讲清楚。因为阿丹定了敌我矛盾，为了你弟妹阿桔、阿左、阿劲他们不背上反革命家属的黑锅，为了他们将来有个好出路，争取光明的前途，我决定在你爹爹假释出来后，正式同他离婚。"

我和叔叔听了大吃一惊，这点我是万万没想到。冲叔叔愣了一会儿，急忙央求她："阿嫂，求求你，可千万别这样忍心抛弃阿哥。当年阿哥第一次蹲新疆监狱，小叶以为他被枪毙了，就嫁别人。小叶离开阿哥，对他打击多么大啊！这次人还活着，留得青山在，不怕没柴烧。但如果你再跟他离婚，他怎么受得了啊！阿嫂，你就可怜可怜我苦命的阿哥吧……"

宗英妈妈说："现在讲阶级路线，敌我矛盾就是阶级敌人！我也是给逼迫得没法子了。"

我几乎是求宗英妈妈："妈妈，你千万别这样做！现在我们北京正在学习8341部队政策经验，推一推就是敌我矛盾，拉一拉就是人民内部矛盾。我爹又不是死不悔改，我们大家拉他一把，不就回到人民内部矛盾了吗!”

宗英妈妈说：“孩子们一个个日子不好过！他们下放也是到最边远的地方！桔桔下到黑龙江、周伟在内蒙古、周民在江西，都是最苦的地方。你们替我想想。我是先给你们打个招呼，我不得不这么做!”

我和叔叔两人再次劝说她、央求她，她却再也不回话，就这样结束了这次谈话。

老天怎么不长眼睛呢？我爹的命运，怎么会这样苦啊！

事后想想，宗英妈妈当时受到各方面的压力，也是不得已而为之。“文化大革命”运动，把人们的灵魂都扭曲了。

五十五 死里逃生

我爹在监狱关押了整整五年零三个月，才作为“假释”放出来。但他的问题还未做“最后结论”，他下放在奉贤农场继续监督劳动。每个月底可以进城回家一次。

仍然跟运动初期“牛棚”里差不多，没有“解放”，每月只发给他15元生活费。我爹说，这回可真的比“贫下中农”更加“贫下中农”，改造得没法再彻底了！

1974年，“批林批孔”和“反击右倾翻案风”运动正处高潮，上海来电告外婆病危。我硬着头皮请假，工宣队终于批准就急忙回上海看我爹。

我先来到我爹家，上海市湖南路 8 号。这是“文革”前搬来住的一幢有小花园的高级小洋房，院内有一大片草坪和一棵大杉树。二楼住的是上海市文化局长孟波。我爹一家住在三楼。

“文革”中这两家都被冲击得够可以，尤其是我爹的家，抄家无数次，小院已被冲击得草木凋零，面目全非。大标语满楼贴着，墙上依然可见“打倒反革命分子赵丹”的大标语残迹。我不忍旁顾，快步登上三楼。因为事先联系了，农场提前放我爹回家等着。父女在离乱中相见，抱头痛哭！

不知哭了多久，我抬头看爹地，害怕得不敢认。他，几乎完全不像他了！变成一个又老又黑又干巴的小老头儿。他还不到 60 岁呀，18 年前那英俊、潇洒、豪迈的美男子，到哪儿去了呢？但见他身穿一件灰溜溜的“人民装”，一长排颜色不一的纽扣，扣得整整齐齐，但看上去别别扭扭的。他可从来没这样打扮过呀！皮肤黑黢黢，两眼更加泪汪汪，被活活整得精神委靡，畏畏缩缩的样子！真叫人心酸！

我爹抹干泪水，爱抚着我，哆哆嗦嗦地说：“阿囡长胖了，还是那么漂亮！”

我答：“胖了才不好呢。我坚持每天练功，要把体重练回 90 斤。还做梦重返舞台呐！”

我爹一笑，露出残缺不全的牙齿。

“爹地，你的牙，怎么搞的？”

我爹遮掩着嘴巴：“打的，几乎掉光了。说话总漏风，不好听。这回要是演糟老头子，真省事儿了，不用化妆啦！”

我问:“在监狱里他们待你怎么样?”

我爹的目光暗淡下来,阴沉沉的,似乎不愿提起。我心疼地追问:“受刑了吗?”

他迟疑着,吞吞吐吐漏了一句:“和新疆监狱里受过的差不多。”

我顿时明白了。我想起从前他说过的,在新疆监狱里被火钳烫、坐老虎凳、灌辣椒水,吊起来挨皮鞭抽打……我不忍心再问了。也知道有纪律,我爹不敢说。

我安慰地说:“活过来了,没被整死就是我们全家最大的幸福!”

父女双双含泪的眼,久久地相望着。

坐定下来后,我有一团多年的疑云,急于搞清:“爹地,到处传说你跟江青‘有一腿儿’,所以江青才整你。到底是怎么回事儿?”

我爹神情严肃,沉思良久:“阿囡,爹地对你从来没隐瞒过任何事情!我跟她,确实没发生过关系。30年代,你妈咪是一流演员,又温柔又漂亮,众所周知,我对你妈咪最专一了。江青一个三四流演员!”

赵丹与女儿赵青劫后重逢。

我爹愤愤地点燃一支“生产牌”烟卷,仰头喷了一大口说:“当年她死乞白赖猛追我倒是真的……”他沉吟半晌,咳嗽一声,下了决心似的说:“阿囡，有一件事，爹地当年害怕，没敢告诉任何人。1960年我为拍《鲁迅传》去杭州，正巧她也在杭州宾馆，一定要见我！就在宾馆大门口，她突然紧紧地拥抱我、亲我。我躲也躲不及，又尴尬，又害怕。

“接见后，她还约我夜里再来宾馆找她。那天我紧张坏了，晚上我没去。心想：她已不是30年代的蓝苹了！犯上就是作乱，人命关天哪！可了不得，天一亮，我就坐火车离开了杭州。估计这件事又触犯了她。

“后来就是人民大会堂的事，你都知道了。她对我直发脾气，为什么不听上海柯庆施的话，而要听周总理的话？我跟她真是什么也没有，只是对她在30年代的情况知道得多一点儿。这个人是很记仇的，要把我们一个个全害死，顾而已、郑君里全被害死了！后来我在监狱里也差点被害死。”

我神经马上紧张起来：“爹地，快讲！”

我爹给我讲起事情的来由：“当时我还蒙在鼓里，还是过后听别人给我讲的。有一次是由上海市革委会专案办、工作组召开一次秘密会议。在一间小小会场内，挤满了三四十人。主席台上有王洪文、徐景贤和工宣队一办的负责人。出席会议的大多是文化电影系统工宣队、造反派头头和搞专案的工作人员。会议开始徐景贤讲话，接着王洪文讲话，他恶狠狠地说‘我看哪，赵丹可以杀，如果不宜公开枪毙的话，就在关押中把他搞死算了’。这时会场上突然冒出一个人来，提出不同的意见‘嗳，这可不行啊，在关押中搞死，由谁负责呀’？王洪文脸色突变，忙问‘这个人是哪儿的’？这人无所顾忌，起身自我介绍‘我是上海人艺的籍耿龙’。岂不知籍耿龙这么一说，他们怕暴露，不敢在关押中搞死我，让我死里逃生。可籍耿龙自己却从此遭到飞来的横祸，不明不白被逮捕入狱。今后我可要好好感谢他,救了我一命的恩人哪!”

我爹又补充道:“听说是因周总理亲切关怀,我才被释放出狱转送奉贤‘五七’干校劳动的。”

我心中感叹万分!万幸他老人家关心,否则我爹早晚要被这帮恶魔害死在监狱里。我说:“周总理真是我们一家的救命恩人啊!”我爹会意地点了点头。

听了以上爹地的解释,我解开了心中疑团,这才真正放下了心。

我敏感地又问:“爹爹,宗英妈妈对你怎么样?”

爹爹似有话而无法说出口。我将他出来前,宗英妈妈正式向我和冲叔叔提出离婚一事告诉了他,让我爹好有个精神准备。但我提出了我的主意:“在目前情况下,主动权在宗英妈妈那边。但你要忍着,为了弟妹们,尽量挽回关系,保持下去!”我爹点了点头。我心想我爹真是太可怜啦!

我爹又跟我讲起在运动中帮助过他和整治过他的人。只有在患难之中才能真正分辨人啊!在危难时刻出现的真情,我爹真是记一辈子啊!

我爹又给我讲述周民“保爹保妈派”的所作所为,讲述了冲叔叔婶婶在患难时盛情接待他的情况。他说待他真正解放了要好好地报恩啊。

他又讲到上影厂的情况。他万万没想到,他平时对他们这么好,总在一起合作的几位演员,有学生,有同辈的,会对他批斗这么狠啊!叫我爹好不伤心啊!“人怎么会变成这样,太过分了!”我直劝我爹,莫伤心,在那种情况下应该理解和谅解他们。看来我爹心中对他们已结下了疙瘩。

我爹又说:“奇怪得很,平时和我交往不多的几位老演员,对我可真好啊! 白穆、张伐、舒适,在干校对我特别关心照顾,令我十分感动,尤其白穆经常到家看望我,人间自有真情在啊!”

我爹对他们的情谊一直记在心间,由此我也对他们更尊敬三分。在我爹去世后,我的舞剧电影《剑》就是舒适主动提出担任导演的。他定是看在我父亲生前的情谊上。

父女俩有说不完的话。当天我又赶到环龙路 69 弄 3 号我的出生地,去看望抚养我长大的 84 岁高寿的阿婆。

一进门看到我的阿姨早已从北京赶到上海,在阿婆床边服侍着。阿婆静静地平躺在床上,人已瘦到干瘪的程度了。

我急切叫着“阿婆、阿婆”,阿婆渐渐睁开一双无神的大眼,看见我,嘴角微微带上一丝微笑,显出高兴的样子。她感到了安慰,阿婆还清醒地问:“小刘好吗?”我说:“小刘问候您老人家。”阿婆点了点头,无力地闭目静卧养神。

阿婆是摔了一跤后久卧在床,生了褥疮,医治无效,危在旦夕。看到阿婆这种情况,想起阿婆对我的养育之恩,我无法控制,早已泣不成声。

阿姨前些日子早已赶到上海了。外地的只差广州叶小珠舅舅还未赶到,阿婆只等看小珠一眼。估计这几天小珠也会到上海了。

临终前,儿孙满堂。按中国传统讲法,这是她的福气。

晚上回爹地家,和我爹讲起阿婆的情况。我爹同样十分动情地说:“你阿婆是个好人,对我也十分好。我现在是不是也应该和你一起去环龙路看望她?”后来想想不行,现在还没“解放”,到环龙路又该引起多疑。只好托我第二天代表他问候我阿婆。

第二天我又去探望阿婆，在阿婆耳边转告了我爹对她老人家的问候。阿婆慢慢的一字一句地说："阿丹是个好人啊！"

我爹听后眼泪涌在眼眶中。

那几天来回两家跑。又想在阿婆临终前，再尽点孝心，又想在爹爹仅有的几天休息中，与爹地多待一会儿。

没几天，珠舅舅从广州到上海了。当晚阿婆就咽气了。

一大早，阿婆家来人告之，我急急赶去，向遗体告别。我哭得死去活来，全家大小都泣不成声。

很快举行火化仪式。我阿婆还有一位八妹，八姨婆一家也赶到，吃了一顿丧礼饭也就散了。

阿姨、舅舅们料理完后事也都分头回家了。

我的阿婆——我的亲人走了。从此上海也就少了一个生我养我的家！心中空空地回到了我爹地的家，我爹也为此悲痛万分！

没几天，爹爹的假期也到了，他又该回干校继续受监督劳动改造了。等他走了，我像失去了什么，永远也抓不回来……我的根、我的恩、我的亲、我的爱……空荡荡地回到了北京。

五十六 旧习难改

我的爹爹不论长到多大岁数，总是热爱生活，总是掩盖不住他在电影《马路天使》中扮演小陈那个角色的调皮、逗人乐、洋相百出的可笑样。真叫旧习难改啊！

爹给我讲他在奉贤干校劳动时出洋相的笑话。他经常把自己是专政对象的位置忘了。有一回大家全在饭厅看电视，正好是乒乓球赛。我爹爹是个球迷，他偷偷地进了屋，拿个小板凳坐在后面的高桌上，比坐在前面的人还看得清楚。看得正来劲，一个快板进攻得了球，我爹爹在后面忘乎所以大叫："好球！"众人回头一看是他！这下可触犯了天条，造反派上前揪着他，叫他下来："老实点！别忘了你是什么身份！"当然在座大多数是同情我爹爹，觉得我爹可笑，只是憋住不敢笑而已。

张瑞芳阿姨回忆我爹时也这么说，在"牛鬼蛇神"牛棚时大家都老老实实排队买饭，就阿丹跑我身边叫我给他带一份，我吓得直给他使眼色。阿丹就不明白，直到我说"小心挨斗"才恍然大悟，到后面老老实实排队买饭。

赵丹与挚友富华在一起

我爹又说他在干校还偷偷地打酒喝。有一回差点出事，不过也因买酒从此交了个挚友富华。

那是在一个狂风呼

号的寒冬，我爹身上紧裹破棉袄，从小卖部买来一瓶二两装的土烧藏入口袋。正好遇到迎面走来个造反派，突然问我爹："赵丹，你倒好快活，居然喝起酒来了。快交出来！"

在造反派眼里这些专政对象，只能老老实实接受劳动改造，怎能喝酒享福？

我爹也真是久经考验了，马上灵机一动说："喔，那是个空瓶子，我正想打酒呢，好吧，不喝了。"

顺手将那瓶土烧远远地扔到河那边。造反派恶狠狠地说："好！你会要花招，你昨天还在哼黄色歌曲'春天里来百花香——'我给你一起记在账上。"造反派气呼呼地走了。

不远处，走来一个身材不高的中年人，向我爹伸出了大拇指。他正是上海画院画家富华，上海人艺演员陈奇的丈夫。

第二天一清早，灰暗的晨雾还笼罩着大地时，在那条结着薄冰的小河边上，富华早已先到河边找那瓶土烧。我爹也相继而来，二人不期相遇。终于捡回了那瓶土烧，相约当晚我爹到富华所在草棚对饮畅谈。

两人真是一见如故，相见恨晚。我爹终于又找到了一位知己。经常偷偷相聚，谈论水墨丹青，展开纸砚，在画中寄托情志。

"四人帮"夺去了我爹演戏的权利，却夺不走他追求艺术的心。通过富华这位挚友的启示及帮助，在他最早的本行画画上，又找到了一条新路。

我爹在疼爱孩子这方面也同样旧习难改。爹爹对我的宠爱，对赵矛的疼爱，对后来几个弟妹们的溺爱可说是少有的。他经常跟我开玩笑："什么孝敬父母，还是父母孝敬你们哟！"经过这场浩劫，他对孩子们的爱依旧如故。

赵矛虽早结婚，但没生孩子。弟妹们当时还小，一个个也没结婚，还是“文革”后去了美国才生儿育女的。所以我爹在生前并未见到他的亲孙。

对两个小外孙，我爹爱如掌上明珠。

有一回，在三楼我爹正谈话，忽听楼下有小孩哭，站起来不管三七二十一就往楼下跑。一看小立乖乖在玩鸡，是院外小孩在哭。把我爹急的！我一听哈哈大笑，笑他也不问一声，不分青红皂白瞎跑。我爹还认真地说：“要真的哭，下去就晚了。我怕别人欺负他。”

我回到上海，正好见到秦怡阿姨。她说：“你这个小儿子彤彤太好玩了！我到你们家敲门，来人开了门。我上楼时，这个孩子用枪对着我，非要我举起手做投降状，才可进你们家。我就只好双手举着，活像个俘虏一样上了楼。”大家听了哈哈大笑。可想而知，我爹不知把孩子娇惯成什么样，没大没小一点礼貌也没有。这种无法无天对孩子的娇惯，从我小时候就开始，到我后来几个弟妹直到这第三代，真可谓“旧习难改”！

五十七 苦练基本功的“赵疯子”

从农场回到北京以后，一年 365 天，我一天不停地练功。院内唯一的练功大厅，早已成了样板团舞美队的绘景室了。地上铺满了幕布，绘景师傅正趴在地上，用大刷笔画景，地板已被钉子破坏得不成样子。五颜六色撒得满地，好像地板上也绘了各色地图一样，根本无插足之地。

印染工人的具体操作和思想感情，广交朋友。天天随班劳动四小时，从第一工序开始，直到最后检验、包装，了解印染劳动工序的全部过程，更重要是了解工人同志们心中的想法。

不少女工告诉我，她们不知厂房外面有多大变化，只看到树叶绿了又落了。但她们知道自己印染出的各色花布美化了祖国、美化了人民，也就心满意足了。多么纯洁的语言，我就把这种情操展现在我的舞蹈中。

一个班长由我自己扮演，带领四个组员，迈着矫健的步伐上班。下料、开动机器、用单色单绸表现布匹在机器各色滚筒中上下翻滚，终于印染出各色美丽的花布。我们采用象征彩色花布的双绸，挥动飞舞，以示将最美的花布献给了祖国、献给了人民。

由施光南作词、作曲，当时他还没像后来那么有名，但他的音乐大放异彩，他自弹自唱，激情满怀。女声领唱由我院歌剧演员王宝珍担任。我们大家全都是自觉自愿地结合在一起，把我们的时间与心血，献给了这个舞蹈的创作与排练。

当我们第一次在排练大厅表演给舞剧团全体同志们看时，就连平时一直反对我的人，看过后也不得不感动得直落泪。

当时“四人帮”要求下放返京的文艺单位出节目参加会演，我勇敢地报了名。后来定在1976年1月2日晚，在东安市场的东风剧场公演。我和四位老演员：胡元静、周克英、孙宝英、郭玲霞，共五人兴奋极了，日夜积极排练。我又把老搭档张国瑜请来排练。我们个个摩拳擦掌，严阵以待。

1月1日晚上通知说，艺术局领导认为这节目是“旧瓶装新酒”不能上演，一盆凉水，从头到脚泼了下来。

一打听，艺术局的成员都是“四人帮”刘庆棠的干将，和刚被“解放”当摆设的老干部。因为我是赵青、是黑线红人，在“四人帮”统治的时代我是没有搞艺术的权利的……

我应该怎么办？答案是：我是个不屈之人，是个打不倒的人。

第二天，我习惯性地照旧去大厅练功。大厅死一样的寂静，再也听不到昔日我们几个的笑闹声、舞步声和音乐声了。我的舞伴们没一个进教室的。我痴呆呆地、机械地在做把杆动作。这时和我一起跳《印染工人之歌》的周克英的丈夫赵克敏，他是新华社记者，进了教室。看到我一人还在练功，他含着泪上前没说一句话，拍拍我肩膀以示鼓励。我用眼神来向他表示“感激你的理解”。

这时我忽然想起周总理！只有他会支持我、理解我，可早听说周总理病倒在北京医院了，能见到他老人家吗？

我打电话给郑凤荣，请她无论如何想方设法，能让我在北京医院见周总理一面，我要把新编的舞蹈《印染工人之歌》，在病床边跳给他看，我想得多么天真美好啊！岂不知周总理这时早已危在旦夕了，我还在盼啊盼啊，盼望郑凤荣能联系上，有这么一天……

1976 年 1 月 9 日清晨，我正拎了一双舞鞋，准备进教室练功时，忽然听收音机在播放哀乐，我心一怔。噩耗突然传来：我们敬爱的周总理与世长辞了。如同晴天霹雳一般，我顿时觉得天要塌下来了！我两腿直发软，手拎舞鞋马上退出教室，快步跑回家，紧关大门，趴在床上放声大哭。

哭了很久很久……此时只有放声哭出来，才可帮我消解心中极大总也不白。一双炯炯有神的眼睛,这次出来更是闪闪发光了。牙齿虽被打掉好几颗,可胃口却特别好,馋得要命,因此他很快就恢复正常。他若不再拍戏,实在是可惜了。

我老在他耳边催促他快拍戏。他永远是一颗光辉灿烂,中国独一无二的巨星。爹地带着美好憧憬离开了北京,回到那创造中国电影的摇篮——上海。

我向老天祈祷着,希望能给他创造良好条件,让他实现他心目中电影艺术的愿望吧!因为艺术就是他的生命,否则将是对他生命的真正扼杀!

可是,不知道为什么,《八一风暴》竟没拍成。我爹唉声叹气,没有办法。

年底,爹地终于"解放"了。虽然听宗英妈妈说,在我爹落实政策的书面文件上还没签字,但他确实可以和大家一样,过正常人的生活了!

五年零三个月的牢狱生活,吃尽"四人帮"的苦头,压在头上的一块重石终于搬开了。他又重见了天日,他又可以有重上银幕的机会了。

很快他接到了通知,要他与白杨一起在两天之内,赶排出一个朗诵节目,在上海文化广场向群众亮相。我爹和白杨阿姨两人在电影界是最后"解放"的。他俩是多么惊喜,他们以惊人的记忆力,很快就背熟了朗诵词《中南海的明灯》,并即刻进入排练。

那晚上,上场前我爹十分紧张。当报幕员报出了赵丹、白杨的名字时,上海文化广场一万多名观众顿时报以浪潮般的掌声,久久回荡!

六十 一心要演周恩来

过些日子，张瑞芳阿姨告诉我爹一个好消息："阿丹，我们推荐你在《大河奔流》里扮演周总理！这下子可让你过瘾了吧！"我爹眉开眼笑，像个孩子一样蹦跳起来。

我爹耐心等待了很长时间。北京电影制片厂准备拍摄《大河奔流》的正式邀请书来了，郑重通知他在该片中扮演周恩来。

他看了李准执笔的电影剧本，皱着眉头说："这本子，帮派味儿不轻，有些地方装腔作势……要好好修改！"

但他反复考虑以后，又表示："不过，周总理出现的几个场面，我可以演。我了解他，这毕竟是周总理的艺术形象第一次上银幕啊！我要全心全意尽力而为，这是对周总理最好的纪念呀！"

当时北影厂约定的导演是谢铁骊，主演是张瑞芳。

我爹应邀前往北京，住进北影招待所。我爹到北京后，抽空飞快地到我家，进门就将这特大喜讯告诉我，简直高兴坏了："把周总理的形象搬上银幕，全国就数我最有条件。和周总理经常接触，我太熟悉他了。我演周总理，不仅会形似，更重要的是能神似！因为我和周总理是老朋友了，我最有资格演他！"

"文革"前，我爹来我家吃饭，我不会做饭，只给他买香肠面包汽水。我爹把这当笑料，到处在家人和朋友中当众宣讲。这回可不一样了，经过"文革"中锻炼，会做饭了，总算让我爹吃了顿我烧的热饭菜。我爹边吃边告诉我，邓大姐给了他一屋子有关周总理的材料，他要整整关一个月在北影招待所读材料，谁也不理，连亲生女儿也不理，叫我理解并支

2月24日，第五届全国政协开幕。我爹早已到“耳顺”之年，且饱经风霜，但是英姿勃发，人们都说他显得年轻、活泼。特别是他的一双炯炯有神、又黑又亮的眼睛，给人印象极深、久久不能忘怀。

在人民大会堂灯火辉煌的前厅，我们父女俩跟许多老知己、世交劫后重逢。个个精神百倍，并没被“四人帮”压倒，一个个顽强地活过来了。我见到邓颖超、康克清、王光美等几位老革命，纵有千言万语，也道不出心中对她们的尊敬和思念；我看到了我们舞蹈界的老前辈吴晓邦、戴爱莲还硬朗朗的健在；我又看到诸位大画家，常书鸿、刘海粟、华君武、黄胄、黄永玉、丁聪等，还有其他各界知名人士……我爹兴高采烈地把我带到电影界白杨、张瑞芳、秦怡、于蓝等阿姨们面前，一一问候，亲人般握手拥抱。

爹爹乐不可支地说：“巧不巧？1964年我们父女俩就同是第三届全国人民代表，现在又同是第五届全国政协委员，两度父女同会，青出于丹而胜于丹！我可比不上女儿——她，是名正言顺的文艺界正式委员，真厉害。我这当爹爹的呢，却是什么特邀委员，甘拜下风，没法比呀！”

这话逗得大伙儿哄堂大笑。

绰号“政委”的张瑞芳阿姨赶紧解释：“其实政协委员都一样，只是分组不同罢了。”

我爹马上回答：“没关系啦，童言无忌，不会再无限上纲批斗我们啦！”

就这样，我爹随时随地喜欢开玩笑，常常笑出眼泪来。

很少有人知道，我爹炯炯的眼神中包含着辛酸的秘密：他在20世纪40年代被反动军阀盛世才关进新疆监狱，将近五年，险些儿遭枪毙，幸亏由周恩来、阳翰笙设法营救出狱。因为狱中长年光线阴暗，后来我爹的眼睛一遇到烈光或风吹，就渗出一层晶莹、湿润的泪膜。

我爹说："这一来坏事反倒变成好事——我的眼神的感染力更强了，一上镜头，真是标准的水汪汪大眼睛，闪闪发亮。"

确实，在爹爹后期的影片中，无论《李时珍》、《聂耳》、《海魂》、《林则徐》，直到《烈火中永生》，还是反复试过镜头，却终生遗憾没有拍成的《鲁迅传》、《周恩来》，人物形形色色，而那炯炯眼神，都显示出一种早期所无的艺术上的炉火纯青以及出神入化的"崇高美"的境界。

到"文革"期间，他又被江青迫害，冤狱五年零三个月，昏天黑地，更炼就一双火眼金睛。

白杨阿姨说得好："眼睛是心灵的窗子。有时透过这两扇窗子，在他的眼神中，似有无限隐忧潜藏在心里。泪与笑交织，是赵丹的一大特色。"

这一年，政治地位的恢复对我爹精神上是一个安慰，他的国际活动也逐渐恢复了。

4月份，我爹的老朋友，日本艺术家松山善三、高峰秀子来华访问。

我爹特意赶到首都机场，亲自迎接他们。

在史无前例的"十年浩劫"期间，我爹在上海被批斗的消息，传到了日本。松山善三、高峰秀子立即在日本报刊上发表文章为我爹辩护，赞誉"赵丹不仅是中国最优秀的电影演员，而且是东方乃至世界最优秀的演员之一"！他们还向中国政府呼吁，要求"保护大艺术家赵丹"！

我爹感念他们的情谊如此深厚，就在北京饭店专门宴请他们。松山善三和高峰秀子还为我爹写了很长的文章。

日本文化界和影评界对于我爹的表演艺术给予了极高的评价。他们还请我爹考虑合作拍摄新的作品，1979 年 11 月我爹随团再度出访日本，和日本电影界、栗原小卷等演员筹备合拍《一盘没有下完的棋》……

全国政协委员赵青投下神圣的一票。

这年我爹通过外文出版社《红楼梦》巨著外文翻译杨宪益、戴乃迭夫妇，认识了两位外国影迷，就是英国的白霞和德国的乌韦。

白霞是研究中国文化的汉学家，她的汉语讲得棒极了！白霞最崇拜我爹，用英文写了长篇大论，向全世界介绍“赵丹的表演艺术”。她还多次采访我爹，进行长谈。

白霞和乌韦在中国谈恋爱，并且举行了一场“中国式的婚礼”。那是在北京人民艺术剧院二楼的排练厅，爹爹和我、宗英妈妈、宗江大舅、干爹吴祖光、干妈新凤霞，人艺的于是之、朱琳、刁光覃等许多著名演员，还有杨宪益和戴乃迭夫妇等都出席了。

我爹为白霞、乌韦的主婚人之一。新娘穿着猩红色旗袍，绣花鞋，蒙着猩红色“盖头”;新郎穿着藏青色长袍,黄马褂,戴着插花的礼帽。用一条长长的红绸子牵着新娘,红绸中间是一个大绣球,然后把这红绸子交给新郎,把新娘引导过来。新郎用一根象牙棍子挑开红“盖头”,哇!满堂同声称赞,新娘子真漂亮极了!

喜庆的气氛非常热烈,大家都很高兴。那天为表示祝贺,我还现场演出了西班牙舞,演完,满堂喝彩,干妈新凤霞直夸奖:“阿青跳起舞来,不认爹不认娘!”

新郎、新娘轮着托盘子给宾客发枣子、花生、糖果、甜点心,就差没有放炮仗、敲锣鼓了,然后又是“闹洞房”。总之,全套中国仪式,几乎十全十美。

我爹举杯衷心祝愿:“新郎新娘早生贵子,新郎新娘白头偕老!”

第一个祝愿很快兑现,白霞隔年就生了个又白又胖的大小子;但第二个祝愿很快就落空,在白霞怀孕期间,乌韦跟另一个初出茅庐的中国小妞相爱上了。(我爹去世以后,白霞跟乌韦离婚,白霞立即离开了中国,这是后话。)

1978年,美国纽约举办国际电影节,隆重放映我爹主演的《林则徐》。不久,听说好莱坞准备邀请我爹出访,并授予他一个大奖,据我爹说是奥斯卡特别奖。这件事情上报到文化部电影局,但是出访美国的计划总定不下来。

听说,本来好莱坞只邀请我爹一个人访美。中方提出得请一个团,美方基本同意请一个团,但对中国电影代表团组成的人数,总是谈来谈去谈不妥。最后一拖再拖,发奖日期已过,我爹也没去成,奖也没领到。

领导终于决定让赵丹出国访问了!我爹兴冲冲地昂着头,到部里去开会，却蔫呼呼地耷拉着脑袋回家转。

爹爹苦笑着告诉我："原先以为同意我出访美国好莱坞呢！一听通知，才知道是指派我出访朝鲜……嗨，人一背运，你原想朝西，他偏要你朝东。没法说……"

闷闷不乐，百无聊赖之中，爹爹到虎坊路中国歌剧舞剧院来找我。

我正在创作新舞剧《海霞》（根据《海岛女民兵》小说改编）。因为在"文革"后期我曾与张国瑜排演过其中一场戏，效果很好，这次再加聘导演黄伯寿合作，正处紧张排练之中。

小刘养病期间一早去钓鱼了。我匆匆从练功房赶回家，来不及为爹爹做饭，只好从食堂买饭回家，随便凑合着吃点。女儿感到爹爹慈爱的眼神一刻也没有离开我。略微谈了几句，我又要排练去了，就请爹爹在我床上睡个午觉再说。

到我排练完回到自己房间，一看，不得了，爹爹把我的床单、枕巾，都洗干净了晾在外面绳子上。我傻了，泪花在眼眶里打滚："爹地，你什么时候学的洗床单啊？"

爹爹的目光闪闪发亮，他调皮地笑了笑："这是劳动改造的好处嘛。五年铁窗生涯，加上农场劳改三年，还有什么不会的？爹地是心疼女儿太累啦！"

我一头扎在爹的怀抱里，再也忍不住，眼泪扑簌簌地往下掉。

六十三 赵丹何时重返银幕

我爹一心想出访美国没有去成，没想到出访美国却派上了我。真愿意把这美差转让给我爹呀！

建国后中国就没有一个正式文艺团体去美国演出过，所以赴美演出成了中国和文艺界的大事。过去“四人帮”时期，我曾偷偷挤进天桥剧场，立在后边看过他们准备访美的演出，当时我就想：这不是中国真正的一流水平，什么时候我上台了，美国才去得成。

过几年“四人帮”倒台了，中国组成第一个百人艺术团出访美国，我被选中参加了，果然应了我的预言。

中国艺术团赴美演出节目单。赵青是主打节目《红绸舞》的领舞之一。

这团确实聚集了中国第一流水平的演员。京剧演员有专演美猴王的李小春、武生李光、武丑张春华、青衣刘秀荣、刀马旦叶红珠等名角，有刘诗昆的钢琴独奏、刘德海的琵琶独奏、闵惠芬的二胡演奏，歌唱家有郭淑珍、胡松华、李谷一，芭蕾舞演员有白淑湘、郁蕾娣、薛菁华等，民族舞剧有我和陈爱莲，东方歌舞团有崔美善、阿依吐拉、莫德格玛。舞蹈演员的班底是我们中国歌剧舞剧院舞剧团和中央歌舞团的演员。

富动作与表现力，更重要的是不能把自己局限于空中楼阁。只求自我欣赏自我理解，这样势必发展到只有孤家寡人的死胡同去。不管形式怎样，必须创造出人民喜闻乐见的作品，才有现代舞发展的宽广道路。

历史上自邓肯之后，玛莎格蕾厄姆是当代了不起的现代舞大师，她获得了纽约市政府的嘉奖与荣誉称号。

赵青在纽约联合国大厦前留影。

中午我们与该团主要演员一起进餐。一位主要演员告诉我，她不能只在这个团挣钱，同时要和几个舞蹈团签合同，每晚要赶场演出，否则养不活自己。相比之下，当时的中国舞蹈演员比他们幸福多了，不愁吃穿，一心一意搞艺术。

后来我们又参观了美国最著名的黑人舞蹈团，该团创始人是亚瑟·米奇尔先生。那天他亲自任教。十几位年轻黑人舞蹈演员，为我们上芭蕾基础训练和表演小节目。黑人能吃苦，训练极严格。

我们来到人们向往已久的百老汇，观看歌舞剧《绿野仙踪》，这在美国是家喻户晓的故事。

演员个个能歌善舞，舞台美术、特技，千变万化，飞上飞下，无奇不有。一部老少皆宜的歌舞剧，观众反响极强，座无虚席。

我们在纽约的演出十分成功。在林肯艺术中心大舞台公演，这剧场接纳过不少世界第一流剧团。台面又宽又深，灯光设备全部电脑控制。第一个节目《红绸舞》，灯光照得红色绸子、绿色服装格外鲜艳美丽，把美国观众都惊呆了！我与陈爱莲两人跳双绸领舞，这节目如火焰一般点燃了美国观众的心灵。我还表演《草原女民兵》中小战士，双人《弓舞》以及独舞《长绸舞》，总共两套节目，每晚轮流演出。

我的《长绸舞》得到意想不到的成功，我只要舞动一个小花，美国观众就报以掌声。一个五分钟的小舞蹈，舞间鼓掌竟达七八次之多，谢幕达四五次，剧场内破格地跺地板、喝彩声不绝，全场沸腾！美国最权威评论家在《纽约时报》赞扬我：两根数丈长的绸带，千变万化，举世无双，恰似天上神女的再生。

加上琵琶演奏家刘德海、二胡演奏家闵惠芬、指挥家李执恭等人杰出的音乐伴奏，随着动听的乐曲飘舞着的长绸，是舞动的长江、舞动的黄河，在美国人心目中成了东方艺术的象征。

美国报刊登载着我被观众包围签名的照片，和几位舞蹈演员外出游玩的照片。得到美国观众欢迎与喜爱，这是最高的荣誉和奖赏。

两个月的访美演出很快就结束了，归国途中又在港澳两地进行演出。

我已经是第二次来香港演出了。一次“文革”前，这回“文革”后，差异毕竟很大，人们的话题也起了根本的变化。我们仍在新新大戏院演出，演出盛况更是空前。在宴会上，再度见到了影视圈老朋友：李萍倩大导演，夏梦、石慧、朱琳、鲍方等大明星。他们都非常关心我爹在“文革”中被迫害的情况，个个问我“赵丹先生何时重返银幕”？我只好说：“快了！快了！”

他们哪知我爹为拍不成戏还在发愁啊！

香港报纸还有文章写道：“史无前例的“十年浩劫”中，多少次传说赵丹被迫害致死，现在的消息说赵丹还活着。可是一直见不到赵丹出来演戏、拍电影，怎么证明他还活着呢？”

度过夏季，进入了秋季，我才回到上海。我们是路经上海回北京，在上海停留时间很短。我特意打电话通知我爹，到旅馆来看我。出访美国时，我们发的生活费很少，只能把平时发的易拉罐饮料、巧克力糖带回国当礼物送亲人，但我爹还是十分高兴，这是女儿对爹的一份心意。

我爹叹息着对我说：“阿囡现在是雏燕展翅，先飞向世界舞台了。我这只老鹰却还憋在老窝里一筹莫展。什么时候才轮到我东山再起，飞上去呢？怪不得外面有人造谣说我早已死了。一个演员不能演出，跟死了有什么两样？”

我劝告他：“爹地，你一定要争取演戏、拍电影！有了作品，重上银幕，就是向全世界做出最好的表白！”

六十四 第二次艺术青春——绘画

女儿的命运可比爹好得多，主要因为有继承周总理遗志的艺术领导支持,提供了一定的条件,才得以好戏连台。

从美国归来后,舞剧团决定复排《宝莲灯》,但有一条规定:“凡参加赴美演出的演员全部下农村劳动锻炼一阶段,一律不参加《宝莲灯》复排。”

我心想我和《宝莲灯》的名字紧紧相连,我自信,我若不参加复排,该剧不可能达到再次成功的效果。为此大胆向当时文化部副部长周巍峙提出自己的想法。他对我十分了解,顶住他人议论,让我留下复排《宝莲灯》。加上当时剧院主要院领导李刚和舞剧团负责人之一邵关林大力支持,我得以顺利地完成此项任务。

果然不负众望,复排《宝莲灯》演出后,影响极大,效果很好。我确实比“文革”前演得更好了。有了坎坷的人生经历,再塑造“三圣母”这人物就更深刻,更有诗意,也更感染人了。加上我基本功的提高,控制、旋转、弹跳都远远超过了年轻时代。

在赴美演出前排练新舞剧《海霞》时就有个别人在公开场合咒我:“红得发紫,紫得变黑。”这当然是一种极端妒忌心理在作怪。

我只好记住鲁迅先生的教诲:对来自朋友的刺伤,如同对待背后射来暗箭一样,只好躲在森林中偷偷拔出箭,刮干净血迹走出森林,还要强装笑容。我当时真有此体会,忍耐着。

“文革”后在我从事每台演出创作同时,总有极个别人的妒忌伴随着我,不到领导面前说我坏话,就是到报刊记者面前公开阻止宣传我,甚至于通过他人手写污蔑文章攻击我,做种种小动作。

没有不透风的墙,总有人转告于我,为此我气坏了。

我告诉我爹:“此人作风、群众影响很不好,我也可以到领导面前说她的不是!”

我爹的一席话把我说服了:“做这种事的人,永远成不了大艺术家,只是个匠人而已。你若也卷到这种小人动作中,你将也只能是匠人,永远成不了大艺术家。一个艺术家要有许多精力去钻研自己心爱的艺术,切不可在个人是非方面耗费精力啊!”

我爹又举梅兰芳先生为例:“他不仅戏缘好,人缘也好,你看他有多少人帮助他!平时谦虚谨慎,宽宏大量。不仅对上,对同行,就是对待服侍他上妆、着衣的人都一视同仁。善于学习他人的优点,要学会宽宏大量,才可做一个大艺术家。你想想:他哪会有精力去和那些小人斗啊?”

从那以后,我牢记爹爹的教诲,首先严格要求自己。就是听到一些不实之词也不去生气,否则等于帮助他人一起来惩罚自己。能宽宏大量对他人,惹不起,躲得起。只一心一意走自己的路,攀登艺术的高峰。这样一来,果然心情好多了,人也变得更年轻啦!

《宝莲灯》再度公演十分成功。中央电视台的邓在军导演、赵忠祥解说,将该戏拍成实况转播的录像带。比一比,确实比年轻时扮演的三圣母成熟多了。

我懂得了一条真理:“只有艺术才是你最忠实的朋友,她决不会欺骗你。你付出多少工夫她就还报你多少。”爹爹告诫我:一心一意忠于艺术吧,辉煌灿烂的艺术永远在向你微笑!

爹地这一年一直在银幕边边打转转,由于种种原因他无法实现他重上银幕的理想。逼得他拿起画笔,向另一条道路,施展才华,寄托他对艺术无止境的追求。

是画家富华的建议，他请我爹随上海海墨画社朋友们一起，前往广西柳州写生画画，宗英妈妈也陪同而去。这是我爹粉碎“四人帮”后，度过的最开心的40天。我爹称柳州是他的“第二个故乡”，是柳州使他获得第二个艺术的春天。

在柳州他高兴地住在当年周总理曾经住过的柳州饭店3号红色小楼。他激动地经常夜不闭灯地作画，40天画了百余幅。他给柳州人民留下和蔼可亲的好印象，在柳州的都乐园，他写下了“天下都乐”四个苍劲有力的大字。我爹故去后，柳州人民为表示对我爹这位艺术大师的怀念，在“都乐园”的“都乐岩”上镌刻了这四个大字“天下都乐”，供柳州人民和过往的旅客们瞻仰。

赵丹为“第二故乡”柳州题写的“天下都乐”。

绘画同样是我爹一生所喜爱和追求的艺术。他毕业于上海美专，他电影中的表演往往由绘画中领悟。晚年又致力于绘画，取得了卓越的成就。

这两年他与大画家李可染、李苦禅、吴作人、黄永玉、亚明等都交上了好朋友，还有当年美专同学何康里，新认识的中青年画家富华、蔡耕等等，他们切磋画艺，追求新意。在绘画领域内，他找到了新的寄托。

我爹在当年为纪念唐代文学家柳宗元建立的柳侯祠前，写下诗句：

千里来罗池，聆教柳侯祠。

贬褒何足论，今古贵刚直。

六十五 否定“样板”帮气，要创“赵氏体系”

我的脑海中酝酿了一个念头，要将《红楼梦》改编成大型民族舞剧。

我从小就是个“越剧迷”，《红楼梦》更不知看过多少遍了，越剧《红楼梦》曾经拍摄成彩色影片。我就想参考现成的越剧《红楼梦》，将其改编为舞剧，这不是“事半功倍，手到擒来”的好事吗？当即给上海的爹爹写信，讲了我的计划，并请他出面去要越剧《红楼梦》的剧本。

航空挂号信寄出以后，杳如黄鹤。过了一段时间，我等急了，又是一封信催促爹爹，埋怨他“贵人多忘事”！

不久接到爹爹回信，打开一看，真长！心想：这封信可不一般啦。这么长，一看开头，苗头不对。通常他给我的信抬头称呼一般要写上两行字，什么最……亲爱的宝贝、心肝、小乖乖啦一直写到阿囡为止，这回可头一次这么简单地称呼，只写：

亲爱的阿囡：

这一回并不是“贵人多忘事”，而是想写一封重重的信，谈谈你的创作思想。因为想好好地同时又重重地，故而反耽误下来了，请原谅！

首先，我觉得你既然要搞《红楼梦》，就应该认真地读原著。要把原著读几遍，才能从中得到启发，得到创作的源泉……决不是人云亦云，一味地移植！讲到移植，这是最使我生气和反感的了。这些年养成了恶习气，叫做“一窝蜂”。抄袭！抄袭！这是“四人帮”遗毒未消。别人家的东西再好,也决不该去照抄!

我固然没办法给你弄本越剧剧本,即使有办法,我也不愿意为你们的抄袭来创造条件。懒惰,吃现成饭,这是艺术家决不该有的恶习气。“匠人”与“艺术家”有原则区别。艺术讲创造、匠人讲抄袭。阿囡啊,你如果算得上是中国的舞蹈家,那你今后就真的要多用头脑来创作,而不是一味地只用四肢来创作了!

……总之,你要加强艺术理论修养和文学修养。已经到了这个年龄啦!特别是艺术理论,要真弄通。什么是“人物形象”的“典型意义”?任何艺术集中到一点,即人物的个性,典型性。场面再宏大,舞姿再优美,花式再繁杂,变化再多样,而如果没有典型性格的人物,就没有艺术价值。同时你也只有懂得了人物的内心、个性和典型意义,才能创造出真正优美动人的舞蹈动作来……

你的亲爱的爹爹

这封信我反复读了好几遍,受到多大的启发呀!

“文革”十年中间,全国演来演去只有八部“革命样板戏”。各地方剧种,这也“移植”那也“改编”,照搬照抄,吃现成饭,成了风行一时的恶习气。在这股歪风邪气的影响下,不少“艺术家”成了缺乏个性的“匠人”。针对这样的弊端,爹爹对于“抄袭”、“移植”的厌恶,真是震聋发聩,给我敲起了警钟。

中国的大型民族舞剧,严格地说是从新中国成立以后才正式发展起来的。第一阶段,主要是从古典戏曲(京剧、昆曲、地方戏)的传统中汲取养料,取其精华,去其糟粕,把它们与现代世界舞剧形式结合起来,所以叫做“中国芭蕾”。但是,容易流入“戏曲去唱”的路子,变为俗套。

舞剧《小刀会》原创作人员之一就说过:“舞剧《小刀会》还谈不上是真正的舞剧,很像是不唱光演的戏曲。如果一加上唱词,那就跟地方戏是一样的。舞剧《宝莲灯》才摆脱了戏曲去唱的路子,才算是真正的民族舞剧……”

如果再把越剧《红楼梦》的剧情结构“移植”过来,岂不是又走到“戏曲去唱”的弯路老套上去了吗?我反复思考,决不重蹈覆辙,一心一意要闯出新路来!

爹地这一棒把我打醒了,我坐下来认真读了四遍《红楼梦》,书中密密麻麻夹上我写的心得体会小条条,果然从原著中得到许多新的启示。除了对几个主要人物性格心理加深了了解外,我找到了许多可编舞的情节,如宝黛春游放风筝、宝玉听琴、猜灯谜、赏菊赋诗、春梅踏雪……又诗又画又舞,美妙的场面应有尽有。

我通过自己大脑重新编写剧本,并请空政歌舞团作曲家朱正本和牛畅谱写了音乐,弓已上弦,只待发射。为了慎重起见,这样一部大型民族舞剧的鸿篇巨作,必须要有名家指点。

我当时就找到了我爹一直让我请教的大师金山伯伯。我爹与金山从20世纪30年代起,通过在话剧《娜拉》中扮演两个截然不同性格的对手而相识,生活中他们是极好的朋友。金山是我爹和亲妈相爱的介绍人,我出生时又是金山伯伯替我爹把我抱回家,后来金山又是黄宗英和爹结婚的介绍人。总之,他与我家结下不解之缘。

在艺术上我爹回忆说,当年,我们年轻气盛,各成一派,各不买账,后来随年龄增长两人又变得互相佩服。爹地总说金山是位了不起的艺术家,在表演方面有独特的风格,电影《风暴》是体现金山风格的代表作，总要我在艺术上多请教他。

金山伯伯在生活上并不幸福，坎坷曲折，后来与孙维世阿姨结合，那是一段较美满的婚姻。可“十年浩劫”中，孙维世阿姨又被迫害致死。金山伯伯在举目无亲的情况下，又与孙维世的妹妹孙新世结合，得以有人照顾他的身体。

他年纪虽大，仍和爹一样十分帅气，性格开朗，又因他膝下无儿女，对我就格外的亲热。

他想把我的一生写成电视连续剧，因为他说写我可以带出几代人：他们这一代，我的同代及下一代。这是多么好的设想。

为了交换创作舞剧《红楼梦》的意见，金山伯伯、孙新世阿姨特地在北京莫斯科餐厅请我吃西餐，边吃边聊。我这计划得到他们热情支持。孙新世阿姨建议序幕可由女娲补天开始，留下一块石头，掷入人间，也引出了《石头记》。这个构思新颖，又可舞。金山伯伯则建议，要动用社会力量，请教“红”学家们，搞出一部划时代的代表作。

我兴致勃勃回剧院找了我长期的搭档张国瑜，请她与我合作。怎奈她这张嘴快，很快剧院内外传遍了我要搞《红楼梦》的设想。万万料不到我院一位老演员和于颖编导抢先一步，在剧院排演了该剧。一个剧院不可能同时排演两个同一题材剧目，我就暂时先放下，由他们去搞吧！

他们犯了我爹信上所指出的毛病，其后果必然可想而知了。

到后来1982年举办我的第一台舞蹈作品晚会时，我尝试编演了《黛玉焚稿》。由焚稿引起黛玉回忆，通过春夏秋冬四个不同季节，展现了宝黛的情爱。采用舞蹈情节也是他人从未用过，即书中原有的诗画情景，最后以黛玉葬花而告终。黛玉随花落到天尽头，悲愤地卧在花中，告别了凄惨的人世。演出后，平时不太承认我的编导，也情不自禁到后台表示祝贺，夸这舞有独创。

粉碎“四人帮”不久，我爹的好友吕复由上海调往北京任中央实验话剧院院长。

1979 年 5 月，他亲自去上海请我爹到他们话剧院，扮演话剧《鉴真东渡》中的鉴真大和尚。以此庆祝《中日和平友好条约》签订一周年。

赵丹在中央戏剧学院讲表演。

我爹执意不肯当演员。商量结果，由我爹担任该剧“艺术指导”，而由吕复院长亲自扮演鉴真和尚。

6 月初，我爹到了北京，一住又近半年。他热心地为《鉴真东渡》剧组说戏。我爹总结他一生表演体会，上升为理论，写下他的独特表演体系“赵氏体系”。并在上海戏剧学院、北京中央戏剧学院进行了精彩的讲课。

我爹讲课不同一般。开门见山就是“空话大话不谈，套话废话不讲，我来跟大家一同探讨当前表演艺术面临的严重问题”。他一边讲解，一边比划，一边表演，兴高采烈，生龙活虎。

赵丹和中央戏剧学院的师生们在一起。

当时“四人帮”遗留在文化艺术领域的遗毒仍然猖獗，文艺界的“帮派”味儿还很严重。我爹从“表现派”、“体验派”之争讲起，从早期话剧讲到现代电影，从田汉、欧阳予倩、洪深等老师讲到他的搭档们，讲到自己几十年的心得体会。他直率而又深刻地剖析，否定了“四人帮”的那套“样板”模式，提出“意料之外，情理之中”等艺术原则。全场师生听得入神、入迷，许多人深受启发。

讲课期间，爹爹对我说：“这回我可下了决心，要写自传！不但写出我的生活故事、奋斗历史，还要总结我几十年的实践经验，写出系统的表演理论来！‘文革’中间，造反派经常批判我的‘赵氏体系’，说我有野心，要跟俄国的斯坦尼斯拉夫斯基相提并论。我回答艺术上就是要有野心，就要搞自己的体系！就连江青、姚文元那么不三不四的一帮流氓痞子、骗子婊子，也在搞他们自己的‘吼派’、‘样板派’，糟蹋艺术。我奉献艺术这么多年，为什么不能搞我自己的体系？我姓赵干什么？如果没有自己独特的表演艺术体系，我白姓赵了！”

“可人家总好心劝告你：老实点儿，别太狂！”

“那是两码事儿！生活上要老实、诚恳、谦虚、谨慎，待人接物要相互尊重，平等博爱，一视同仁，不能狂。可是到了艺术上，就是要如痴如狂！刻苦钻研，艺高人胆大。就是要出人头地，与众不同！我的电影是‘赵氏体系’，你的舞蹈也属于这‘赵氏体系’，要在表演艺术上首创我们独特的个性，要从实践和理论两方面贡献我们赵氏的特色，时机成熟了，一定要给后人留下一个‘赵氏体系’来！”

那年，我们剧院重排了一台歌舞节目，下工厂，下基层，为群众巡回公演，社会反映非常热烈，受到普遍欢迎。

正巧爹地到北京。我们在石景山的首钢剧场演出，我除了跳拿手的《长绸舞》、《西班牙舞》，还上演重新修改的小舞剧《梁山伯与祝英台》。我爹知道了，不辞路途遥远，坐长途汽车赶到首钢剧场。

在一片赞扬声中，他没有搀和着瞎捧我，他说：“阿囡，爹爹给你一条建议——英台哭坟那一场，舞蹈中要从白裙撕下一条白绸带子，扎在头上，舞动起来，增强气氛。你试试看效果怎么样？”

正合我意，第二天我马上增添了这个新的装束和舞蹈动作。果然悲剧气氛加强了，起到“画龙点睛”的特殊效果。

在爹地“赵氏体系”的教诲下，我不停地在自己表演与创作中进行探索，进一步自编自导自演了《刑场婚礼》、《霸王别姬》、《黛玉焚稿》、

《海之诗》、《节日》、《琵琶行》、《骆驼祥子》等不同风格、不同情调的舞蹈作品，推出了第一台、第二台、第三台赵青舞蹈作品晚会，走上了舞蹈艺术的新阶段。

六十六 在地狱的门口

1979 年我们剧院组成三十余人的演出小分队，到全国各地巡回演出歌舞晚会。在江苏、浙江、广东、广西、内蒙古等省、自治区的各大中小城市共演出二百余场，所到之处极受欢迎。夏天时来到了我的故乡上海市，在大舞台公演，场场爆满。上海观众对我十分捧场，我表演的《长绸舞》、《西班牙舞》、《梁祝》，可把上海的小青年给迷住了。我爹正好去北京，没能来看。只有杜宣伯伯和我亲妈叶露茜前来观看，并赠送一个大花篮。

我们不仅演出效果好，经济效益也十分可观，共向文化部上缴 12 万人民币。而我们这些演员只在夏天有冷饮补助，一天才七角五分。我这主要演员，与剧场门口卖说明书的行政人员拿的一样少。可我在台上挥汗如雨，每场表演时间要占全场演出的三分之一。一切仍是“大锅饭”制度。

因为巡回演出大获成功，我们小分队领队，一下由院业务处处长，升到文化部当少儿司司长；而李刚院长也由此上调文化部，当艺术局局长。我也被授予“全国三八红旗手”的光荣称号。本来听说要提升我为院长，我舍不得我的演员生涯，主动到黄镇部长家声明不当院长。当时十分天真幼稚，并不懂得由于没权，以致后来十几年艺术实践进入十分困难的征途。

赵丹晚年生活照。

慰问演出后大家都回家休息了,我也绕道来上海探望我的爹爹。初步落实政策,他已搬家到复兴中路花园公寓。听说这房子在“四人帮”时期,是上海市“造反派”头头陈阿大的住所,后来上海人都说谁住这房谁“晦气”,其实这房并不宽敞。我爹只住二楼的四间房,爹爹和几个子女加上周民、周伟,还有保姆,住得够挤的。

我按动家门口的电铃时,是清晨7点多。张阿姨(雪珍娘娘已做不动了,换了阿姨)到楼下开门。见了我喜出望外,悄悄说:“你爸爸刚睡觉。”我奇怪,怎么生活这样没规律呢?

轻轻走上楼梯,就听我爹“咚”的一声跳下床来大叫:“阿囡,爹爹等你可等得急坏啦!”

一进屋,满屋子朝阳!墙上挂满了他的书画,桌上堆满了他的文稿,烟灰缸塞得满满的。我爹搓搓双手,满面红光:“清早喜鹊叫喳喳,爹爹的两本著作刚脱稿,你来得正好!还记得《屈原》最后的台词嘛——婵娟,我的女儿!你是永远永远的光明的使者呀!”

"爹爹写书了？太好啦，什么题目？"

"一本是《银幕形象创造》，汇集了九篇老文章，总结爹爹从30年代主演《十字街头》和《马路天使》以来的电影生涯，包括《乌鸦与麻雀》、《李时珍》、《林则徐》、《聂耳》、《烈火中永生》、《海魂》……"我爹如数家珍地扳着指头，得意洋洋地说。

"还有一本是我在上海戏剧学院的讲课稿，阿囡，你猜猜，爹爹取的是什么书名？"

"女儿哪里猜得到？爹快说，别卖关子啦！"

"猜不出吧？爹告诉你——《地狱之门》！用的什么典故？爹爹倒要考考你！"

"是但丁《神曲》里的诗句：在地狱的门口……"

突然，我强烈地感到一种不祥之兆，欲言又止："爹地，可不年轻啦，生活要有规律。别再抽那么多的烟，更千万别熬夜了！饮食怎么样？"

"不知怎么的，胃口一直不好，也不太想喝酒了。咱们谈点高兴的事吧。去年我到广西柳州，创作了百多幅书画！来，看看爹爹的新作！"

我欣赏着爹爹的字画，他一字一顿地念道："'屋漏心宽敞，戏少书画多，命乖儿女好，年老志渐高！'下面这一首怎么样，你听：'大起大落有奇福，两度囹圄发尚乌。酸甜苦辣极变化，地狱天堂索艺珠。'下地狱，上天堂，只为求索艺术的珍珠！"

"爹地是画比戏好，字比画好，书比字更好啊！"我们哈哈爽朗地笑着……女儿明白，爹爹的心，那天才横溢、豪放不羁、博大精深的赤子之心，并不在画上、不在书上，也不在字上……他整个的心都是属于电影的呀！没有电影，他就没法活。

“爹地，你尽给别人画了，也给我画一张吧！”

中年的赵青。

“你小，你懂个屁！”我实际上已是四十出头的人啦，在我爹眼里总还是个小孩，经我要求，爹才答应，一有空就给帮助过我的朋友，一一画张画送礼表示感谢，当即我开了一张名单留在爹爹处。

在上海的几天，跟我小时候一样，在爹爹的床边支起一张帆布床，晚上说不完的悄悄话儿，说着说着我就呼呼入梦。半夜，爹爹总要起来给我盖好被子。天不亮，我爹爹就起床在外屋用功读书，翻看当时各种报纸杂志，到7点多又睡个回笼觉。当爹爹睡回笼觉时我才起床梳洗打扮。直到9点多爹爹又再起床。我问他为什么这么早起床？我爹说：“一个人不用功读书是不行的，清晨起床读书读报看文章，是我每日必修课。”

“那为什么又返回睡觉？”

“这你就不懂了。这回笼觉比什么觉都香，美极了。年纪大了可能都这样，现在你还不懂！”

这之后爹爹坐在躺椅上，一边喝茶，一边抽烟看着我在晾台上练功。

他泪眼迷蒙，自言自语："陪着阿囡，到俄国人那儿学芭蕾，好像才是昨天的事情！对了，《红菱艳》！多美的作品，多深的含义呀！穿上红舞鞋，就只有不断地跳下去，心甘情愿地一直跳到老，跳到死，跳到地狱的门口，跳到化为一个幽灵、一朵彩云、一阵旋风、一股无色无形的气，这梦魂还要跳下去，跳下去……可惜爹爹现在跳不起来，恐怕再也跳不起来了！"

这是女儿最后一次回爹爹的家。

从那以后，我每夜为爹爹祈祷：老天，开开眼！难道我爹的一片精诚，还不能感动你吗？别太折磨我爹，让他完成他向往多年的杰作吧！

六十七 希望在摄影机前停止心脏的跳动

1979 年 12 月，在北京举行的第四次文代会期间，我爹跟荷兰著名的电影艺术家伊文斯见面，倾心交谈，伊文斯提出希望与我爹合作。

这年的春节，我爹有幸在电视广播联欢大会上，再一次向上海观众"亮相"。那一天，为了准备好这个节目，他一早就找化妆师商量如何化妆，又亲自跑到服装仓库挑选演出服装。

当晚演出开始了，灯光渐渐暗淡下来。漫天大雪飞舞，远处，一位身穿长衫，留有上唇胡须的老人，手撑着雨伞，慢慢向观众走来。啊，是鲁迅先生！鲁迅在台上站定后，收起雨伞。持着一口绍兴家乡语调说："唔，都是电影明星，你们大家好啊！……啊，我怎么跑到电影界来了！噢，对了，大概是因为我写了一篇《阮玲玉之死》吧！"说完，鲁迅先生又撑起了伞，迎着漫天飞舞的雪花，渐渐地走远了。

顿时,观众几乎沸腾了,赵丹扮演的鲁迅有多像啊!这使我爹心中又点燃起重返银幕的火焰。

不久,日本电影界提出:希望中日双方共同拍摄电影《一盘没有下完的棋》,由我爹主演"中国棋王"。

我爹高兴地说:"哈哈,总该时来运转了吧!"

但是,1980年初上海来信说:我爹在春节时不思饮食,也不能喝酒,胃总疼痛,怀疑胃出了毛病。

4月我爹住进上海华东医院。一直误当胃病治疗,吃药打针,总不见好转。在医院我爹除了作画,就是思考他即将上的戏,剧本怎么修改啦,况易山这个"棋王"的戏怎么演了。

赵丹与栗原小卷一起探讨中日合拍的电影《一盘没有下完的棋》。

要么见了医生就是恳求的口气:“快让我出院吧!今年我已经和日本朋友签了合同,你们可一定要满足我这愿望啊!”

医生会诊时我爹爹求救似的说:“各位教授,我别无所求,只想在有生之年再拍几部电影,我感谢你们,感谢你们!”

因为上海医疗条件限制,未能确诊,于是转到北京医院进一步检查。

我匆匆忙忙,赶到东方饭店去看望我爹。

爹爹很乐观地对我说:“阿囡,没什么了不起的。有人给我看相,说我的面相好,龙准(鼻梁)高,眸子明,耳朵大,人中长,眉毛浓,乃是长寿之人。劳碌命,两度大难不死,必有后福。再说北京有的是医学权威,只要确诊之后,对症下药,一治好病,我就可以重新开始拍电影了!”

他还高兴地告诉我日本人请他合拍电影《一盘没有下完的棋》的消息,已签了合同。这回不会反悔了,只待他病好,就可开拍。

爹爹又向我提起十多年前的心愿:父女俩要合拍一部电影,留下永久的纪念!他曾请求夏衍公公为我们写出这个电影剧本,主要情节是这样:让我扮演一个舞蹈家,我爹扮演一个双目失明的钢琴家,两人相爱,然而是不可能实现的苦恋!只有共同编导一部舞剧,寄托双方的情感。以这部舞剧为一条红线,贯串影片的始终。这是多美的一个设想啊!

我爹说:“咱俩合作拍一部影片,一部新的、中国的《红菱艳》!不拍则已,一鸣惊人!”

这时,我和中国歌剧舞剧院的同行们,正在全力以赴地创作一部新的大型民族舞剧《剑》。这是流传在新疆的一个古老的传说:王子爱上了铁匠女儿。铁匠女儿将心爱的短剑,作为信物赠送给王子。但王子在战争中被俘虏以后,出卖了祖国。王子逼迫铁匠女儿成婚。在新婚之夜,铁匠女儿用亲自赠送给王子的短剑,刺进了王子胸膛,为祖国亲人们报仇,最后坠楼自尽。这是一曲动人的爱国主义抒情长诗,中国舞剧还是第一次尝试刻画如此复杂的情节与人物,这是中国舞剧走向更成熟的重要一步。

中国舞剧第一阶段,即新中国成立后至"文革"前的特征,是接受和改造传统戏曲的舞蹈动作,如身段台步、武打功夫等精华,加以借鉴现代西洋芭蕾的结构、手法,有机地融会贯通。创作了《宝莲灯》、《小刀会》、《梁祝》等一批经典剧目。从内容到形式,戏曲的影响是相当明显的。第二阶段,必须逐步有意识地摆脱戏曲的影响,吸取历代壁画、历史资料中的舞蹈形象,和各民族舞蹈的丰富语汇,吸取国际上现代舞的营养,开拓新的风格。《丝路花雨》和《剑》则是这种新风格的代表。

爹爹津津有味地听我谈设想及憧憬。

"我的好女儿,祝你取得新的成功,更上一层楼!"

我爹在北京待了一段时间。运用最新的医疗设备,检查有了准确的结果。医生表情严肃,把诊断情况告诉了宗英妈妈。但是,她没有转告爹爹,也没向我透露医生的诊断书,就匆匆离开北京医院,把爹爹送回上海老家,她说是准备到华东医院继续治疗。这时,我爹的气色尚佳,言谈举止、音容笑貌都很乐观,从表面看来还没有什么异样。我也就放心了。

没想到,过了一个多月,我爹又从上海华东医院转诊,被送到北京。马上入院,住北京医院四层一间病房,立即进行特别护理。

医院没有向任何人透露爹爹的病情。但是当我赶去病房，坐在我爹病床前时，爹爹四顾无人，紧紧拉住我的手，眼泪就扑簌簌掉了下来。

“阿囡，爹爹有要紧话一定要告诉你，好让你心里有数！我还没有跟任何人讲，你听了别紧张。”

爹爹喘着气悄悄说：“我的病被耽误了。以前总说我是胃病，现在我猜到了，检查出来是癌症……”

“怎么会呢？一个月前，离开北京的时候还是好好的……”

“你爹地这次得的是癌症，可能治不好了！”

“爹地，别胡说八道，会治好的！”这时，护士推着小车送药来。

“什么东西也不想吃，连药也咽不下去了……”

“爹地，为了女儿，你也要听话把药吃下！”

“好，我听你的话！”我爹艰难地动着嘴唇，终于把药咽下去了。

他是个坚强的人，与病魔顽强地抗争。从此他在任何人面前再也不提“癌”字。为了减少亲人的痛苦，在大家面前，他总是强打精神，开玩笑，说俏皮话。

当时我想打岔，却又引出了他的伤心话。我告诉他这两天刚听说，有位新疆舞蹈家，在舞台上正兴奋地给观众表演时，突然心脏病发作倒下离开了人世。

我爹紧接着我的话：“我多么希望也能在电影机前拍完最后一个镜头，而停止心脏的跳动。”

真是鞠躬尽瘁，死而后已。出师未捷身先死，长使英雄泪满襟！

六十八 “谁言寸草心,报得三春晖”

我的内心有一个强烈的信念:我的爹地永远不会老,永远不会离开人间。因为他那么热情开朗,那么青春焕发,只要他在场,他就如同一团火,燃烧着每一个人。这团火永远燃不尽。

每天上午我在剧院投入练功和紧张的排练,只有下午才赶到东单,直穿东单公园前后门,来到北京医院探视。那时我爹也正好是午睡后,还可以有精力和我交谈。由于他强打着精神,并不给我生命垂危的感觉,实际上他已到了生命最后阶段!

爹爹高兴地把新出版的两本大作《银幕形象创造》、《地狱之门》送给我,这里凝聚着他几十年艺术实践的心血。我让他在书上题个字,他说自己孩子还要题什么字!爹爹没给我留下任何一点墨宝,他给我留下的是取之不尽、用之不竭的精神财富。

爹爹在病床上喜欢听我朗读《地狱之门》中有趣的片段。

有一段说到,爹爹童年时期第一次登台演出的“光荣历史”。那时候爹爹的学名叫“赵凤翱”。学校里老师带领学生们表演“文明戏”,年幼而淘气的赵凤翱缠住老师一定要参加演出。结果总算分配给他一个角色,是“工人甲”,发给他一面纸做的小三角旗。情节内容是“革命终于成功,广大群众热烈欢迎北伐军进城”。一大早化了妆在后台耐心而认真地等待上场,等呀等呀,最后全剧到了尾声时,赵凤翱——不,“工人甲”才轮到跟在“广大群众”后面挥舞小三角旗登台!全场欢呼,掌声雷动,但是这位兴高采烈的“工人甲”还没有见到观众是什么样子呢,就闭幕了。

读到这里，父女俩禁不住哈哈地捧腹大笑，把眼泪都笑出来了。

我爹伸手抹着脸颊旁的泪花，忽然若有所思地说：

“第一场演出，没有来得及见到观众就闭幕了。最后一场演出，看来也是来不及见到观众，就要闭幕了……阿囡，爹爹还有好多笑话呢，将来写自传时都要写进去！我一生在舞台上最喜欢演的是喜剧，但在实际生活里却常常处于悲剧中。仔细想起来可真有意思……最动人、最美的笑，是含泪的笑……”

“爹地，表演艺术上很多问题女儿还要多多跟你讨论呢！”

“好啊！等到我病好了，咱们爷儿俩好好讨论。讨论的结果，可以再写一本书，就叫做“赵氏体系”吧！”

爹爹在病床上从不谈及自己的病情或流露出任何一点痛苦。心中总惦记着艺术、他人，对我更是关心备至。

有一回我爹问起舞剧《剑》创作的近况，我得意洋洋地夸耀：“我已经编出好多精彩的双人舞啦，简直美不胜收！”

我爹就说：“是不是太多了，戏太挤太满反而不妥！艺术规律从少到多，再从多到少。任何好的作品都是非常精炼的，阿囡！你现在应该是到了最后‘少’的阶段才是！在编出的这些舞段中，要有所选择。删去那些多余的，才能突出精彩的部分。”

“删掉可惜了！”我反驳说。

“决不可惜，有所失，才能有所得。重质量，重新颖，重独创！万万不可重复。要敢于扬弃过去习惯的技巧，大胆采用从未用过的手法。”

爹爹又说：“舞蹈是无言的，这不是它的短处，而是它的长处！这无言又胜过有言，必须善于表达那些可意会不可言传的心理、感情、刻画人物的个性……”

正是父女双双磨一《剑》,应了吴作人的联语:“一门歌舞,两代丹青。”

我擅长编排和表演独舞、双人舞,但是爹爹已经不可能去排练厅亲临指导了。

赵青担任主演的舞剧《剑》中的梦幻场景。

上海电影制片厂厂长徐桑楚来看望我爹的时候,爹爹嘱咐他说:“20 年前阿囡的成名作《宝莲灯》是上影厂拍的,这次‘文革’后第一部新编的民族舞剧《剑》一旦公演，如果成功的话，请上影厂千万把它拍成电影艺术片……这是我最大的一桩心愿。这几年你们没有给我拍电影的机会，今后就把这机会给我的女儿吧，拜托了！”

我发了狠心，拼命努力，抓紧《剑》的排练，女儿要让爹爹亲眼看到这部新舞剧的首演，给他一个惊喜、一个欣慰。但是恐怕来不及了，我爹已经面临胰腺癌的晚期。

他等不到那美好的一天了！

一次，爹爹从昏迷中醒来，久久凝视着我，紧握住我的手，语重心长地说：

“阿囡，你还是太年轻，不大懂事，今后在你的艺术事业上，生活道路上，还会遇到许多困难，经受许多挫折呀！”

我抚摸着爹爹枯瘦的手臂答道：“女儿不怕！多少艰难困苦都熬过来了……”

“鲜花虽好，也要枝干扶持，绿叶衬托。以后还有谁能像爹爹这样爱护你、关心你呢？爹要把你托付给几位大伯伯，让他们跟爹爹一样，继续培养你成长——

“第一位是金山伯伯，他本名赵默，跟我们同一个姓，百年前是一家啦。爹爹年轻时就认识他，在同一个剧场演戏，同一个摄影棚拍电影，是将近半个世纪的老交情啦！过去，有一段时间在艺术上互相竞争，谁也不服谁，不打不相识呀，后来逐渐相互加深了解，成了最好的朋友，真正叫做莫逆之交！

“想当年你母亲肚子里怀着你的时候，我正害病，是急性肺炎发作，家里生活很困难。在这紧要关头，金山伯伯受我的托付，用三轮车把你母亲送进医院。是他代替我整日整夜守在医院里，等候着你这小生命呱呱坠地；然后，又小心护送你们母女俩平安回家。咱们跟金山的情谊不同一般，你可要牢记。今后无论在艺术上、生活上，遇到什么事情多找金山伯伯商量！

赵丹与挚友金山在一起。

"还有你的干爹、干妈吴祖光、新凤霞夫妇，他俩在艺术上珠联璧合，在生活上同甘共苦，是少有的一对好夫妻！你小的时候，他们喜爱你如同亲生女儿一样，热心向你传授古典戏曲的表演手法，带着你拜师访友，帮助你练功排戏。今后你还要继续请他们指点……

"还有吴晓邦先生，他从日本留学归国以后，一直坚持提倡现代舞，开拓舞蹈研究和整理工作。当年他表演《游击队员之歌》可和历史上邓肯跳《马赛曲》媲美。你今后要加强舞蹈理论修养，要虚心向舞蹈界老前辈学习……

"搞舞蹈不光是在本行内刻苦努力，还要扩大视野，兼收并蓄，触类旁通。特别是我们中国的舞蹈，跟绘画、书法、诗歌有许多共通之处。在美术方面，你要以吴作人、王朝闻、黄永玉为师。

"敦煌壁画和雕塑是取之不尽、用之不竭的千古艺术宝库。那里面的学问,够你钻研几辈子的!你要多向常书鸿先生求教……

"这些老师、大伯,在他们来探望我的时候,我都一一向他们嘱咐过了。他们都真心实意地满口答应:一定合力关心、培养你!"

后来,这几位大伯伯,果然都按照爹爹嘱托,大力支持我的艺术事业。他们向我提供宝贵的文字、图片、参考资料,亲临现场指导和鼓励我的演出,为我的舞蹈专场题词作画等等。人们说,这是我爹爹生前许的心愿,积的功德,在女儿身上得到善报,开花结果。

"谁言寸草心,报得三春晖。"如果没有爹爹的精心教养,如果没有许多前辈的关怀爱护,哪里能有赵青的今天!

多少年来,善良正直的人们经常对我说:"见到你就想你的爹爹……"这一句简单的话里,蕴含着多么深重的感情,引发了多么巨大的力量啊。

六十九 未完成的杰作

我爹的身体,一天不如一天。面容枯槁,嘴唇发黑,说话已经很困难,后来就长久地昏睡不醒。是啊,我爹是劳碌命,这一辈子太累了,太需要休息、安慰、体贴和照顾了!他为人们付出那么多,但他又得到了什么呢?

他得到了一场梦。

我爹一辈子做的尽是电影的梦,如田汉老所说的"银色的梦"。他的梦是灿烂辉煌,丰富多彩,而又残缺不全,遗憾终生的。他一生拍过40部电影,参演过50多台话剧,但他最好、最美、最催人泪下的杰作,是他“未完成的杰作”。

我在爹爹濒危的病床旁，抚摸他枯萎而又烧得滚烫的手，望着他憔悴的面容，有时突然像回光返照一样，爹爹脸上焕发出神秘的奇采。我心里明白：爹爹是在圆他的梦。

完整的镜子只有一个影像，而破碎的镜片，映出千百个闪烁的影像。

我幻想着，他那些呕心沥血，酝酿已久，而未能完成的银幕形象，一个又一个栩栩如生地映现在我眼前——

鲁迅。我爹以虚弱的声音叹息道：“像拍摄《鲁迅传》这样的影片吧，我从1960年试镜头以来，胡须留了又剃，剃了又留，历经20年了！但是……”

周恩来。我爹最敬爱、最熟悉的老朋友。为了再现《八一风暴》，为了让“人民的好总理”永远活在银幕上，我爹不惜整容，邓颖超也热情提供了许多宝贵资料。在北影厂试拍的镜头，真正做到了“不仅形似，而且神似”，许多电影专家审片以后，都赞不绝口，但是……

阿Q。我爹跟剧作家陈白尘把剧本商量了不知多少遍。早在三十多年前，抗战时期在重庆舞台上，我爹就导演过这部话剧。三十多年后增添了更多的体验，我爹要在银幕上主演阿Q，但是……

闻一多。1955年我爹跟白杨合作《为了和平》，演一个“闻一多式”的教授。因为编导受了很多莫名其妙的框框限制，他很不满意，一直想重新塑造这位民主斗士“拍案而起”的形象。他设想影片中与闻一多对话的屈原、李白、鲁迅等幽灵，都由我爹自己扮演，绝妙的构思啊！但是……

我爹曾发誓要把《红楼梦》、《三国演义》、《水浒传》搬上银幕。他在五年漫长昏暗的铁窗生涯中，朝思暮想，自编自导自演这几部古典巨著，自得其乐。一旦自由，总该了却这些心愿了吧！但是……

这可怕的“但是”，可悲悯的“但是”，可诅咒的“但是”！

8 月 1 日，当时的国家领导人华国锋来医院探望他。这件事表明北京医院已经向中央打了“赵丹病危”的报告。我爹却在病榻上向华国锋说：“‘文革’以来 14 年了，粉碎‘四人帮’也已经 3 年多了，但是我还没有拍成一部电影！不好向老百姓交待！”

一年前，我爹第二次访问日本，联系中日合拍《一盘没有下完的棋》，准备由他担任主角——“江南棋王”况易山。剧本中有一场戏，是日本侵略者逼迫况易山对弈，而他用小刀砍断自己的手指，以明心迹。我爹经常伸出双手，一手做拿着围棋子的模样，一手做执刀的模样，来回琢磨这场戏。但是，这盘棋也下不成了，一天他从昏迷中醒来，念叨：“戏还太粗糙……”

我爹在昏迷的梦中，还在琢磨着怎样砍断自己的手指，以血荐、以身殉、以他的全部生命，升华为艺术之灵。

宗英妈妈告诉我：“你爹的病情已到了非开刀不可的程度了。还是廖承志、马海德两位德高望重的老朋友前来现身说法，才说服了你爹。因为他们两个都做过心脏大手术。给你爹解除了顾虑，你爹才同意动手术。”

1980 年 9 月 3 日上午 11 时，我爹在北京医院动了外科手术。医生们打开了腹腔，直观之下，病变比想象的还要严重。胰腺的头、中、尾部均呈现硬块，紧顶着十二指肠造成梗阻，迫使病人无法进食。癌细胞已经转移到肝脏，无可救药。医生们相视无策，只好把打开的大切口，重又缝合上了，手术以后爹爹被换到210单人病房。

我爹病情急剧恶化。当时宗英妈妈代表家属提出要求，一不要让病人疼痛，二尽力延长生命。按家属要求，医院尽最大力量，每日依靠打吗啡针，吊盐水葡萄糖各种维生素、氨基酸等滴液维持爹爹的生命。

家中亲人们：赵桔、赵左、赵劲，早随宗英妈妈已先来京；相继赵矛、周民、冲叔叔、婶婶先后也赶到北京我爹的病榻边。只有周伟不在场，后来我才知晓，他没接到通知。

我仍经常在下午来医院探视。我爹已进入昏昏沉睡、危在旦夕的最后阶段。

七十 肺腑之言

病危之际，中央领导胡乔木同志来探望我爹，并做了长时间的谈话。

当时《人民日报》正辟出专栏开展“改善党对文艺的领导，把文艺事业搞活”的讨论。我爹忍住疼痛，以垂危的生命，就文艺界普遍关心的问题，倾吐了肺腑之言。

他对胡乔木说，看到“改善”、“搞活”的标题，颇为高兴，但是又有些忧心忡忡。

爹爹敢于向党的领导倾吐心中所想的一切。基于历次政治运动给他带来的打击，他直言不讳地对胡乔木说：

“我们有些艺术家——为党的事业忠心耿耿、不屈不挠的艺术家，一看到报纸上有'文革'中常用的字样，就会条件反射地发怵。马上叫人们联想起历次大规模政治运动的狠整、狠批、狠斗，联想起史无前例的'十年浩劫'、联想起声势浩大的'反右派斗争'。"

我爹深有感触地说："因为积历次政治运动的经验，每来一次大反复，就多一次大折腾。大家对'文化大革命'记忆犹新。以后可别像林彪、'四人帮'那样了！"

"你讲得很对！继续讲，讲下去，把心里话全掏出来，就痛快了。"

我爹接着对胡乔木说："江青一伙管文艺，连演员身上一根腰带、一个补丁都管。管得8亿人民只剩下8个'样板戏'，这难道还不能从反面激发我们警觉吗？"

胡乔木频频点头，表示理解，并鼓励我爹说下去。

我爹手臂上扎着输液的管子，吊着葡萄糖盐水和药液针，躺在临危的病床上，断断续续，侃侃而谈。他对胡乔木所倾吐的肺腑之言，当即被整理成一篇文章，由胡乔木转交给《人民日报》公开发表。

这是一个爱国的、有良心的大艺术家的临别赠言。这是为肃清"四人帮"遗毒，为解放思想，在"文艺界"改革开放、清扫障碍的呼吁声。全国各报纷纷转载，有的加上激动人心的标题："且听赵丹同志病危时的一番话！"

10月8日《人民日报》发表了爹爹最后一篇呼吁书，爹爹在文章结尾说："文艺创作是最有个性的，文艺创作不能搞举手通过！可以讨论，可以批评，可以鼓励，可以叫好。但从一个历史年代来说，文艺是不受限制，也限制不了的。习惯，不是真理，更不能尊为铁板钉钉的制度。……每有争议，我都犯瘾要发言。有时也想管住自己不说。对我，已经没有什么可怕的了。只觉得絮叨得够了,究竟有多少作用……"

我爹说:"对我,已经没有什么可怕的了。"他心中蕴含多少忧患,多少悲愤呀!

这篇临终遗言,很快引起强烈反响。巴金、冰心、夏衍、曹禺、阳翰笙、白杨、张瑞芳、陈荒煤等文化名流,纷纷表示衷心的支持和钦佩。

巴金在著名的《随想录》中写道:"赵丹说出了我们一些人心里的话,想说而说不出来的话。可能他讲得晚了些,但他仍然是第一个讲话的人。我提倡讲真话,倒是他在病榻上树立了一个榜样。"

曹禺写道:"那是他在病床上的呐喊,呼吁,争论,劝说,诉苦,甚至是祈求!他对文艺发展前途的热烈盼望,点燃起每个人心中的火焰。……读了赵丹的短文后,联想起诸葛亮的《后出师表》……赵丹同志的遗文,虽然仅限于文艺,但他的心肠和用意是深远的、广阔的。"

陈荒煤写道:"为什么我们许多人似乎忘掉了他真正的工作,听不见他的呼喊?……我真想站起来大声疾呼:我们的同志……知道吗?阿丹要工作,真正的工作。他是一个演员!他不仅为我们留下了书和画,他更期望为我们留下更多的不朽的银幕形象!"

白杨写道:"你赢得了大家的爱与敬,敬爱之中又倍感亲切。这也是难能的,而可贵的更在于你有话管不住自己不说。你说的是革命大业、艺术大业,说的是人所知而不敢说的话,说的是人所未知而你已知的话,什么既得利益,你不屑一顾……"

1981年春节我随中国歌剧舞剧院前往香港,参加香港第九届艺术节。演出舞剧《宝莲灯》期间,我见到不少香港电影界知名人士。他们纷纷向我表示,赞扬我爹在《人民日报》发表的临终赠言。有的伸出大拇指说："他不仅道出了大陆文艺界的心里话，也道出了我们的心里话。"也有人感叹地说："鸟之将亡，其鸣亦哀，人之将死，其言亦善！"

七十一 生离死别

1980年8月至9月全国政协五届三次会议期间，许多政协委员、人民代表都想去看望、慰问我爹。但是北京医院的医生们为了保证他安静地休息，在门口挂上了"谢绝会客"的牌子。张瑞芳阿姨和曹禺伯伯找到我，让我尽量设法。我约他们13日下午3点，我等在北京医院门口，在家人探视的时间，带他们一起去见我爹。

瑞芳阿姨手捧着一大束玫瑰，她说："刚才我想到花店买一束花送给阿丹，可惜店里没有合适的花，我告诉店员，我是去看赵丹的。他们热情地把我带到后花园里面，给我从一棵棵的花树上剪下了大朵大朵的玫瑰，有黄的、白的、紫的……"她知道，我爹最爱玫瑰，她自己也最爱玫瑰，但她没有选红色的。

曹禺伯伯因为开会晚到了一会儿，气喘吁吁地小跑着赶来。到了210病房，看到门口"谢绝会客"的牌子，曹禺对护士长说："我们不是客，我们是亲人。"护士长默默地点点头，开了门。

我爹双目紧闭，躺在床上，左边挂着输液瓶。

瑞芳阿姨对我爹微笑着说："阿丹，我们看你来了！新疆女舞蹈家康巴尔汗，还有好多朋友，都让我代他们向你问好！"

我爹睁开眼，紧紧抓住他们的手："你们来啦！"马上精神焕发，哪像个病人。他顿时笑起来，问这谈那，滔滔不绝。话说得很轻，但很有气

赵丹与被称为“政委”的张瑞芳在一起。

力。瑞芳阿姨为了安慰他，连连说：“你的身体比我们想象的要好得多！”

我爹也振作精神，力求做出轻松的样子，但显然身体已经很虚弱了。他对曹禺说：

“我原来准备将你的《雷雨》拍成电影，可惜没搞成。我对《雷雨》中的繁漪有一种新的解释。我认为，繁漪不应该是一个心理病态的形象，而应该是一个热烈追求生活、追求爱情、希望冲破封建家庭束缚的形象。”

曹禺说：“我很赞同你的这种处理。”

他们又说：“这次人大会和政协会都开得非常好，是解放以来思想最活跃的一次。人大代表和政协委员开始参与国家事务的讨论，发言淋漓痛快，民主空气活跃……”

我爹回答：“我已经看到报纸上的报道了，也看到你们的发言，确实非常好。”他很兴奋，说着说着，甚至想举手比划。

“不要乱动，你在输液！”

但是爹爹回答：“不要紧！”身边的护士长只好按住他。

“阿丹，你的气色很好。等你出院，再见面时，一定要给我一幅你的画!”曹禺说。

“一定,一定! 我正要开展览会。你看哪幅画满意,你就拿去!”我爹大笑起来。

瑞芳阿姨说:“我们这次来,不仅是我们自己,还有很多很多人都在关心你,希望你能恢复健康。作为一个艺术家,你能牵动那么多的真挚感情,你应该觉得安慰吧?”

爹爹若有所思地点点头。

交谈了半个小时,还有谈不完的话,护士长走过来下逐客令了。

曹禺说:“阿丹,既来之,则安之!”护士长接话说:“他挺好,他和我们合作得挺好。”

大家心里都明白,这可能是最后一面了。但都还是装出很高兴的样子。

我爹对曹禺说:“等我病好了,一定再演你的戏!”临行,我爹跟他们一一握手。

瑞芳阿姨走一步,回头看一眼;再走一步,再回头看一眼。

爹爹也以感情内涵的目光,看着他们一步一步离去,用微弱的声音呼唤:“瑞芳,你要多保重!”

我送他们出了门,曹禺伯伯悄悄问:“究竟你爹的病情怎么样?”

我低头不语。

倒是瑞芳阿姨长叹了一声把话接过去:“看来没什么希望了。”

曹禺又问:“阿丹是不是知道自己的病情严重?”

瑞芳阿姨自言自语地喃喃说:“大概是知道的。否则,他不会这样依依不舍地惜别。”

钱千里叔叔来看我爹了。这是跟我爹从小在南通一起长大的知己，从少年时起一直陪着我爹辗转南北拍电影，甘心情愿当我爹跑龙套的挚友。他俩一见面都强装笑脸，把心中最大的悲痛隐埋在心底，用一口南通话对答。我爹装着没事人的样子，看到钱千里叔叔穿了一件呢绒透明短袖衬衫，衣兜里透出装着的一包香烟，我爹开玩笑说："千里，怎么有钱啦？香烟也抽起过滤嘴的啦！"

千里叔叔勉强笑了笑："唉！"

戏实在演不下去了，千里叔叔匆匆地冲出大门趴在楼梯口，忍不住抱着头痛哭！从儿时起一幕幕的情谊……此时此刻生离死别竟在眼前。

七十二 我爹的绘画艺术永存

我爹在病中，非常关心他几十年来，特别是近几年来所创作的书画，正如他前几年一首诗中所写的："命乖儿女好，戏少书画多。"

我爹还曾对友人说过："搞电影，我本来是业余的，画中国画，才是我学的专业。"

我爹弥留之际，听说中国美术家协会常务理事会，一致通过接受他为会员，激动得他拼命支撑起身体，用颤抖的手一笔一画填写会员表，赶办了入会手续。但是，宗英妈妈手头没有爹爹的照片，人们四处寻找，最后只得在天安门广场上，买了两张赵丹的电影剧照，贴在会员证上。

爹爹作为研究海派国画艺术的上海海墨社的一员，病重时，几次要家人打长途电话邀请海墨社负责人富华来北京。国庆节刚过，我爹从病床上挣扎起来，托人发出加急电报给海墨社画友们，希望为他筹备、举办一个画展。

爹爹说："我一生的画，让富华、蔡耕、汤漾他们挑选一下，可否出画册、办画展，把'天下都乐'四个字放在突出的位置……"

10 月 5 日，当富华等画友从上海赶到北京医院来看我爹时，他已经有两个多月没有进食，而且不能说话了。我爹右手插着针头，吊着输液的管子，用左手握住笔写出了"病重，展览重要"几个字，富华笔答："知道。"海墨社的热心者们火速聚集起来，日夜兼程，在上海筹办"赵丹书画展"。搜集、整理爹爹的书画作品，先后花费了很多装裱费用……

10 月 7 日，柳州朋友汤漾等人送来了爹爹在广西所作的书画。我爹伸出了瘦削的大拇指跟他们勾了两下，以示谢意！

朋友们把爹爹两幅最大的画拿到床前：一幅是《荔枝年年醉红楼——周总理住过的地方》，另一幅是《漓江胜景》。还有一张书法："天下都乐"。这四个大字，后来镌刻在广西柳州"都乐峰"的岩石上。

护士扶着爹爹艰难地斜坐在床头，他还想支起腿来，按老习惯欣赏自己的书画。他的嘴角露出了欣慰的微笑。

10 月 9 日，海墨社画友蔡耕从上海赶到北京，将当天《解放日报》、《文汇报》刊登的赵丹书画展览今起展出的消息带来。报载："由海墨社等联合举办的赵丹书画展今日起在淮海公园正式揭幕。展出了赵丹留在上海的书画作品 69 件，集中地反映了赵丹在绘画艺术方面的造诣和成就。海墨社是上海书画艺术爱好者自由集合组成的一个艺术团体，成立于粉碎'四人帮'之后。赵丹加入该社后，常常参加该社举办的各

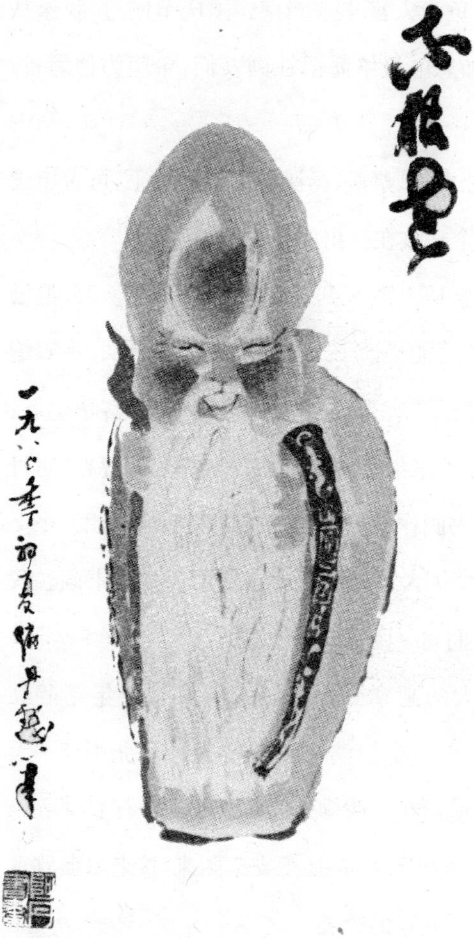

赵丹最后的一幅画《不服老》。

项活动，曾随同社友到苏州、柳州等地写生作画，作品较多。闻悉赵丹患病之后，海墨社发起为赵丹举行一次个人画展，聊表千里之外的社友对他的思念和关切。”

当晚 8 时，我爹从昏迷中苏醒，听到这个喜讯，激动不已，潸然泪下。

后来，我爹病故不久，中国美术家协会又精选了我爹的书画作品，在首都中国美术馆举办了“赵丹书画遗作展览”。展出精品 200 多幅，是他从 14 岁到 65 岁时的作品，前后跨越整整半个世纪。其中有经过十年浩劫而幸存的，有海墨社提供的，有广西柳州收集的，有日本朋友中岛健藏夫人、松山善三和高峰秀子夫妇、英国朋友白霞、德国朋友乌韦等人珍藏的。

茅盾公公亲笔为展览会题字。王朝闻写了前言，赞颂：“这位驰名世界的表演艺术家，同时也是一位出众的书画家。”

开幕式十分庄严隆重。我爹生前好友大画家吴作人、李苦禅、关山月、黄永玉等纷纷到场，电影界、戏剧界、艺术界、新闻界诸方人士前来观看。新凤霞阿姨身患半身不遂，还是由家人背进展厅观看的，场面十分动人，大家都为我爹精湛的书画艺术而惊叹，又为失去了这么位天才艺术家而惋惜！

这些书画遗作，又在上海美术展览馆展出两周。接着，又出版了两部精美的《赵丹书画选》。

专家们评论道：“这些书画如同其人，富有豪放潇洒的风格，鲜明突出的个性。它们从另一个重要的侧面，反映了这位表演艺术家半个世纪以来所走过的曲折、艰辛而又不折不挠，充满活力的艺术征途。”

七十三 生命的最后乐章

1980 年 10 月 4 日下午，跟每天一样，我从中国歌剧舞剧院排练场赶到北京医院 210 病房。这次，见到宗英妈妈拿着一个笔记本在那里正等着我。

“阿囡，你爹他今天早晨比较清醒，他留下了遗言，我应该告诉你。”

说罢，打开笔记本念起来：

“听，你爹他是这样说的——宗英，你辛苦了，我们夫妻关系是和睦的，家庭子女是快乐的……

“人活着或者是死了，都不要给别人增添忧愁。艺术家在任何时候，要给人以美、以真、以幸福……

“遗体捐赠给国家，由医院解剖分析，对医学做最后一点贡献；

“不开追悼会，不要奏哀乐，我喜欢贝多芬、柴可夫斯基……

“骨灰，一半埋葬在日本聂耳墓旁。另一半撒在柳州柑桔树下……”

我听了一愣。再看看爹爹安宁地躺在病床上，虽然面容清瘦、黝黑，65岁看上去却像50多岁的样子，头发依然墨黑，顽强的生命仍在抗争。他还年轻，他还有许多影片没拍成，还有许多银幕形象创造没完成。死神，你为什么要这么早叩门？病魔，你为什么要那么早夺去他的生命？中国能有几个这样的好演员？一个世纪又能产生几个这样的艺术天才？求求你，老天爷！时间快停止吧，让这一切都不要发生吧！

静默之中，女儿理解了爹爹的心意……

这篇遗言是我爹生命交响曲的最后乐章。他以自己的实际行动演奏了这光辉的最后乐章。在病榻上从不提自己病情和要求，他强作欢颜以减去前来探望者的悲痛。从前他只知道关心自己的艺术，至于其他诸事很少过问，可现在心中只装着电影艺术前途、他人的事业和健康。他将毕生的血汗——电影、绘画、著书……最真，最美，最善的结晶留给了人们。……不开追悼会，不奏哀乐。喜欢贝多芬、柴可夫斯基，给人们带来最崇高的情操。

他无私也即无畏。在他生命的最后阶段，他的为人升华了，他的情操升华了，他的灵魂升华了，永久永久地升华了。

10月2日英国伦敦的“中国电影月”开幕了。放映半个世纪以来的中国代表作30部，其中有6部是赵丹主演的故事片：《十字街头》、《马路天使》、《乌鸦与麻雀》、《李时珍》、《海魂》、《烈火中永生》，此外还有

《林则徐》的片段。开幕式上放映了赵丹的影片，英国评论家公认：“赵丹是世界最佳电影演员之一。”

英国女友白霞问：“一个世界上最优秀的电影演员、中国的骄傲，却为什么不能再拍电影呢?”我心情激动、沉重，却实在无言以对。

10月8日《人民日报》发表了爹爹最后一篇呼吁书，引起海内外文化界人士的强烈共鸣与反响。

10月9日上海海墨社举办的“赵丹书画展”在上海淮海公园正式揭幕，展示这位驰名世界的表演艺术家也同时是一位才华出众的书画家的书画。

9日当晚，爹爹长期以来最敬重的阳翰笙老伯伯来到病房。我爹已经说不出话，只挣扎着用左手艰难地写了几个字“翰老保重——为我们大伙”。这是我爹所写的最后一句话。直到生命之火即将熄灭的时刻，他还是想着别人，想着“我们大伙”!

10月8日，北京医院正式发出了爹爹病危的通知，全家在病床旁守护着。9日夜值班医生估计暂时还不会出事，就让大家各自回去，稍做休息再说。

10月10日凌晨2时许，我被噩梦惊醒。医院派专车来接我，赶到210病房，我爹的心脏已于2时40分停止了跳动。

空中，录音机轻轻播放着几首爹爹生前最爱听的音乐——贝多芬、柴可夫斯基……

我爹宁静地躺在雪白的被单下面。他那苦经煎熬的脸庞终于放松下来，显得那么安详、那么洒脱。枕边还放着一束干枝梅，这是植物学家黄宗甄舅舅从内蒙古特地带回北京来的。据说干枝梅的生命力极其旺盛，被摘断以后，尽管没有水，没有土，却仍然开花，风干的花朵两年不会凋落。我爹的生命力本应该比干枝梅更加旺盛，然而他去了。他已经摆脱了长期病痛的残酷折磨，这浑浊的尘世不再干扰他那富于表情的、敏锐的眼睛。他沉入了平稳的长眠，但我想，音乐的声浪仍然在摇曳着他的耳膜，他的脑海可能还在波动起伏；他那百折不挠的豪放不羁的灵魂，正在他最喜爱的命运交响乐中升华、升华，一直飞向浩渺的太空，伴随清风，伴随明月……

我这样深思冥想着，恍恍惚惚，我自己的灵魂也脱离了这沉痛的躯体，陪伴着爹爹飞升、飞升、飞升……女儿紧紧拽住爹爹的手。不，是爹爹紧紧拽住女儿的手，相伴一程又一程，穿过云羽的重霄，穿过月晕的光轮，穿过星河的浩波……

"阿囡……"隐约听得似乎远远的有什么熟悉的声音，在唤我的小名。睁眼一看，原来是我爹的知己——金山伯伯来了。我这才回到尘世。

我必须留在尘世，尽我做长女的义务和责任。抬头回顾，聚集在病床周围的亲人有赵冲叔叔、宗英妈妈、王秀云婶婶，还有弟妹们：赵矛、赵桔、赵左、赵劲以及周璇长子、寄养在我家的周民。

忽然听见宗英妈妈哭泣的声音："他去拍夜戏去了……去见周总理和他的老朋友们，他们将举行一次精彩的舞会！"

然后又听宗英妈妈招呼："金山！30 年前我和阿丹的婚事你是介绍人，你来看看！现在我们的子女都这么大了。来，桔桔、阿左、阿劲都来！在爸爸遗体前，跟金山伯伯一起照相留念！"

金山伯伯愣了一下，反应过来了，直招着手叫我："来，阿囡、苗子，一起来……”

我又恍恍惚惚地好像在月光笼罩的云里雾里，在交响乐曲的清风里飘来飘去……

我爹的老朋友丁峤、袁文殊、黄宗江、司徒慧敏……陆续进了病房。几乎没有人说话，在这里、在乐曲声中，除了沉思冥想以外，任何过分的表示都是多余的了。

我爹不喜欢哀乐，他不愿意给别人增添忧愁。

我强打精神，像我爹活着一样，平静地招待着闻讯赶来的亲朋好友们。我必须留在尘世，代表爹爹，无言地向叔叔、阿姨们致意。

是的。女儿必须留在尘世，好继续做完我爹所希望的事业，好让人们看见我就想起爹爹。我没有号啕大哭，因为我爹不喜欢号啕大哭，因为女儿心里永远留着爹爹最后的话：

“人活着或是死了，都不要给别人增添忧愁。”

“艺术家在任何时候，要给人以美、以真、以幸福。”

10月10日清晨在全国各地报刊上，载出了新华社发出的专电：

> 我国著名的人民艺术家赵丹同志因患癌症，于今日凌晨2时40分，在北京逝世，终年65岁，悼念赵丹同志的活动将在最近举行。
>
> 赵丹同志从青年时代起便从事进步的戏剧、电影活动，50年的艺术生涯里，他在舞台、银幕上成功地塑造了众多的艺术形象，被誉为人民的艺术家，受到广大观众的热爱和尊敬……
>
> 赵丹生前的好友，广大热爱他的观众，悲痛的泪水洒向了大地，海内外一封又一封来信和电报，如同雪片纷纷飞向了北京。

几天以后，一辆曾载过周总理遗体的灵车，载着赵丹的遗体，由电影局领导和宗英妈妈陪伴着，缓缓驶向八宝山，灵车后紧跟着的是叔叔、婶婶、我和弟妹们坐的面包车和数十辆小轿车……

电影界、戏剧界等各界人士排成长龙，默默地，深深地，向赵丹遗体进行最后的告别。

宗英妈妈、赵桔、赵左、赵劲走在最前面，后面紧跟我、赵矛、小刘、叔叔、婶婶，向我们最亲爱的人——爹爹，进行最后一面的诀别。然后按此顺序站在我爹遗体旁，一一向前来告别的各界人士致以谢意。

“永别了，亲爱的爹爹！”赵青等人在赵丹的遗体前，向他做最后的告别。

在身边我有意识留着一个特殊的位置，这位阿姨不久前曾特为我爹赶到北京。但当我把爹爹昏睡不醒、面容憔悴、神色枯槁的情况如实告诉她以后，她沉思了一会儿说："我还是不要去打扰他。不向他告别了，我们是不用告别，也不能告别的呀！让他永远在我内心深处珍藏着，保存一个完美的形象吧。"

她没有在这儿出现，但我心里有她。我想我也应该代表她站着。

就在这一天，我爹爹飞向了天堂，飞向了天尽头……他把他的艺术成就，辉煌的银幕形象，灿烂的书画，率真、刚直、热情、坦荡、快乐……无私无畏金子般的品德，和他未完成的遗愿，统统留在人间、留给后人。女儿明白，他要女儿能像他一样继续艰辛的攀登，达到他生前"地狱天堂索艺珠"的崇高境界……

七十四　白发人送黑发人

不要哀乐，不要花圈，不要挽联。我爹生前祝愿"天下都乐"，死后也不愿给人们增添忧愁。

1980 年 10 月 27 日下午 3 时，在爹爹最喜爱的《命运交响乐》和《降 B 小调第一钢琴协奏曲》的音乐声中，我国文艺界、电影界 1 000 多人来到北京首都剧场，参加悼念人民艺术家赵丹大会。

新中国成立以来，被称为"人民艺术家"的，只有两位：一位是作家老舍，另一位就是爹爹。可见他在大众心目中的地位了。

秋高气爽的北京蓝天之下，一种庄严、肃穆、崇高气氛，净化了艺术的殿堂。

走进剧场，人们迎面看见，大厅悬挂着爹爹的斗字草书横额“天下都乐”。还有一帧“山山拔地起，水水破天来”的巨幅山水画。这磅礴的气概，表现了爹爹博大的胸怀。前厅橱窗里，两侧休息厅的墙面上，陈列着爹爹的50幅戏剧、电影剧照和20幅书画珍品，集中地浓缩了爹爹半个世纪以来的艺术追求和卓越贡献。人们倾听贝多芬和柴可夫斯基的乐曲演奏，伴着生命对厄运抗争的呼号声，仔细观摩这些作品，回顾爹爹一辈子已经创造出的和尚未来得及创造的众多艺术形象，更进一步理解他的一生，不断生发对他的亲切怀念。

会场里，紫红色丝绒帷幕上横贯着“悼念人民艺术家赵丹同志”11个银色大字。爹爹的巨幅彩色画像悬挂在舞台右侧，被金秋斑斓多彩的菊花丛、璀璨如梦的玫瑰丛簇拥着。他那含笑的神态，正在欢迎前来探望他的朋友们。这幅油画是中央美术学院詹建俊教授，一连花费了五天工夫绘制出来的，栩栩如生。

为人民大众爱戴的人去世后，不挂黑白遗容照片，不佩戴黑纱白花，不开追悼会，我爹是第一人。因为在人们的心目中，在影视的银幕中，他确实没有死。在多层意义上，他将永远活着。

中华全国文学艺术界联合会和文化部主持了悼念活动。“白发人送黑发人”，夏衍公公发表长篇讲话，回顾他的晚辈——中国最杰出的演员赵丹的一生。他提起往事，20世纪30年代与赵丹第一次合拍电影《上海二十四小时》。当时国民党文化审查部门横加干涉，无理删节，导致了此片残缺不全，使其惨遭夭折。事后夏衍还没有想出用什么办法来安慰赵丹，料不到年轻的赵丹反而来安慰他，对他说了一句很有性格的话:“不怕,再来一部嘛!”

夏衍说:“以后就不断看到赵丹在各个历史时期为我国表演艺术所做的一系列重大建树。”

夏衍公公又回顾了粉碎“四人帮”以后,赵丹来看望他时,还是那么年轻。赵丹对他说:“你看,我还能演戏!让我再演小生也可以,演老生也可以。从 18 岁到 80 岁,演什么都行!”这情景如同是昨天发生的事情。

夏衍无限感慨地引用了赵丹去世前不久所写的“一生多蹉跎,老来复坎坷”的诗句。他说:“我们这一代人在坎坷的路途上走得太长久了,希望年轻一代不要再像我们这样蹉跎、坎坷!”

夏衍公公一向是平稳、沉静的老前辈;是有多年经验的老资格领导干部,他难得做出这样激动的发言。我后来发现,他临时没有按照原来准备好的讲稿讲,而是即席发言。他慷慨陈词,真情溢于言表,他是真正动了感情。

接下来是司徒慧敏、金山、黄宗英等人的简短讲话。最后放映了中国新闻电影制片厂拍摄、剪辑的影片《他活着——赵丹银幕形象选辑》。展示了 20 世纪 30 年代以来半个世纪中爹爹的银幕形象,以及日常生活中爹爹在发言、在思考、在绘画、在与人们谈心的各种镜头,特别是试镜头扮演周恩来的两个片段,真是我爹所说“不仅形似还要神似”,活脱脱是周总理的再现啊!多么珍贵的镜头!

两天以后,上海各界人士 1 000 多人在上海展览馆电影院,也隆重举行了悼念人民艺术家赵丹同志大会。巴金老伯伯、张瑞芳阿姨等人讲了话。我是从报纸、《新闻》联播中,看到了报道。

七十五 女儿对爹爹的祭奠

怀着对爹爹的无言悼念之情，我全心全意地投入了大型现代舞剧《剑》的排练。这是女儿对爹爹最诚挚、最隆重的祭奠。

这部以无言的舞蹈为语言的悲剧，在北京天桥剧场首演，一下子就赢得了千万观众的心。不仅轰动了国内艺术界，并且驰誉海外。许多国家领导人和外国贵宾纷纷来观看公演，如美国国务卿黑格访华时看了演出非常激动，回国途中又发来专电，热烈祝贺《剑》所取得的重大成功。我们舞坛同行们，如《丝路花雨》剧组全体人员，特为此组织观摩，一致表示高度的赞赏和由衷的钦佩。

《剑》在北京连续公演几十场以后，又到全国各地巡回演出，场场爆满。有一次在长沙，由二组演员演出，观众不依不饶，高喊着一定要我出场，我只好到观众席与观众见面。我出现在观众席时，全场观众起立，如痴如狂欢呼，戏迷们蜂拥而来，把我面前挤得水泄不通。此时此地，我眼前浮现出爹爹耿直的目光、含泪的微笑。我感到爹爹就在我身边，在群众中间，紧紧地跟我靠在一起。

许多人指出：《剑》和《丝路花雨》等的辉煌成功，使得中国民族舞剧艺术走上了新阶段。第二年在全国舞蹈评比中，《剑》荣获国家颁发的文化部创作优秀奖，我个人获表演一等奖。

正如爹爹生前所期望的：1982 年上海电影制片厂果然不负我爹临终前嘱托，耗资人民币 70 余万元，由我爹生前好友舒适主动承担该片导演、著名女导演史蜀君任副导演，成功地将该舞剧拍摄成彩色遮幅式宽银幕艺术片。

这时，我已经不是20年前主演我国第一部舞剧艺术片《宝莲灯》时的少女了，但是爹爹的光辉形象鼓励着我，我每天练功三遍从不间断。评论界公认，我的艺术水平大大超越了年龄的限制，获得了惊人的飞跃。

这是女儿对于爹爹养育之恩的最好报答。

1981年初，春节期间，《宝莲灯》应香港邵逸夫先生邀请，前往香港参加第九届香港艺术节。舞剧演员、管弦乐队、舞美队浩浩荡荡一百余人的演出团，前往香港过春节。在香港大会堂，三天公演五场，场场爆满，座无虚席。香港大小报纸前前后后连篇报道宣传。尤其是香港观众对我的出演表示更大的盛情，一连谢幕达七次之多，他们以此来寄托对刚逝去的大艺术家赵丹的哀思。

七十六 入土为安

爹爹去世后，按他的遗愿，将他的骨灰分为两个骨灰盒，一份准备送往柳州，一份准备送往日本。

宗英妈妈是我爹主要合法继承人，这后事的妥善处理，主要应由她承担。爹爹去世后她一再表示她要尽心整理爹爹的遗著，并撰写《赵丹传》，为爹爹树碑立传，以继承爹爹的遗愿！她说，为了安排骨灰安葬事宜，要有一筹备阶段，故将我爹的两个骨灰盒暂寄北京八宝山公墓存放。我表示服从。

冬去春来，每年清明和父亲的祭日，都由身在北京的女儿——我，我很能理解宗英妈妈的处境。蛇口都乐公司的破产,“周璇遗产案”的二审败诉,身体不好,重病缠身,她已无法再承担起这么多压力。作为唯一留在中国的长女,为什么不能承担起父亲后事的安排呢?

冬去春来,南雁北归,爹爹离开人世已近十二个年头。可父亲的骨灰总不能分开两地,父亲的灵魂总不能到处漂泊。爹爹生前这么坎坷,死后总不该再承受这么多的磨难了,他该安息了!

女儿决心把爹爹骨灰安葬在他自幼成长的故乡南通市,我想在九泉下的爹爹会同意女儿这个举措,会感到欣慰的。

赵青出资为爹爹立碑,塑了第一座赵丹铜像。

从意大利、新加坡等国访问演出归来,我放下一切事情,全力解决我父亲骨灰安葬一事。在南通市政协热情支持下,得到南通市政府批准,将我爹爹生前在南通的母校崇敬中学校园划出一块地,作为安葬我爹骨灰的墓地,并决定立碑,塑一尊半身铜像。这尊铜像和碑,由我个人出资,作为女儿对父亲敬献的一片孝心。

这尊铜像上还立一亭子，名曰“丹亭”；经费则由南通市教育局、广电局、文化局联合出资。这样我们签署了正式协议，终于在南通市各级领导支持下，我爹的后事可以办成了。

回京后我即请夏公为父亲的石碑题字。夏衍公公在身体极衰弱的情况下写了数张“人民艺术家赵丹”墨宝，精选了一张即刻寄往南通。

预定父亲的骨灰在1992年10月2日正式下葬。我当即告诉宗英妈妈，取得了她的同意。女儿将承担起父亲后事安排的一切责任与义务。

临近10月2日，我只身飞往南通，进行我父亲骨灰安葬仪式。

崇敬中学校园地已平整，并准备下了一个用大理石砌好的墓穴。1992年10月2日中午12时，阳光正普照大地，在布满四处鲜花，和家属成员署名的花篮围绕中，举行了隆重的安葬仪式。由我主持，带头按中国古老习惯一一叩拜我爹亡灵，祝愿我爹亡灵升向美好的天国。家属礼毕后，南通市领导人也向我爹亡灵行礼致敬。

下面又举行丹亭的奠基仪式，我致了答谢词。父亲的后事，“入土为安”这历史使命终于操办成了。

由南通市雕塑家成阳雕刻我爹的半身青铜雕像，我看到了样品，对丹亭样式与石碑设计我是比较满意。雕刻家只是难以把握赵丹的眼神。一旁陪我观看的领导和朋友们都说：“请以他女儿赵青的眼神来做模特儿吧！”雕刻家对着我的眼神琢磨了半天，他终于找到了，把握住了。

爹爹，难道命运注定要女儿传播你的火种，而女儿眼中，又映照出多少“地狱之门”的苦辛和“天堂之路”的欢乐呢？

赵丹不仅是我的爹爹，他永远属于中国，属于全人类。